一頁 folio

始于一页，抵达世界

十三邀 4

"这样的时代，有这样一个人"

许知远 著

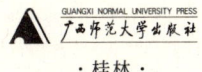

·桂林·

图书在版编目(CIP)数据

十三邀.4，这样的时代，有这样一个人 / 许知远著.——桂林：广西师范大学出版社，2021.1
ISBN 978-7-5598-3346-4

Ⅰ.①十… Ⅱ.①许… Ⅲ.①名人–访问记–中国–现代 Ⅳ.①K820.7

中国版本图书馆CIP数据核字(2020)第203541号

SHISAN YAO
十三邀4：这样的时代，有这样一个人

作　　者：许知远
责任编辑：王辰旭
特约编辑：徐　露　胡晓镜　苏　骏
装帧设计：山　川
内文制作：陆　靓

广西师范大学出版社出版发行
　广西桂林市五里店路9号　邮政编码：541004
　网址：www.bbtpress.com
出版人：黄轩庄
全国新华书店经销
发行热线：010-64284815
北京华联印刷有限公司印刷
开本：889mm×1194mm　1/32
印张：11.625　字数：260千字
2021年1月第1版　2021年1月第1次印刷
定价：58.00元

如发现印装质量问题，影响阅读，请与出版社发行部门联系调换。

自序

意外的旅程

许知远

"那么,你最想见到谁?"

我至今清晰记得,2015年初夏的那个午后,在花家地一幢小楼的杂乱会议室里,李伦、王宁、朱凌卿坐在我对面,和我讨论一档访谈节目的可能性。

这是一个意外的邀请。彼时,我正为创业兴奋与忧心,与朋友苦苦支持了十年的小书店,得到了一笔风险投资,它给我们带来希望,以及更多的烦恼。我在小业主与作家之间摇摆,后者的日益模糊令我不安。我亦对自己的写作不无怀疑,我喜欢的一整套价值、修辞在这个移动互联时代似乎沉重、不合时宜。

这个时刻,他们出现了。尽管只匆匆见过,我对他们有本能的信任。李伦谦和、富有方向感;王宁敏锐、细腻;总斜身半躺在椅子上的小朱,笑声过分爽朗,总有惊人之语。

我没太认真对待这个提议。不过,倘若有些事能把我从办公室中解救出来,却不无诱惑。而且,我总渴望另一种人生,水手、银行家或是一个摇滚乐手,总之不是此刻的自己。采访是满足这种渴望的便捷方式,在他人的故事中,我体会另一种生活,享受暂时遗忘自我之乐。年轻时代的阅读中,法拉奇、华莱士更是传奇式的存在,他们将对话变成一个战场、一幕舞台剧。

在一张打印文件的背面,我胡乱写下了几个名字:哈贝马斯、周润发、黑木瞳、莫妮卡·贝鲁奇、王朔、陈冲、比尔·盖茨、奥尔罕·帕慕克、陈嘉映……他们皆在我不同的人生阶段,留下鲜明印记。他们对这串名字颇感兴奋,小朱摇晃着脑袋,说这不是十三不靠吗?

节目就这样半心半意地开始了。它定名为"十三邀",每一季发出十三次邀请,或许,它们也能构成一次意外的和牌。

我将之当作生活的调剂,每当我因公司管理与梁启超传的写作窒息时,就去拍摄节目。打印纸背面的名单无法立刻实现,我们努力去寻找每一个富有魅力的灵魂。他们大多是各自领域的杰出人物——小说家、哲学家、成功的商人、武术名家、导演、演员,令人不安的是,娱乐界占据着过大的比例,这不仅因为他们有丰富的故事可供讲述,也缘于他们可能带来的影响力,一个娱乐至死的年代。我多少期待借助这种影响力,对知识分子日渐边缘的趋势作出某种报复。

我和他们穿过三里屯街头、在桂林吃米粉、在无人的电影院里吞云吐雾,还在九龙的武馆里练习咏春拳……最初的目的开始退隐,我越来越被探访过程吸引,我喜欢和他们时而兴奋、时而不咸不淡的交谈,一些时候甚至陷入不无窘迫的沉默。沉默,与言说同样趣味盎然。

这个尝试比原想的更富诱惑。不管多么自以为是,你都不能通过几个小时的相处,就声称理解另一个人。但谈话自有其逻辑,它逼迫双方勾勒自己的轮廓、探视自己的内心。在陌生人面前,人们似乎更易袒露自己。

镜头令我不安,它充满入侵性,尤其在人群中,我尤为不适。我也害怕屏幕上的自己,远离后期制作,也从未看过一期节目,心中亦多少认定,这并非是我的作品。但我对影像产生了新的兴趣,那些无心之语、一点点尴尬、偶尔的神采飞扬,背后的墙壁上的花纹,皆被记录下来,它提供了另一种文本。比起写作,它也是一种更即兴的表达,带来意外的碰撞与欣喜。

我意识到,它逐渐成为我生活的一部分。镜头也没那么讨厌了,它给交谈带来正式感,令彼此的表达更富逻辑与结构。也借助镜头,我的经验范围陡然增加,一些时候,甚至是梦幻的。是的,哈贝马斯与贝鲁奇尚未见到,但我的确与坂本龙一在纽约街头闲逛,在东京与黑木瞳喝了杯酒,与陈冲在旧金山海边公园的长椅上闲坐。

我同样不会想到,在薇娅的直播间卖货,置身于一群二次元少女之中,听罗振宇讲他的商业之道。当接触到这一新的时代精神时,我发现没有看起来那么新,亦不像我想的那样浅。

相遇拓展了感受,又确认了身份。当面前所坐是西川、项飙、陈嘉映时,我清晰地意识到,自己的热情更为高涨,表达更为流畅,期待这谈话不会结束。而吴孟达、蔡澜又让我感受到另一种人生态度,智性与生活之滋味,缺一不可。

我亦遭遇到崭新的困扰,被卷入大众舆论的旋涡。作为一个习惯藏在文字背后的写作者,这实在是个令人焦灼的时刻,我觉得自己掉入了泥潭。偶尔,我也陷入自我怀疑,是不是不该进行这个尝试。

短暂的动摇后,一切反而坚定起来。它还带来一种意外的解放,我愈发意识到表现(performance)的重要性。倘若观念得到恰当的表现,它的影响将更为深远。书写也是多向度的,文字只是其中之一,声音、画面、空间也同样重要。

这些对话以四卷本的形式出现在眼前时,给我带来另一种慰藉。我的印刷崇拜再度被唤醒,似乎认定唯有印在纸上,才更可能穿越时间。比起节目,它更像是我的个人作品,我们的对话也以更全面的样貌展现出来。

感激也在心中蔓延。我常对李伦与王宁颇感费解,他们对我的盲目信任从何而来。作为制片人的朱凌卿,尽管常有混乱与饶舌之感,但他的敏锐与判断力,常与我心有灵犀。从小山、刘阳、新力到继冲、正心、学竞、龙妹,我喜欢与导演和拍摄团队四处游荡,在路边摊喝啤酒。很多时刻,我们有一种家人式的亲密,正是这种亲密与信任,驱动着这个节目。需要感谢的同事们众多,我无法一一列举。雷克萨斯的 Kevin 与 Kathy,亦要特别致谢,当 Kevin 说最钟爱寻找谭嗣同一期时,我感到得觅知音的庆幸。我还暗暗期待,这个节目能延续到第十季、第二十季,如果可能,至少有三十季,邀请每一个人参与对自己时代的理解。腾讯新闻始终是最值得信赖的合作伙伴。

范新给出了出版的提议,并笃信这套书能折射时代心灵。刘婧、晋锋、丹妮、陈麟、明慧和一页团队的编辑们皆参与了编辑与整理。他们都深知,对我来说,一本书永远意味着最隐秘的欢乐。节目的不足,我尚可推诿给导演团队,这本书的瑕疵、错漏,则全归于我。

推荐序

礼物般的交谈时光

陈冲

许知远第一次在上海采访我的时候,我也许是有所保留的,那时我还不认识他。如果现在重新做一回是否会更好些?不过从陌生到了解的过程应该也是有趣的吧。忘了那次我们具体聊到了些什么书,但我清晰记得当时的那份惊喜和感动——这个比我小十几岁的人居然也爱老书——那些我年轻时代迷恋的东西,不,那些我至今仍然迷恋的东西。

2019年的春天他来旧金山,我们一起去了一家叫"绿苹果"的书店,这个不起眼的地方是我在这座城市的圣所。美国的商店一般关得早,但"绿苹果"开到晚上十点半,我喜欢晚饭后来这里逗留,在旧书堆里慢慢翻阅,那些悠哉悠哉的时光是幸福的。孩子们还小的时候,我常带她们来这里买书,后来大些了,她们就把看过后不再需要的书拿回书店去卖掉、捐掉或换新书,呵,那都是在她们发现亚马逊之前。许知远那天跟我在"绿苹果"的书架间闲逛,随意聊着各自喜欢的书籍,一份默契感油然而生,对于生性慢熟的我来说这是很少有的。

后来,我们的对话也经常从书开始。我在泰国拍戏的时候,正逢雨季,雨水蒙住了窗外面的湄南河,把我像蚕蛹一样裹在屋里阅读、听音乐,与世隔绝。接连不断的倾盆大雨让我想起毛姆的精湛短篇《雨》,就跟许知远聊起了毛姆在东南亚和太平洋岛屿写下的一系列悲剧，都是关于亚寒带的欧洲人到了融化与腐蚀一切的热带后的生活。也许我俩都属于那种有古典情怀的人吧，从毛姆的作品，我们聊到悲剧的价值。古希腊思想家亚里士多德认为，只有在悲剧中灵魂才得以洗礼和升华，它是人类精神生活的必要部分，而今天，悲剧作为一个剧种被误认为是负能量。

记得那天我还给许知远发了我酒店的照片，他说很像他在仰光时住过的 The Strand[1]，那是他十分喜爱的殖民地式建筑。说到他的仰光之旅，又让我联想起他写的游记，其中提到了我非常欣赏的作者奈保尔。许知远说奈保尔是他的最爱，深刻影响了他观察世界的方法。就这样，我们的对话从毛姆的殖民地作品绕到了奈保尔的后殖民地作品——两个截然不同的人生和时空，两个针锋相对的视角和风格。我们似乎总是这样，问一下互相在看的书，然后漫不经心地闲聊，有一搭无一搭的，却也说出了不少内心深处的感想。

其实，从上海第一次采访到现在近两年的时间里，我也只见过许知远两回，但是他似乎已经成了一位老朋友。或者用他的话说，是两个小朋友在聊天，傻乎乎的，特开心。或者说得严重一点，我们是为同一种精神而欣喜，同一种人格而坚持，同一种逝去而悲哀；我们是被同一种情操所感染，同一种养料所滋润，同一种温暖所安抚……

人生轨迹中有无数擦肩而过的陌路人，偶尔我们幸运地跟另一条轨迹志同道合一段，也许是半辈子，也许是半天，也许是半小时，都是礼物，值得珍惜。

---

1 The Strand（斯特兰德酒店）位于仰光市中心，是一家维多利亚风格的百年五星级酒店。

目录

001　叶准
学武并非兴趣,教拳却养了我的下半生

023　蔡澜
做事情要快活,很好奇地把这一生活完

045　王石
登顶珠峰没什么特别的,到了哈佛才觉得再生

075　汪建
世界是为活得长的人准备的

111　马东
新鲜的边界会让我有幸福感,但我的底色是悲凉

153　罗振宇
过去知识是一种权力,现在我们把它当作一项服务

183　王小川
我是机器和人工智能的带路党，我们的时代来了

215　刘畅
不介意别人说我是富二代，但"有钱"这个概念太单一了

241　薇娅
我不觉得自己是传奇，我是时代的造物

263　李诞
我想活在浅薄里，随时准备好烟消云散

303　深夜情感电台
做电台就好比戴着镣铐跳舞

339　二次元
逃离现实以后，这儿就是我的生活

1924 年　出生于广东佛山
1972 年　父亲叶问去世,其后和弟弟叶正致力于推广咏春拳
2010 年　凭借《叶问前传》获第 13 届上海国际电影节最佳男配角奖
2011 年　被佛山市政府授予"佛山市荣誉市民"称号

扫码观看视频

叶准

学武并非兴趣，
教拳却养了我的下半生

Chapter 01

叶准没兴趣与我谈论咏春，他想说的是王国维的《人间词话》。他手边的一本恰好丢了，很高兴地收下了我这一本。他还喜欢听粤剧，在太子道上那间简陋、逼仄的咏春会馆里，我们一边看着弟子们打木人桩，一边听着手机里传出小明星的唱段，她是二十世纪四十年代风靡一时的粤剧名伶。

在房间里，还有一尊叶问的铜像。消瘦的双颊、不无忧伤的面孔，与电影屏幕上的梁朝伟、甄子丹不同，他没那么英俊，或许在活着的时候，也从未享受过足够的声誉与荣光。

叶准是他的长子。一直到二十八岁之前，他从未想过以功夫为业。他是个文艺青年，做过商行的会计，对于父亲的招数没太多兴趣，或许在见到一位叫李小龙的师弟时，也不会有特别的兴趣。

他还是成了叶问的咏春拳传人。他说自己没有特别的天赋，只是自我说服，这也是不错的吃饭的家伙儿。在这个领域，威望随年龄而来，你或许手脚不再似青年时敏锐有力，却获得了一种超然与神秘的姿态。

叶准身上流露着这种神秘的诱惑。在北京的酒店门口，我瞥见正独自抽烟斗的他。一张饱经岁月的面孔，在人来人往的人群中，显出一种惊人的沉静，他也像一个黑洞似的存在，自动吸纳了周遭的所有喧闹。

很有可能，我浪漫化了这一切。一想到他成长在佛山，经历了陈济棠[1]时代、日本入侵与中华人民共和国的兴起，又见证了战后香港的变迁，我就觉得兴奋难耐，他是另一种浓缩的二十世纪中国历史。

在香港，他陪我去深水埗的天后庙，忆起父亲叶问昔日的落魄，还有在武学上的创新。叶问是第一个用现代语言来传授咏春的武

---

[1] 陈济棠，民国时期上将，曾长时间主政广东，在经济、文化和市政建设方面颇有建树。

师。当传统武师们用"太极分两仪"来讲授身形转换时,叶准却说:一百八十度转角。这种现代语言容易被年轻一代接受,也更容易被推广到其他文化中。一个在中环上班的年轻女士则告诉我,咏春有一种数学式的精确,令人着迷。

从北京到香港再到佛山,我和叶准的谈话时断时续。在被教授了"小念头",又喝了大排档的夜粥之后,我也算是叶门子弟,或许也是广泛意义上的江湖之人了,尽管我对自己的笨拙憎恶不已。我也看到,在浪漫的咏春之后,是叶准日常的奔波与操劳。不管电影屏幕上一代宗师的形象多么令人神往,武术仍是个需要苦苦挣扎的边缘人的选择,九十三岁的叶准从不掩饰他的这种勉强。

学功夫不是出于兴趣，
我喜欢的是唐诗宋词

许知远：你对小时候的佛山有什么印象？四五十年代的佛山。

叶准：四十年代是日本仔占领的，我们读中学的时候科目不是读英语，而是读日文。1945年日本投降，抗战胜利，再到1949年解放。整个四十年代就经过了三个时期。

许知远：你遇到过特别恐惧的时候吗？

叶准：有。那个时候不是害怕，而是家里很穷，生活很困难。整天就怕没有饭吃，而日本人很强势。不是怕日本人，是怕没有饭吃。

许知远：四五十年代，佛山练武的人多吗？

叶准：不多，国民党时代。日本人之前我更加不知道，我还小。我说的是国民党时代，是日本人投降的时候。1945到1949年有很多人在练，但我自己没有玩，解放后又不兴练武了，因为老要搞运动。

许知远：父亲是1945年去的香港？决定去香港最大的原因是什么呢？

叶准：当时的情况是这样，解放后，共产党邀请他留下，首先要参加学习，学习怎么为人民服务，等等，但是他思前想后，"我都一把年纪，还要我去学习，这个很难适应"，想想就去了香港。

许知远：小时候对父亲什么印象？

叶准：日本人在，又没有饭吃的时候就很不喜欢他。因为看到其他同学的父亲那么厉害。1945年日本投降的时候，自己的年纪大了一点，开始会思考，就逐渐感受到了父亲的心情。

许知远：1949年到1962年之间，你没有见过父亲？
叶准：对。

许知远：写信吗？
叶准：信没有，但是一段时间会寄一点钱回来。

许知远：那个时候你二十岁出头，当时你对自己、对未来的生活有什么想象呢？
叶准：当时因为父亲去了香港，家里只有我和我妹妹，主要是要生活，没有想太远的事情。我后来去教书了。

许知远：1962年去香港，第一印象是什么？
叶准：1950年我曾经去过香港，当时很难找工作，结果就回内地读书、教书，一直到1962年。要说变化，就是比1950年更难找工作。一直到六十年代末才突然变得很容易找工作了。不过因为父亲在香港教了十多年的功夫，父亲的徒弟介绍了一份工作给我，在一家电器工厂里面当会计主任。

许知远：那个时候看电影吗？看林黛[1]吗？
叶准：我不是很爱看电影。我原来在文化馆工作，后来在戏班，一辈子看戏是不用给钱的，所以到香港看电影要给钱，心理不平衡。

许知远：听说你那个时候对学拳不是那么有兴趣？

---

1 林黛，本名程月如，五六十年代香港著名女演员，代表作有《江山美人》《不了情》等。

叶准：我自己平时读了不少书，一直想着要做音乐伴奏、教育或者是文职的工作，教功夫我怕赚不到钱。我结婚很晚，生下大儿子。当时在想大儿子还没有成年到可以自己找生活的时候，我就已经要到退休年龄了，然后看到人家教功夫，好像生活也还可以。所以那个时候我就开始学功夫。坦白来说，学功夫不是出于兴趣，而是为了未来的生活，结果教武术养了我的下半生。所以说人生的事情很难预料。

许知远：那你最喜欢的是什么？

叶准：唐诗宋词。最钟意的是柳永，"忍把浮名，换了浅斟低唱"。

许知远：学武术之前，你跟父亲的交流是怎样的？

叶准：他很想我学武，但是他没有逼过我。就学武来说，不是有心去学，逼都逼不成。

许知远：练武之前你跟父亲之间会谈什么事情？聊粤剧？

叶准：没有什么好聊的（笑）。我刚才说过，曾经有一段时间，我去过香港几个月，那几个月他没有事情做，我也没有事情做。天天在街上，满香港转，不坐车，无所事事。偶然说几句，也不记得是哪个主题讲得多。五十年代大家都没有娱乐，每天两父子就这么漫无目的地逛香港。

许知远：他是一个很沉默的人吗？

叶准：不是，父亲和他徒弟很多话说，有时候很幽默的，很喜欢开玩笑。

许知远：你父亲喜欢诗词？

叶准：他好像不太读诗词。对古典文学没有我认识那么多，很少听他谈诗词。

许知远：他学过英文吗？

叶准：英文很好，因为当时他在香港念过书。1917 年，在香港一间学校叫圣士提反[1]，我们没有饭吃的时候，他们已经在搞帆船，很英国贵族。香港有很多名人、有钱人出自那个学校。有一个香港的名人叫邓肇坚[2]，叶问是 1917 年入学，他是 1918 年，他们是同期的校友。那个级别的人都是官二代、富二代。

我那几个月跟他去走路，有印象是父亲走到某个大楼，会说这个大楼的老板是他的同学，这个什么主席也是他的同学。当时我父亲的生活很艰难，但他只是说这是同学，从来不去求他们。为什么我那么肯定是哪个年份，肯定他们是同学呢？因为近年来，有几部关于叶问的电影上映了。叶问在世时可能没有那么出名，但是后来几部电影成了一个热潮，圣士提反书院请我回去做客，他们竟然找到父亲当时所在的那几年的学校记录，复印了一份给我。

许知远：叶问后来为什么要教拳？

叶准：那个时候我就回了内地，我回去之后只有他一个人。当时父亲没有钱租房子，就借住在深水埗一个天后庙。有一天他走到西环，他只能一个人逛街，逛着逛着突然就晕倒了。救护车送他去了玛丽医院，检查是痔疮失血过度。主要是因为他心情太差了，状态很差。医好之后，医院通知家里的人来接他，问他家里有什么亲人又说不上来。一来是因为在香港确实没有亲人，二来也是借住在

---

[1] 指圣士提反书院，创立于 1903 年，大部分科目用英语教学。
[2] 邓肇坚，香港企业家及慈善家。

一个庙里不太光彩，就没有说。又拖了几天，医院说不可能不知道住哪里，又没有亲人。

后来父亲就翻衣服，有一张小纸条，上面有一个电话，是他在佛山时候很好的一个朋友。当时这个佛山人在香港影视业职工总会工作。医院让他打电话给这个朋友，那个老乡就把他接走了。之前叶问在佛山很出名，他就说"叶师傅，你现在怎么搞到这样，这样不是办法，得想想生活"。刚才说过他是在香港影视业工会的一家组织里上班，有一个领导叫梁相，也是练武的，早就听过我父亲的名字，说"要不然您来这里教拳好了"。叶问就答应了。他在那里办了第一个咏春班。梁相虽然是另外一派的教头，也跟了叶问学。所以梁相在行业内被称为大师兄，这个在电影里也出现过，有一个这样的角色，不过没有用他的名字。

许知远：你看过父亲跟别人过招吗？
叶准：没有。

许知远：从来没有？
叶准：不多的，叶问不喜欢打架。

许知远：你练拳的时候觉得难学吗？
叶准：不难。因为我最初去了香港，工作完回来之后，我就在他的馆里面，我就会看。那个时候生活条件很艰苦，父亲是在住的地方教功夫，我的床是折叠床，必须等最后一个徒弟都学完满意离开了，我才能把这个床展开来睡觉。所以下了班，回到家，徒弟还没有走，中间所有的时间是被动地看着父亲教徒弟。虽然没有兴趣，但是没有办法，天天在那里看着听着，看多了之后对功夫的流程就熟悉了，谁做得对，谁做得不对我一看就明白了。所以我一学功夫就进步很快。有时候父亲不在，徒弟来学拳，他们有一些拳理上不懂的东西，就会问我。我虽然没有练，但理论上可以告诉他们标准答案。当时师兄弟对我有一个昵称，叫"庙堂麻雀"，不是和尚，但是天天听人家念经。

许知远：你跟父亲过过招吗？
叶准：试手过很多次。

许知远：你跟父亲的水平差多少？还是差不多？
叶准：很难看到他的功夫水准，因为他会控制。对练是两个人共同学习，父亲很明显在我身上学不到什么。哪怕后来练久了，进步很快，父亲到底到哪个水平我也不知道，因为和他是师父徒弟的关系，不是同门的关系，所以我也无法衡量跟父亲的距离有多远。

许知远：你练完武之后，有没有过打架这种经历？
叶准：我今年九十多岁，这一辈子都没有跟人动过手。小的时候，一起玩的玩伴不敢跟我打，因为我是叶问的儿子。后来又在文化馆工作，当会计主任，工作性质上不太遇得到。后来自己教武，真的在教的时候跟人打架是件很傻的事情。我有一个师兄弟叫赵云，他和我说的话很精彩。他说出来在社会上混，黑社会那种人要多打架，打赢打输对名气都有帮助；职业教拳的千万不要打，打赢打输都捞不着好处，千万要避免。

许知远：现在九十多岁，人生最开心是什么时候？
叶准：过得好的时候应该就是五六年前。那时候得到了一个人生不常会碰到的荣誉。一个是佛山荣誉市民，另外一个是上海国际电影节，拿了一个最佳男配角奖。这几件事情是挺好玩的。

许知远：学拳学了多久才可以教别人？

叶准：要四五年，1981年开始，教了二十多年，每年都去国外。每年大概有四个月不在香港，可以说除了南美，世界各地都教过。

许知远：香港人什么时候对咏春开始有兴趣了？

叶准：咏春的流行其实分几个起伏。李小龙死的时候，咏春有一个小高潮，但当时是因为香港习武之风很厉害，不只是咏春，各门派都很活跃。后来很多功夫失传了，只有叶问的咏春一路到现在，都还是不错的。李小龙的流行比较局限于香港，但咏春流行的地方就不止是香港，也包括内地。

许知远：你觉得李小龙的电影怎么样？

叶准：就一种功夫来说，很能打的就不好看，好像咏春那些打得混成一团的；而好看的未必能打，但是戏剧需要这样。我最佩服李小龙的地方是，他的功夫是将咏春融合在里面，好看又实用。

许知远：你觉得甄子丹打得好吗？

叶准：真打架不知道他能不能打，但是甄子丹很勤奋。他接电影《叶问》的时候，过去的武打明星，包括成龙和李连杰都走了下坡，所以甄子丹就想争一口气，希望功夫片还能再火。他真的很上心去学去练。我有教过他，毕竟他有武术底子，基本上一点就明白。说到勤奋，举个例子，他要学那个木人桩，一学就买了两个桩，一个桩在家里，另一个他去到哪里就运到哪里，一有空就练。所以我很能理解他现在这样的成功。

叶问最大的成就是将咏春传到全世界，克服了语言的障碍

许知远：六七十年代，邵氏已经拍了很多武侠片，那个时候看不看那些武侠片？

叶准：有看。

许知远：看金庸小说？

叶准：也看。

许知远：喜欢吗？

叶准：挺喜欢。金庸的武侠小说和真实的历史衔接得比较好。比如丘处机，在历史上就有这样的人物。有很多真实的历史穿插在里面，我比较喜欢。他对朝代比较了解，写出来也比较精彩。我个人最喜欢的是《鹿鼎记》。

许知远：你是不是想做韦小宝？

叶准：也不错。这么幸运的人，谁都想做。

许知远：你觉得你运气好吗？

叶准：晚年算是还可以。叶问就不好。

许知远：你父亲一辈子最遗憾的是什么事？

叶准：在他年少的时候，我们的太公很有钱，那时候家族里没有人工作，也不需要工作，太公会给大家钱，结果到日据时期连饭都没得吃，变化太大了。父亲没有跟我说过这话，但我猜想最大的

遗憾可能就是这个戏剧性的变化。

许知远：如果叶问看到现在拍他的电影，你猜他会满意吗？

叶准：我估计这个假设比较难成立，第一，如果叶问还活着，是不太会有人想拍他的电影的，所以不太可能看到；第二，拍电影首先要征求叶问的意见，叶问不一定会同意。

许知远：为什么不愿意？

叶准：怕树敌太深。如果人已经不在了，把这个人神化一点，写得天下无敌，不会得罪人；而在世的时候，出于票房考虑就要说得好像天下无敌，这样便会影响别人的生计，大家都会不喜欢，会生出很多仇人来，所以没有必要。

许知远：你害怕死亡吗？

叶准：大家都怕死，但是死亡没得选择，怕不怕都一样。

许知远：会常想起父亲吗？

叶准：会想一下。

许知远：你觉得叶问对咏春最重要的贡献是什么？

叶准：他最大的成就应该是将咏春传到全世界。为什么他能在短短二十年的时光做到这么大的事情，这是有两个原因的。第一个是他鼓励了一些跟他学习过、后来出国留学的人，将咏春在国外发扬。就这样通过外国的校园，进入外国的社会，克服了语言的障碍。第二个原因是在教学员学拳的时候，中国有很多传统功夫是和五行八卦很有关系的，我举个例子，咏春有一套拳叫"寻桥"，其中有一个动作叫"太极分两仪"。叶问不喜欢，他也不把这些老的、比较形而上的俗语放在教授的过程中。这个"太极分两仪",他直接就说是一百八十度转身,这个是很紧要的。譬如说,我们到外国教功夫,有人给我做翻译,我说这个下脚叫"太极分两仪",他都不知道怎么翻译;说一百八十度的转马,大家都知道。

曾经有一本纪念叶问出生一百周年的刊物,选中我给它写序言,我就写了一首词做代序,最后两句就是"敢翻旧谱变新声,顷刻全球应和"。这两句话差不多是我对叶问成就的总结。

许知远:你觉得你对咏春最大的贡献是什么?

叶准:建叶问纪念馆就是。建馆本来应该是一件大事,但是别的同门没有给什么支持,只有我自己的徒弟响应。当然了,用的也不是我个人的钱。我有出钱,但大部分的支持是来自当地政府,只是由我出面和国内各方面联系。建成以后,他们又交给我自行管理,这样好一点。这件事情我觉得做得挺好的,在佛山罗村。

许知远:你觉得练武对性格的改变是什么?如果当年继续做文化工作,可能是另外一种性格了?

叶准:我现在年纪很大了,尤其是拿了两个跟本来的人生轨迹无关的东西,一个是那个最佳男配角奖,一个是拿了自己家乡的荣誉市民称号之后,做人就更要检点了。恐惧自己一朝得志,语无伦次。所以时时警惕,处处行为要小心,过马路没有转灯,没有车我都不走的。练武、教拳也是这样。我写过一首诗:"未为浮名迷本性,且随流水逐红尘。"不要被那些浮名弄得语无伦次,应该且随流水洗涤,不做愚蠢的行为。

许知远:你喜欢现在的香港吗?你关心香港吗?

叶准:自己的感觉是现在的香港,政治方面的争吵多过做事。

中国有一句话，家和万事兴，家衰口不停。一个家庭是这样，一个社会也是这样。经常吵架，一定是做不出事情的，我对香港有这种担心。附近几个地方经常吵架的，就是香港和台湾了。四小龙之首就这么被韩国追上来了。最主要的原因就是别人一条心去做事，你是只有嘴巴去说。

许知远：过去几年大家对叶问这么感兴趣，你觉得叶问最吸引人的特质是什么？

叶准：如果说是电影成功的因素，我觉得是时间的问题。如果叶问在世时就拍这部电影，根本就没有人去看的。他已经不在了几十年了，在这几十年里，有很多人接触了咏春，很多人来捧场。这对它的成功应该有很大的影响。另外一个原因是他过世几十年以后，有了更多的老板愿意投资去拍它。这个人刚死，根本就没有人愿意去拍他的主题电影。

许知远：和同代人比较起来，他身上最不同的东西是什么？

叶准：从眼光来说，叶问看得远一点。同时，叶问毕竟是读过书的人，可能会比一些传统的师父更加适应香港的社会。

许知远：咏春里面也很讲境界吗？

叶准：应该说有。王国维在《人间词话》里说过，人生要成大事业、大学问者，必须经过三个境界。第一个境界是"昨夜西风凋碧树，独上高楼，望尽天涯路"；"衣带渐宽终不悔"，是第二个境界；"众里寻他千百度，蓦然回首，那人却在灯火阑珊处"，是第三个境界。就我来讲，咏春是一个事业，所以觉得还有是一些关系的。

许知远：你觉得你到了咏春第几个境界了？

叶准：应该是第一、第二种。

许知远：你父亲是第几个境界？到第三个境界了吗？

叶准：我觉得没有。"众里寻他千百度，蓦然回首"，就是找到真谛了，圆满了。按照道理来讲，现在还是"众里寻他千百度"。

许知远：咏春和戏班、粤剧的关系很密切？

叶准：说到咏春的历史，我们得说详细一点，因为平时没有人问这个问题。首先咏春也好，别的东西也好，世界上大部分的东西都不会突然冒出来，一般会从量变慢慢到质变。咏春应该也是这样的，咏春也在发展。梁赞[1]在的时候，咏春的量变应该是成熟了。那时候他将前人一点一滴的功夫整理出来，成了今天的咏春。所谓的前人可能也和咏春不是那么接近，梁赞是有很多故事的。他主要的学问都是在戏班收集起来的。梁赞的师父陆锦，人称大花面锦，也是戏班的；还有黄华宝[2]也是戏班的人。梁赞有很多师父，很多都是出自粤剧的戏班。所以我很同意你的见解，咏春有很多根源。

许知远：叶问喜欢粤剧吗？

叶准：喜欢，有一段时间，他都是泡在茶座里。这里还有一段故事。刚刚解放的时候，我在佛山主持一个茶座。茶座最主要是要唱歌，请一些很有名气的歌星、音乐家。有一次请一个叫邓飞的人。吃饭的时候，他问我认识叶问吗。同桌的人笑起来，说我就是叶问的儿子。他马上把他老婆叫来，他老婆是很有名气的歌星，我们也

---

1 梁赞，晚清著名武术家，人称"佛山赞先生"。
2 黄华宝，道光至咸丰时期咏春拳武术家，粤剧武生。

请了她。邓飞问他老婆:"知道这人是谁吗?是叶问的儿子。"他对我说:"当时我和你父亲一起去泡妞,追同一个女人,结果是我追到了,你父亲输了。为什么?因为我会音乐,他不会。"他说的那个女人,也就是当时他的老婆。从前他和我父亲老一起去茶座听音乐。

后来唱戏的很难赚钱,经济条件不好,夫妻俩都得了严重的胃病,贫困加上病,他们就在海珠桥跳海自杀了。我1962年来香港之后,和我父亲谈这件事情,他也觉得很感慨。真的是很可怜了。

许知远:为什么你会觉得咏春出自戏班?

叶准:粤剧里有一个祖师爷,叫张五[1],他是湖北人,京剧修为很高,又称张五为昆,昆曲的昆,就是说京剧昆曲两种曲艺都难不倒他。那段历史说雍正期间"不容于经书",于是他南下佛山,组织琼花会馆,粤剧因此得到发展。白纸黑字写的是"不容于经书",实际上就是造反,他是天地会的人。但他不仅戏剧上很厉害,还是一个武林高手,一只摊手(咏春的基本动作),独步武林。所以粤剧的祖师是摊手,咏春的祖师也是摊手,其实都是指张五他们。在佛山还有一个轰轰烈烈的人物李文茂[2],也是戏班的,是一个很出名的文武生,他培养了很多武术上的后人。后来的起义也不能说他不成功,在太平天国的年代,他一直打到广西,但最终失败了。他当时培养了很多能武的人,不是所有人都跟着他去搞革命,有的留在了佛山继续发展。特别是咏春的招数,就是出自这里。

许知远:所以咏春是一个反叛者的艺术。

---

1 张五,绰号"摊手五",雍正年间北京的一位名伶,是少有的万能老倌。
2 李文茂,太平天国时期广东天地会起义的主要领袖人物之一,原为粤剧名艺人。

叶准：可以这样说。为什么佛山成为全中国武术的发源地，是和反清复明有关的。当时枪炮没有那么流行，要造反，要搞革命，就是依靠拳脚。

许知远：为什么都聚集在佛山了？

叶准：我刚才讲了就是因为"摊手五"。其中一个原因就是祖师爷干这个，还有一个原因是佛山的经济发展非常好，交通也是四通八达。

许知远：在你小时候，黄飞鸿是不是很有名气？

叶准：那是不同年代了。比叶问的年代还要早，和叶问的师父同年代。

许知远：叶问小时候应该听说过黄飞鸿吧？

叶准：应该听说过，很出名。

许知远：咏春为什么从十九世纪末反叛者的武术变成了二十世纪富家子弟的权利？

叶准：刚刚说了，起义的时候很多人是没有去的，其中包括梁赞，所以后来他就跟这事情没有什么关系了。之所以后来基本上只有富家子弟学习咏春，最主要有两个原因，第一个就是咏春讲究的是师徒关系，不能教得太多，只能教三四个。他的生活费一定是要这三四个徒弟支付的，所以学习咏春比其他功夫贵很多。而且学功夫是长期的，这样一来，能够负担起的非富即贵。第二个原因就是，很多有钱人的儿子，都会学习中国的传统文化，写字、画画、功夫。当时学就是学，不会拿它们作为赚钱的手段。包括叶问也是，不会拿这个东西去赚钱。所以叶问之前，咏春发展得一点都不理想。别人都说咏春是富二代的功夫。叶问被逼来到香港依靠功夫吃饭之后，第一个改变的就是形式。他改变了教学的方法，不是一定要自己带徒弟，徒弟之间也可以相互学习。这个改变带来了很大影响，令咏春有条件得到广泛发展。

许知远：你家祖上是做什么生意的吗？

叶准：我也不知道。也不是很有钱。就是当时罗村，现在纪念馆那地方，有很多人是姓叶的。早几代之前，就是我爷爷的爷爷，突然带着这些人迁到桑园。至于他为什么有钱，因为要追溯到五六代之前，所以我也不太清楚了。

许知远：所以你还记得，在日本人来之前，你家里生活还是很好的？

叶准：日本人来的时候，我十四岁，读初中一年级。其实也不是很有钱，就是太公有，可以分一些钱给大家，于是造成了整家人都不会去打工。一共一百多人，都是吃太公的，没有人打工。后来日本人突然入侵，到他们1945年撤退，一百多人剩下不到二十人还活着，全部都是饿死的。我妈妈生了七个孩子，在那个时候死了三个。

许知远：你是不是会一点日语？

叶准：记得一两句。第一句学的就是，这些是什么东西？印象很深。

许知远：你在1962年之后，碰到过李小龙吗？

叶准：见过，但说不上交情很深。我到香港的时候，他已经去了美国读书。

许知远：对他什么印象？

叶准：印象不深刻，就是听父亲说练功夫很勤快。

许知远：李小龙说他练习功夫是一个自我发泄的过程，从中重新理解自我是什么人。你练功也是吗？

叶准：每个人的环境和情况不一样，李小龙是真的喜欢这个东西。对我来说，练武是被迫的，环境所迫，不太有这种感觉，或者是受到家庭传统的影响，可能大家的想法不一样。

许知远：你打了五十年的咏春，发现自己其实没那么喜欢？

叶准：现在无所谓喜欢不喜欢了，它变成生活的一部分了。

许知远：在你心中咏春的哲学是什么？

叶准：咏春，乃至中国武术，都是中国传统文化的一部分，咏春和中庸之道有很密切的关联。

许知远：为什么咏春和现代武林好像没有关系？

叶准：为什么咏春和武林关系不大，是因为它在做自己的东西。很多别的门派也都是这样的。其实教武术或者练武的人，最聪明的就是干自己的东西。练自己的武，别的东西别去参与，这是最聪明的。

1941 年　出生于新加坡，祖籍广东潮州
1963 年　定居香港，长期任职邵氏、嘉禾等东南亚最大制片厂的电影监制
1989 年　与黄霑、倪匡合作主持《今夜不设防》，创香港同时段电视节目的收视纪录
1992 年　进入餐饮商界
2007 年　在深圳开设蔡澜美食坊餐厅
2012 年　担任中央电视台纪录片《舌尖上的中国》总顾问
2014 年　创办个人品牌"蔡澜花花世界"，出售由他本人监制的各类食品、酱料及茶饮
2016 年　出版作品《蔡澜旅行食记》

扫码观看视频

蔡澜

做事情要快活，
很好奇地把这一生活完

Chapter 02

穿过九龙城的菜市场时，我刻意问了蔡澜一些关于蔬菜、活鱼与鲜肉的问题。很有可能，他看出了我的不自在，转而和我谈论他父亲参与北伐的经历。

很多时候，我讨厌自己缺乏日常生活之乐。我从不理解"食不厌精"，只要是来自云贵川、有辣椒相伴的菜肴，就能让我开心；我也不讲究酒的年份、产地，只要它不那么难喝，就让我欢欣雀跃。唯一让我在乎的是气氛，熟识的朋友与陌生的地点，都让我尤为放松。在仰光街头伴着缅甸啤酒，吃一碗牛肚，在亚历山大城的楼顶餐厅尝到了剁椒炒鸡蛋，都是我难忘的美食记忆。

在一个真正的美食家面前，我羞怯于自己可怜的经验。所幸，我们很快就来到楼上的大排档，一炉火锅与一瓶 XO 已经等着我们，两杯酒下肚之后，我的顾虑一扫而空。

我是带着加缪的一个判断来见蔡澜的。这位英俊、早夭的法国作家曾说，一个感官主义者，必定也是一个道德主义者。一颗敏感的心灵，必然是同时对食物的味道、女人的香气与他人的痛苦开放。而蔡澜，这个偶觉的美食家、电影制作人、专栏作家，被公认为华人世界最令人羡慕的享乐主义者，该怎样面对自己的道德困境？倘若生活在一个充满了不公不义的时代，享乐意味着反抗还是逃避？

蔡澜对此避而不答。但这并不影响一场美妙甚至亢奋的谈话，两个小时后，XO 已下去大半瓶，我感到自己几乎要飞起来。而蔡先生，仍保持着他老派绅士的风度。

人生有烦恼是因为你很贪心，
A 和 B 你通通要爱

许知远：你父亲那一代"五四"青年，到南洋去，其实也蛮苦闷的吧？

蔡澜：有他们的苦闷，有他们的思乡啊，所以我父亲的笔名叫柳北岸[1]。从那边看，中国是北边嘛。

许知远：那时候郁达夫应该也在新加坡待过。

蔡澜：待过待过，是我父亲的好朋友。郁达夫到了南洋，能够跟他聊得来的人也不多，我们家在蓝天戏院，隔壁就是郁达夫住的旅馆。下面是旅馆，上面是舞厅，都去跳舞啊。他送我父亲很多字，后来郁风（郁达夫侄女）说要做全集，我父亲统统给她了。我父亲是那种人，他没有留给我，即便知道儿子喜欢也不行，那边更亲。

许知远：郁达夫在生活中是什么样的人？
蔡澜：很乱的。

许知远：所以王映霞跟他分手是有道理的。
蔡澜：有道理。

许知远：但这也是中国文人的一种性格了。
蔡澜：没问题的嘛我觉得，有什么问题？

---

[1] 蔡澜的父亲蔡文玄，笔名柳北岸，新加坡现当代著名诗人、作家和电影人。

许知远：他真的是有才华啊，写得好。

蔡澜：是，诗已经很厉害了。

许知远：我觉得很遗憾，写古体诗的传统消失了。

蔡澜：对。我父亲特别喜欢古体诗，但他又认为要有突破，所以他写新诗，但他的新诗是押韵的。那时候我也在报纸上写文章了，我说这种什么屁诗，用笔名骂了他。他很生气，说这个人不知道是谁。我就偷偷笑。

许知远：你十四五岁写文章，那时候的偶像是谁？

蔡澜：没有特别的偶像，也没有特别想模仿谁。那时候看的翻译书多，比如希腊神话，《一千零一夜》。我父亲是身教。我们是四个孩子，他一买两大袋书。那时候的书应该不贵，两大袋，一回来往客厅一倒，你们选。我姐姐大概受冰心的影响，我哥哥喜欢看一点商业，我就喜欢看比较虚无一点的小说。所以他就一直买，买这些给我，买那些给我姐姐，买那些给我哥哥，他知道这条路怎么走。

我很多地方像我父亲，年轻的时候穿西装打领带，我父亲喜欢打黑领带。包括我父亲教我的准时、守诺言。

许知远：所以姐姐当校长是有道理的。

蔡澜：有道理，绝对有道理。

许知远：最初去日本上学什么感觉？

蔡澜：我从小就喜欢喝酒，我偷我母亲的酒喝。留学的时候到了，我那时候画画的，我母亲问我要去哪里，我说我要去法国，我画画。她说不行不行，法国人到处喝酒，你去一定变成酒鬼。我说那么我去日本吧，我也喜欢日本嘛。我母亲说，日本好，日本人是吃白饭的,你去日本吧。她不知道白饭可以做酒的,她也不知道有一种东西叫清酒,她那时候没有去过日本。那么就决定去日本。

我最记得我在日本的时候,沟口健二死掉了。报纸上写,沟口健二死了,我们再也出不了一个沟口健二,黑泽明死了我们还有很多黑泽明。把黑泽明气死了。这个也可以看得出,他们很不喜欢黑泽明,因为他是个洋派嘛。

许知远:当时日本是左派运动嘛,反《日美安保条约》。那是非常激烈的时代。

蔡澜:我们那时候在学校里面已经有这些学生运动了。我记得同学中间有一个驼背的,警察拿了催泪弹枪打到他的背,他不感觉到痛,他拾起来丢回去。

许知远:你看到村上春树回忆六十年代的日本学生,你觉得他写得对吗?

蔡澜:村上没有经历过什么,是很浅薄的一个人。

许知远:你小时候喜欢看雷马克[1],后来呢?

蔡澜:起先是看所有最晦涩的东西,《战争与和平》,每天看。经过那个时代以后就开始什么都看了。

许知远:小时候看《约翰·克利斯朵夫》,非常英雄主义。这种英雄主义在你心中是什么样的?肯定还在,不可能丢掉的。

蔡澜:丢掉,丢掉。《战争与和平》怎么会记得,没有了。年纪一大通通没有了。而且发现不值得。

---

[1] 指埃里希·玛丽亚·雷马克,德国小说家,因其《西线无战事》一书而知名。

许知远：会觉得背叛了自己的青春吗？

蔡澜：没有什么背叛，每个阶段都不同，那个阶段你就要经过，看你经过得高级不高级。

许知远：你今年七十五了，人生可以分成几个阶段呢？

蔡澜：就是一开始到现在，很好奇地把这一生活完。我说人生有烦恼是因为A和B你通通要爱，你两个都爱，因为你很贪心，所以烦恼就来了。我们现在就是把所有烦恼的事情弄成最简单的，像电脑那样，0和1，有了一个答案你就不会烦恼，我现在的情形是这样。

许知远：年轻时候有过选择困难症吗？什么时候开始比较自在地做选择了？

蔡澜：现在比较可以放下。我看到很多人办公室都写"自在放下"，但是都放下不，自在不了。弘一法师最厉害的一句——自性真清静，诸法无去来。他已经讲得很明白了，你不必去搞那么多。

去看丰子恺吧，就会回归自然。他二十几岁写了一篇文章，叫作《渐》。这个已经解释了很多了。这个"渐"字，他说在无形中渐渐地在转变，但是我的理解是一下子的转变。我很年轻的时候出道，十几二十岁。一桌人坐下来，我永远是最年轻的。一坐下来，忽然间我就想到了，有一天我一坐下来我会是最老的。果然，这句话好像昨天在讲，我现在已经是最老的。

许知远：喜欢鲁迅吗？

蔡澜：看完了以后，我更喜欢他弟弟，没有那么尖酸刻薄。亦舒早期就受一个作家的影响，叫她看鲁迅，把亦舒看坏掉了，看得尖酸刻薄。我跟亦舒讲,我说那个年代,你看他弟弟的话有多好,到现在她还尖酸刻薄。我喜欢周作人多一点。鲁迅的小说无可否认,经典的经典,但是他那些散文,那些骂人的东西不欣赏。真的是没有他弟弟那么可爱。

许知远:那你怎么看他弟弟和日本人合作这个事情?

蔡澜:后面这个真的很难讲。你说是汉奸也好,怎么样也好,我认为他的著作是好的,而且你只能够讲你喜欢不喜欢,批评都没有资格。

许知远:中文作家你还读谁呢?

蔡澜:中文作家,当然把所有名著都看一遍。我看书喜欢所谓的作者论,把他所有的书都看完,那才叫看书嘛。但是如果著作很多的,像我这种,就很难了。

许知远:对,两百本,怎么看啊?

蔡澜:不过我那些很容易看,说正统又不是正统,所谓文学又不是文学,所以艺术界、文学界一定要把我摒出去的。他们不认我的,他们不知道怎么归纳。我说归纳成洗手间文学好了,一次看完一篇。如果那天吃的四川火锅的话,就看两篇吧。

许知远:我觉得你那是明末小品文的延续,应该是那种感觉。包括李渔啊,应该是你最喜欢的生活方式吧?

蔡澜:最喜欢,最向往。

许知远:其实你看起来生活在现代,实际上也是生活在过去的一个人。

蔡澜：都会吧，文人都会这样吧。

许知远：对于享乐，我不知道这是对现实的反抗，还是对现实的逃避？可能是同时发生的。比如在明末清初，做李渔这样的人是一个选择。但是在这个时代，做一个享乐主义者意味着什么呢？

蔡澜：在任何时代都可以，想通了什么都可以。还有最大的问题是你敢想不敢想嘛。这个世界上有不同的人，不同的看法，你自己的思想说怎么样，你就往那边去，可以改变的。

这么辛苦，
吃一顿好的可不可以

许知远：其实食物和社会心理、政治结构都有关系的。香港的食物和它背后的社会心理是什么关系？

蔡澜：香港不想那么多，香港人就是说——我这么辛苦，我吃一顿好的可不可以？那就开始吃一顿好的。吃一顿好的很贵，不要紧，我们这么辛苦，我们花多一点钱。一花钱的时候，这个好的东西就来了。香港有一个很特殊的地理环境，是个非常集中的地方。泰国菜来了，日本菜也来了。日本人来了以后说，我们在日本开寿司店，一个礼拜从筑地进货两次，你们进六次。筑地两次，九州两次，北海道两次，我们特别肯花钱。人家说"我们上海有钱，我们追得上"——不能，因为你不能自由进口。

许知远：日本人的食物和他们的民族性格是什么关系？

蔡澜：他们是一个爱干净的民族，所以他们对食物的安全意识比别的地方强。他们对食物的观念，像开一个餐厅，他们有一句话，你把我的"のれん"保住。什么叫"のれん"？就是开门的时候挂上去的那块布——暖帘。他们不要赚得太多，只要开得久，就胜利了。他们比较把功利主义摆在一边，更愿意这块老招牌做得久一点，好胜的个性比赚钱还要厉害。所以百年老店那边很多。

有一些特色，在有些地方特别明显，有些地方就不那么明显，因为生活节奏慢。比方说有些东西新加坡没有了，吉隆坡还有。吉隆坡有一种"沙嗲"嘛。先用竹叶编好，把饭包在里面，很香，切成一小块一小块，蘸酱吃，很好吃。现在嫌编这个竹叶麻烦，结果放在一个塑胶袋里面。我说你拿一个保险袋给我干什么？被我破口大骂。我说新加坡的东西没有吉隆坡好吃，新加坡人又骂我了。事实是不好吃。人家节奏慢，小贩的东西才好，节奏一快，完了。

许知远：你怎么看英语世界的美食批评家呢？

蔡澜：When you cannot, you teach.（越做不到越指手画脚。）

许知远：这个太刻薄了吧！你感觉美国的、英国的、意大利的、西班牙的、日本的、中国的美食评论家，差别非常大吗？

蔡澜：还是有某个地位在那边。这些人也不是白白成为评论家的，他们也是争取回来的。但是这些人往往一变质就完蛋了。我说好吃，大家去吃，因为大家相信我。为什么大家相信我？因为我自己给钱，不是人家请的，所以我可以畅所欲言。

你去香港看，很多餐厅都有我的照片。是因为大家说蔡先生拍一张，我就拍一张。我吃了不好吃我也没有办法说我不拍。我吃过了，非常喜欢，我就报答人家。（指旁边一家店）这个几十年了，我写一张字给他——"胜过鲍参翅肚"。这种很普通的东西我更喜欢。

周润发和他们拍过一张照片，你去看。这些都是老街坊、老朋友。

许知远：香港当时是黄金时代，七十年代末到八十年代末，你怀念吗？

蔡澜：我不能。太怀念的话，你就要沉迷了，不可以。你永远要新一点，新一点的东西总是比怀旧的多一点。而且学习的过程，从学习到变成专家的过程很过瘾。我们练书法，从不会练到会，到最后写草书的时候，我的老师说可以像划艇桨，等于是在一个小艇上，用桨。我们写的时候整个身体都在摇动，多过瘾的一件事情。

许知远：你的书法跟美食有关系吗？

蔡澜：我发现写文章是不可以醉的，否则你的思维就不精密了。但写诗可以的，写书法可以的。醉的时候特别自由奔放，尤其写草书，真的，最近我开始对草书着迷。

许知远：你最着迷谁的草书？

蔡澜：黄山谷，一流；元稹，一流。

许知远：王羲之的字，喜欢吗？

蔡澜：基础，等于素描，你要打好基础。不要说基础没打好就坐直升机来了。

许知远：加缪说，一个人如果是个感官主义者，一定是个道德主义者。或者说如果这个人想成为一个道德主义者，必须是一个特别敏感的人。你怎么看？

蔡澜：食物是本能嘛，我们常常忘记本能。吃得好的话自己高兴，对别人也好，再简单不过的道理。吃得好就很健康的。我认为健康有两种，一种是精神上的健康，一种是肉体上的健康。不敢吃这个不敢吃那个，怕来怕去就是怕出毛病来了。你吃一块不要紧嘛。而且要减肥最好吃好东西，吃了好东西就不能吃坏东西了，就可以减肥了。

许知远：你最长一顿饭吃多久啊？

蔡澜：好几个好朋友，一面吃一面聊天，都聊到天亮啊。年轻的时候。

许知远：在香港住了这么多年对它的归属感强吗？

蔡澜：很强，香港还是最好的地方，有生活，有人的味道。如果香港住不下去我只有住纽约了，只有这两个地方住得下。要不然就去巴塞罗那，那我是喜欢的。

许知远：你觉得香港精神是什么呢？

蔡澜：拼命嘛，拼搏嘛，节奏快嘛。你到电梯那儿一看，有一个"开"一个"闭"，那个"闭"给人家按得模糊了。你看到过马路的时候那个红绿灯嘀嘀嗒嗒的吗？世界上从来没有这么快的。以前我在纽约我追不上人家，现在纽约人来这里追不上香港人。我是一个性子很急的人，因为我母亲急嘛，所以我也急。所以我要做东西很快，一定要做十几样东西。

许知远：最有野心是什么时候？

蔡澜：当然是在邵氏那几年了，一直想说拍一部好一点的戏啊，一直说对不起自己，太商业了。

许知远：后来怎么想通的呢？

蔡澜：你要对艺术有良心，要对老板有良心，对人有良心嘛。王家卫的作品，有多少个人死在他脚下啊？有多少老板亏本啊？有多少人支持才会有王家卫作品？我就明白了一个道理，你如果有太强烈的个人主义，你不要拍电影，因为电影不可能是一个人的，它是全体创作。所以我开始写作，一张纸，没有人控制我，想做什么就做什么，做不好我撕掉了。

许知远：从八十年代初到现在写了三十多年，最顺利的是什么时候？

蔡澜：刚开始的时候精力比较旺盛，同时写两个专栏，"龙门阵"[1]一个，《明报》上一个。"龙门阵"那边写故事，《明报》那边我就写人物喽。黄霑、林燕妮、倪亦舒，那时候什么都是最鲜活的，能够在那边写是很光荣的一件事情。

许知远：金庸的管理能力也很强吗？

蔡澜：很强，他江浙人那一套，节省啊。金庸其实人蛮幽默的。亦舒说加稿费加稿费，金庸很木讷，讲不过她。吃了饭回去写了八张纸，解释今年怎么困难，所以不能加稿费。我会告诉亦舒，我说留下来拿去拍卖，那才值钱呢。

亦舒又抱怨了，《明报》那时候在七楼，没有电梯，要走上七楼才能找出纳拿稿费，所以我本来想住八楼的。当年古龙很狂，说"我现在写什么就卖什么"。我问比方说呢？他说，"比方一个爸爸一个妈妈，生了七个女儿，嫁了七个丈夫，这样就卖钱了。"我

---

[1] "龙门阵"为香港综合性日报《东方日报》中的专栏。

就讲给金庸听,金庸说"我也可以",我问他要怎么写。"一个爸爸一个妈妈,生了七个女儿,嫁了八个老公,文章来了。"

许知远:你最早读金庸是在新加坡,报纸上连载的吗?

蔡澜:报纸一来,我姐姐先中毒,我第二个中毒。报纸一打开,这半边是一个小说,那半边是另外一个。报纸一到我家里,撕一半,你看一半,我看一半,急成这样。金庸是大师,到现在我也始终认为是大师。他们把我们拉在一起,弄成"四大才子",不是胡说八道吗?人家大师了,我们是三个小流氓。

许知远:为什么很多外地人会觉得金庸有点伪君子呢?

蔡澜:你总要讲人家一点不好那才像人嘛,对不对?他很厉害,很多人物都给他写尽了,很多人性都给他写完了,很难。外国也没有几部小说可以把你想象中的人写尽的。

许知远:你觉得邵逸夫先生身上最厉害的是什么?

蔡澜:不停地学习,不停地动脑筋。他有一本笔记本,很大年纪了用笔记本,字写得很小。我从来没看过这么努力的一个人。我那种努力完全是学他的,一件事情要努力做好它。他说"蔡澜啊,生意不好了,我们的戏都已经开始不卖钱了,怎么办",我说"那怎么办?我们拍点色情片吧"。我们这行如果要活久一点,我们什么戏都应该拍的。

许知远:你觉得他最大的弱点是什么呢?

蔡澜:他的问题是他一面倒地去搞那个商业片,他不知道文艺片也可以赚钱。他的思想还没有到那个层次。我说邵先生,我们一年拍四十部戏,四十部都赚钱——那时候黄金时代嘛,我们拍一部不赚钱的怎么样？第四十一部，不赚钱又怎么样？他说，第四十一部也赚钱更好。因为他没有这种观念。你给他看英格玛·伯格曼，他说什么东西。他不能接受。

学习怎么活很重要，学习怎么死更重要

许知远：你最初做电视节目的时候，镜头整天对着你，你烦不烦？

蔡澜：我在拍电影的时候，我对着那些女明星。她们调皮捣蛋，我就对自己发誓，有一天我站在镜头前面的时候，我一定很听话。

许知远：你觉得做这么多不同的事情，哪件事情最有天赋，最得心应手？

蔡澜：我对食物很了解。我知道西方人的口味，中国人东南西北的口味，所以现在要是有一个大财团想开发新产品，我一天可以帮他开发十种。我自己开发很辛苦，现在这个年代先给租金压死了，给百货公司、超级市场，把你掐得死死的，我从来不喜欢给人家掐死的感觉。这是做事情要快活的年代嘛，为什么要给你那么剥削。好在有互联网。

许知远：你现在最想开发的产品是什么？

蔡澜：我什么都想开发的，食物我最了解嘛，饮品又好卖送人又高兴。我主要是拿来送人。送女孩子，很高兴的知道吧。

许知远：如果选一个朝代，你想生活在什么时候？

蔡澜：还是现在。因为现在太容易得到资讯了，有太多新技术给你学了，我一直学。而且为什么这么老了还要拼命赚钱？因为有什么新科技我就买啊。我很大方啊，我买一个送人一个。要是我生活很紧的话，我哪里可以得到这些快感。

许知远：金钱是自由嘛。在你心中史蒂夫·乔布斯是怎么样一个人？

蔡澜：另类，另类，外星人。好啊，你拼命做，我拼命享受啊。

许知远：但手机这个东西，它看起来有很多自由，但其实又变成一个新的牢笼。

蔡澜：你不当它是就不是。

许知远：如果你生在晚清会是什么样的生活？

蔡澜：抽鸦片。没有钱，抽不起的叫败家子，有钱的话怎么败都败不了，不然怎么叫福寿膏呀？

许知远：你抽过吗？

蔡澜：一次。九龙城里面是什么都有的，脱衣舞、吸毒，什么都有。我当时要拍一部戏，要去里面考察一下。因为我说不进去不行，进去才知道。就带着导演，跟一个在那边很吃得开的人，还带了一个探长。到了九龙城去看人家抽鸦片是什么情形，一看，他们说蔡先生来一口吧，没有试过的东西总要试一试。忽然间这个罩得住的探长罩不住了，上来说快点走了，有警察来抓人了。我说"你不是警长吗"，他说走啦，我说好。

倪匡跑到香港大学去演讲，问学生："你们放学了以后，有没有去喝酒？"他们说没有去。"有酒吧没有？"很少。"你们读大学来干什么的？来我家吧。"就带到家里去。其中有一个学生跑去报告，从此倪匡再不受邀请去大学演讲了。

许知远：华人还是非常压抑的。中国传统文化里从来不真正地尊重自由。

蔡澜：所以我最想做的就是拉丁民族嘛，我认为活得最快乐的是拉丁民族。我以前很忧郁、不开朗的一个人，后来我一旅行，就知道原来人家可以这么活的。

许知远：这是什么时候的事？

蔡澜：我十几岁已经开始旅行了。去日本之前，我去过马来西亚，到过很多地方。去日本的时候我又去了韩国。后来又因为拍戏的关系，什么地方都去了。十二三岁的时候，已经看到那些马来少女，开着水龙头，围着一条纱笼，就在那边洗头发。

许知远：现在最让你感伤的是什么？不可能没有。

蔡澜：我是一个把快乐带给别人的人，所以有什么感伤我都尽量把它锁在保险箱里，用一条大锁链把它锁起来，把它踢进海里去。

许知远：有没有碰到某些女人特别理解你这个保险箱，理解你感伤这一面的？

蔡澜：没有。一些老朋友理解的，倪匡兄当然理解了，这些不必讲的。

许知远：你父亲那代人身上都有中国文人的忧国忧民之心，包括顾炎武说的"天下兴亡,匹夫有责",你父亲讲的"读圣贤书,所为何事"。这个东西怎么平衡呢?

蔡澜:后来你发现,吃吃喝喝后才可以平衡。

许知远:我很喜欢这句话——"读圣贤书,所为何事"。这件事情困扰你吗?

蔡澜:不要把包袱弄得太重,没有必要。要是我一个人可以改变的话,我就去洒热血,断头颅。我可以去。我认为有时候我没有这个力量,改变不了。所以我就开始逃避喽,吃吃喝喝也是一种逃避嘛。三十几岁,我已经回来香港,我已经明白,这个大局我改变不了。

许知远:那这过程应该有点痛苦吧?

蔡澜:有。但是不讲了。

许知远:我觉得应该讲的,我希望你有一天写出来,这个对下一代非常重要,对你自己也重要。西方有很强烈的自我分析的清教传统,自我分析可能不一定解决,但也会解决一部分。

蔡澜:解决不了。这个是我跟你最大的分别。

许知远:你说过很多黑暗的东西,把它放到箱子里沉下去,以及很多东西无法改变。我记得是宋代哪幅画里,森林着火了,小鸟去衔一点点水浇火。你怎么看中国文人的这种传统?

蔡澜:也是也是,基本上都要这样。但是要有一个过程,你做过,这种事情也做过了,那么就做另外一种事情。不冲突的。匹夫有责,我明白。你能做的时候你就去做了。你要重点出击,不能够只牢骚几句，有什么用呢？对吗？

许知远：你一直向前看，识时务者为俊杰，要捕捉时代精神，但是中国传统文人又是很崇拜失败的。"春花秋月何时了，往事知多少"，一个失败君王啊，大家觉得美。你对中国文人崇拜失败这事是什么感受？

蔡澜：我从前很欣赏，现在不会了。从我要买最贵的器材，从我要穿最好的衣服开始。

我开始做生意了，以前我听到"生意"两个字，我说脏得要死嘛，我不要。以前很多朋友给我很多机会，通通不要。后来我开始做生意了，我那些朋友骂，谁说的做生意是不好的？谁说的无奸不商？谁说的？回头来看，"生意"这两个字是活生生的意思。我朋友又来讲了，奸商怎么讲？我说，商者，商量也，我先跟你商量，你愿意了我才奸你嘛，我没有拿枪指着你嘛。这个过程很好玩的。

许知远：你人生最大的恐惧是什么？
蔡澜：没有。

许知远：真的没有？
蔡澜：我很喜欢讲一个故事，不知道你听过没有，听过了，容许我重播一次。我曾经去外国旅行，在飞机上，会遇到气旋，所谓气旋是忽然间飞机飞到一半有一个真空的状态，这时飞机会一直降，可以持续五分钟，蛮恐怖的。我旁边坐了一个澳洲来的大汉，抓住扶手两边。等停下来之后，这个澳洲大汉很讨厌我的眼神，就问我死过吗。我告诉他，No，No，我活过呀，你活过你何必怕死呢？我相信我活得比一般人精彩一点，所以我不怕。

许知远：什么时候开始注意到死亡的？

蔡澜：第一次接触当然是宠物死亡啊。第二次接触是我一个大舅被一个坏学生诬告，枪毙了。那是我母亲的大哥。我开始想死亡，为什么要哭成这样，就一直看死亡的书，看了很多。后来旅行接触更多了。再后来好朋友一个一个走了。大概你在其他地方也看到过，我说学习怎么活很重要，学习怎么死更重要。但中国人从来不去谈。

反正是要来的事情，为什么不去聊呢？我在墨西哥拍戏的时候看到炮仗，要买来放，他们说蔡先生不可以，这个是死人才放的。我说你们死人这么欢乐？他说是很欢乐，我们常常死人，因为我们的人很短命，我们医学不发达，我们还有一个亡灵节。所以他们了解死亡，他们接触，他们拥抱。这些是我学习的过程。我的旅行完全是学习怎么生，怎么死，怎么活。

1951 年　生于广西柳州
1977 年　毕业于兰州交通大学
1988 年　正式成立万科，任公司董事长兼总经理
2003 年　成功登上珠峰
2011 年　赴美国哈佛大学留学
2013 年　在剑桥大学访学
2017 年　正式辞任万科董事会主席
2018 年　正式宣布出任华大基因第一大股东华大控股的联席董事长
2019 年　入选中国海归 70 年 70 人榜单

扫码观看视频

王石

登顶珠峰没什么特别的,
到了哈佛才觉得再生

Chapter 03

王石拓展了这一代企业家的维度。他从商业出发，进入了更广阔的领域，以社会领袖、新生活方式的倡导者的面目出现。他管理一家巨无霸公司，登上世界主要的山峰，不知疲倦地推广体育运动、环保概念。

　　尽管已取得非凡的成功，他身上仍有种无法抑制的自我证明欲，似乎无法面对片刻的目标迷失。在以色列海法市的一家露天餐厅，王石坦言心里的焦灼，他这一代人成长于集体主义氛围，经历过人生的戏剧性起伏，知道被孤立、遗忘的后果。

　　看似自由，王石却过分在意社会标准。倘若停止扩张，引人赞叹，他就陷入某种不安，他不是一个能够自我满足的人。

　　倘若你与他一起散步，谈天，听他的那些故事，你总会被他的能量、好奇心所征服，尽管有时你期望他不那么自律，偶尔失控。

对于目标，
我是个悲观主义者

许知远：你什么时候意识到身体上的舒展与竞争是特别重要的？中国传统文化是排斥这个东西的。

王石：还是和我的家族有关系吧。我母亲的家族属于人口很稀薄的一个游牧民族，我们很小的时候，小学二三年级吧，就被放出去散养，像放羊一样。我自己一个人回姥姥家，要走二十里山路，那时候就八九岁啊！我就是这样长大的，本身就对户外运动有一种天然的……

许知远：亲切。

王石：对！像知识分子那种书卷气，我是没有的，更多是很野性的东西。小的时候，田径、排球、篮球、足球，我什么都喜欢，可我什么都不行。先是乒乓球，我的水平在当时能考上业余体校了，算是不错的，但也只是在业余体校里不错，再往上就不行了。后来打了三年，就放弃了。然后就全力以赴踢足球，踢足球踢到校队，当板凳队员。再一个就是登山，二十世纪六十年代初中国人从北坡第一次登顶珠峰，那是我心目中的英雄，登山对我来讲简直太神圣了。

许知远：那时候你多大？
王石：八九岁。

许知远：这么小就埋进那个种子了！
王石：对，少年时代的情结，这是一个。再一个是，我父亲家是在山区，我母亲家也是山区，暑假寒假就是回山区，所以我对山一直就有一种特别的感觉。对户外体育活动的爱好，我觉得还是受父母潜移默化的影响。就我父亲来说，他当过红军，走过二万五千里长征啊；我母亲是锡伯族，经历过大迁徙的民族。

　　许知远：但你的竞争欲是怎么来的呢？

　　王石：我们那个时候还受苏联文学的影响，就家里来讲，我受我大姐影响。我大姐比我大四岁，她对自己的要求非常非常严格。当时她未来的目标是成为居里夫人。她非常喜欢读书，有自己的一个小书橱，两个抽屉，下面那个放了很多藏书，我特别想看她的书。后来我就知道，把上面的那层抽屉抽掉，就可以从里面拿书了嘛！

　　许知远：偷书，这是很多人的共同记忆。

　　王石：对，后来有一次，我刚把那抽屉打开，就发现上面挡着一个硬纸板，写了两个大字——"住手"，当时就吓得一哆嗦。你刚才问自律是怎么来的，严格来讲，是因为我大姐。那个时候我是很自卑的，除了打排球我还有点感觉，其他的体育活动，个儿都不够。

　　许知远：什么时候开始不再困扰了，解决了？

　　王石：那当然是登上珠峰之后。因为一定要证明嘛。

　　许知远：所以你在事业上的成功都解决不了这个问题，还需要通过体育来解决。

　　王石：是这样。实际上，对于人生，我小时候有很多幻想。我曾经幻想当一个火车司机，当然这个持续时间不是很长。另一个是当外科医生，我觉得这是救死扶伤，太伟大了。再一个呢，是成为福尔摩斯那样的侦探,那时候我不知道有李昌钰[1]。但是我从来没想过我会是商人。

许知远:回到小时候,说说你最初读到《红与黑》是什么时候,什么场景,什么状况?

王石:读《红与黑》那是在部队上。

许知远:当时于连一下就打动你了吗?

王石:于连本身没有打动我,主要还是它的背景——资产阶级大革命的时代。

许知远:剧烈变化的时代。

王石:《红与黑》这个书名本身就带有非常明显的符号性,是那个时代的一个隐喻。真正打动我的人物,应该是狄更斯的大卫·科波菲尔。这个人物小的时候很不幸,父亲早逝,母亲改嫁,之后连母亲也早早去世了,继父还虐待他。好在他有一个非常贴心的、有钱有地位的姨妈,收留了他,改变了他的生活。但他的成长还是一直遭遇各种不幸,不管是追求幸福,还是追求爱情。所以大卫·科波菲尔的一些经历给我的印象是更深刻的。

许知远:个人的挣扎、成长,让你最激动是吗?

王石:对,那是真正打动我的。此外还有《荆棘鸟》,澳大利亚一位女作家写的小说。一种鸟能唱出最动听、最感人的歌声是什么?是把荆棘一直扎进自己心脏部位而唱出来的,就是绝唱。

---

[1] 李昌钰,美籍华人,著名刑事鉴识专家,鉴识过几个全球重大的案件,如肯尼迪总统被杀案、尼克松"水门事件"等。

许知远：那你渴望这种绝唱吗？

王石：我不知道，就是觉得生活本身是不如意的，如何在不如意中，为了你所如意的去寻找、去追求。当然这个过程中，你会有非常多意想不到的新矛盾。好像慢慢你就会发现，如果你在相当年轻的时候追求过某个目标，实际上目标是什么也不重要了，重要的是这个过程。对于目标，我是个悲观主义者。

许知远：你会担心自己的生命也是昙花一现吗，你会希望以什么角色被人记住？如果生命真要结束的时候，你希望别人怎么铭记你，或者因为什么事情铭记你？

王石：我没有这样想过。

许知远：真的没有吗？你这样一个个人英雄主义这么强的人。

王石：因为之前我想的都是未来的事情，我死后别人对我的评价，我没来得及想。等到我来得及想的时候，结果已经不重要了，关键是这个过程，是在你还有意识的时候，你觉得你知道应该怎么做，这才是重要的。所以我原来是个悲观主义者，现在已经有点谨慎的乐观了。

如果真要说有什么担心的话，就是没法摆脱作为一个正常的人，作为一个正常的中国人的那种担心，比如说活着的时候不要拖累后代，不要给社会造成负担，所以你就得健康地、头脑清醒地活着。

如果要说此时对人生还有什么眷恋的话，那不就是亲情吗？至于声名，我们这个民族这么大，能在某一个时期里曾有过声名，这已经很好了。

许知远：你的孤独感比以前减弱了吗？

王石：至少现在是没有孤独感了，因为我又感到了温暖，很多人又开始接受我。当然并不等于那时候没有人接受我。

许知远：这还是外在的，有没有那种内在的、更深层的孤独，跟外界无关的那种孤独，有吗？

王石：孤独感，我到了深圳之后就一直有。让人产生真正的、最大的孤独感的有两点。一是对死亡的恐惧和规避，二是你对这个社会的不了解，而这种不了解，会造成一种孤独感。过去的那十几年，通过差不多十年的登山，我克服了对死亡的恐惧。2008 年之后到现在，尤其是 2011 年到了哈佛之后，我对这个世界的认识整个都变了，这时也有了工具，有了手段，有了沟通的渠道，也看清中国在整个世界中的位置，你会发现，如果你愿意去拥抱这个世界，你也有这样的能力，这个世界是接受你的。在这个时候，你说的孤独感也依然是有的，但更多的是喜悦，是一种另外的惊喜。

惊喜首先在于你遇到了这样一个时代，一个可以长寿的时代。生命只有一次，它是个概率问题，古人都说人生七十古来稀，而且当时老年的状态都非常不好，但在这个时代你不但可以长寿，还可以很健康。我很庆幸这点。

人活到一定岁数才会打开，才会想去求知，但等你有机会去求知的时候，往往时间不允许，年龄不允许。但在这个时代，你比过去的人至少延长了二十年寿命。所以你还可以去学习，你开始知其然又知其所以然。

而且你会发现，经过这么多年的打拼之后，你的社会地位和可动用的资源要比以前多很多，你要做的一些事情比以前容易得多。很多事情不是在拼你的一己之力，或者拼你带领的这个团队，你更多的社会资源其实是在构建平台，让你得以一块一块地往前走。然后你突然发现，过去让你产生悲观主义的一些东西，现在突然给你打开了一扇门，让你可以更多地去做自己想做的事。但至于能不能做，最后做成怎么样，那结果重要吗？不重要。因为无论结果如何，你已经得到了你的自知，你的自为。

所以我觉得去经历这个过程本身就是享受，在这个过程当中，你可能还会遇到一些挑战，会让你去思考这样做值不值得。最令人担心的其实是，你对挑战已经没有兴趣，你对新的事物已经失去兴趣。

许知远：你的好多想法开启了我，我觉得这几年你真的没白折腾自己，没白折磨自己。

王石：所以我就觉得，我是在哈佛再生的，因为我登两次珠峰都没感到再生。我最在乎的就是今生——真正的对手不是别人，不是外界，而是自己。当时在哈佛，我到底要不要放弃？因为其实我没有来自外边的压力。我是个企业家，我在那儿混半年、混一年都没有问题的，但我不能蒙混我自己。

人是有生命的动物嘛，但是生命还是不要太长，我不会觉得生命应该一直延续下去，因为总担心自己会变得多余。你当然渴望长寿，但是你又没做好长寿的准备。如果你没做好准备，对亲人、对社会都是一个负担。从社会生物学的角度来讲，这个人就已经是多余的了，生命就是这样。

许知远：你这么怕成为多余者，怕不被需要？

王石：是怕成为负担。人的生命中最不能割舍的，不是青春之类的东西，更多的还是感情。

许知远：感情？

王石：嗯。你真正不能割舍的是什么呢？不就是亲情嘛。比如说我父亲去世,我没有这个思想准备,所以到现在都觉得很遗憾。

　　许知远:你觉得自己是个好父亲吗?
　　王石:我不是个好父亲。

　　许知远:这事困扰你吗?
　　王石:这已经过去了嘛。就是在应该陪伴孩子的时候,总觉得感情可以以后再弥补。

　　许知远:是不是这一代人普遍面临情感上的缺失,从小就缺。这代人挺特殊的,很小的时候就卷入到极大的社会动荡里面,对所谓的亲情温暖,普遍来说是体验得很少的,这是不是时代的某种特征啊?
　　王石:应该是吧。

登珠峰没觉得有什么特别,
真正感到煎熬的是在哈佛

　　许知远:你之前想出国是打算干吗去呢?读书?
　　王石:对,读书。

　　许知远:还想去读呢?
　　王石:还想去读,甚至联系了伯克利,选的是社会学专业。

许知远：那挺适合你的。

王石：一直到五十岁才放弃了，才安心说，好吧，你就是个商人了。到五十岁，我才承认自己的身份。所以我不认为商业上的成功对我来讲意义非常重大，我不这么认为。当然现在这种想法又开始改变了，而且恰好中国现在需要商人，也现代化了，在这当中你又可以去扮演一个角色，我觉得这也挺好。

许知远：所以这种身份焦虑困扰你蛮久的？

王石：那当然是了。

许知远：但是也变成一个动力了？

王石：确实是。中国传统文化里头一贯看不起商人，这个让我焦虑了很久，而且我能感觉到文化人骨子里对商人是有一种鄙视的，更不要说平常得去打交道的官僚系统，他们也有，我对这个非常敏感。当然这还不是最主要的。并不是说因为他们看不起我，所以我也看不起我自己。

再就是我也不喜欢当房地产商。从功利主义角度来说，是做个金融公司好，还是搞房地产好？那我当然愿意搞金融。搞技术，还是做房地产？我当然愿意搞技术。但职业是职业，喜欢是喜欢，职业是解决生存问题，而喜欢是解决你的兴趣问题，你可以把这个分开。

另一方面，我之前没有意识到，我太个人英雄主义，为了自己什么都不顾。

许知远：后来是怎么意识到的？

王石：等我意识到已经是十年之后了。因为我到了哈佛之后就放弃登山了，放弃登山不是放弃个人英雄主义，而是一种选择——

到底是第三次或第四次登珠峰难，还是在学校完成学业难。实际上这是两种山峰，一种有形，一种无形。你登珠峰也就熬两个月，而在学校这儿熬着，第一，没头儿，第二，能不能完成，能不能真的顺利度过去，你不知道，甚至做作业要做到凌晨两三点钟，早晨七点半就起来，因为早课是八点。那时候人已经到了精神崩溃的状态，你就会思考你再这么熬到底值不值得，你只是访问学者，又不是要拿个硕士或者拿个博士，你晃晃就回去了，要蒙混过关其实很容易的。但我的问题是，放弃了会不会后悔。我六十岁才到的哈佛，如果放弃了，我不可能等六十五了再重来一次，我担心我到那个时候会后悔，后悔当时为什么不再坚持一下。所以，放弃登山，其实也是个人英雄主义的体现。

许知远：这个其实更强，是另一种个人英雄主义。

王石：但是到了剑桥之后，我就去划赛艇了。其实，我 2001 年就开始划赛艇，划赛艇的时候也是个人英雄主义。本来是八人艇，我却不和队员们合练，从本质上来讲，这根本不符合划赛艇的精神，划赛艇就是要一块儿练，需要互相配合。

真正到剑桥之后，这就是人家剑桥体育的一个招牌，我自然而然地就被纳入这个系统了，才发现我和人家比，年龄、经验，各方面都不如。在中国文化里，你是老板，你来了，第一是欢迎你，第二是迁就你。到了剑桥谁迁就你？人家即使迁就你也不是因为你是老板，而是因为你的状态。但我发现进入这个团队之后，人家却能让你很舒服，而不是说要让你难看，显得你不如别人。人家就是照顾你，因为你加入了就是属于这个团队的，队员们更多是在你最好的状态下慢慢跟你配合。人家不把你当成弱者，划赛艇的精神本身就是要齐心协力，在齐心协力的情况下，每个人的状态都很好。于是你突然发现，现代工业文明中最为典型的协作，强调的更多是整体，而不是个人英雄主义。慢慢融入这里之后，我才体会到，划了十二年赛艇，我整个是个混蛋。

许知远：这个过程对人的考验挺大的，应该有很多懊恼和自我反省？

王石：它是个渐进的过程，当你意识到之后，你一下觉得自己的境界全变了。但是我也不确定这是因为去了哈佛、剑桥，还是也有年龄的原因，我不知道。但至少我觉得非常值得，从某种意义来讲，这是我人生中很大的一个跳跃。

许知远：你在哈佛做作业那段时间，压力最大的时候快崩溃了，每天做到半夜，然后早上起来上课，是不是从来没有这么无助过？之前这么多年，没有遇到过这种情况？

王石：对，太无助了，之前从来没有过。

许知远：这个无助持续了多久？

王石：从第一学期到第二学期，差不多快两个月吧，就这么长时间。当时为了过语言关，我不能见中国人，因为见中国人就会讲中国话，那时候就得让自己完全封闭。

许知远：你这么折腾自己，给自己找罪受，在这个过程中肯定想过放弃吧，后来是怎么熬过来的呢？

王石：那时候经常感觉人生漫长，一天二十四小时都在熬，经常熬得简直觉得明天都熬不过去了。

但其实人生也苦短，一年很快就过去了，我还没学到什么东西。原来我准备就是念一年嘛，后来不行，还得延长，延长到第二年时，突然发现时间之快啊，出乎想象。因为我缺少四年的本科训练，如果虚荣心不那么强,我应该在哈佛念上四年。怎么两年半就跑了呢?因为我在剑桥那儿也注册了,也拖了一年了,剑桥就说,给你留的办公室就算了。

虽然哈佛是名校,剑桥也是啊,我一听都下逐客令了,就赶紧过去了。哈佛那一段,事后觉得真是炼狱,登珠峰再怎么难,我都从来没这么觉得过。所以应该这样说,登珠峰没觉得有什么特别,没有濒临死亡的那种感觉,只是觉得死亡也并不是那么痛苦。真正感到煎熬,熬不下去,是在哈佛。

许知远:你觉得那两年半,除了对自我认识的改变,对你知识结构上的改变大吗?

王石:实际上有两个方面。一方面是系统的逻辑训练,当然我指的不是专门的系统逻辑训练,是我选的本科生的通识课,其实对思维逻辑是非常有好处的。你知道你的起点在什么地方,落点在什么地方,你更清楚该怎么表述,也知道怎么与对方沟通,这个比以前要清晰得多。

另一方面是对西方宗教的认识。原来我很疑惑,他们怎么会信,真的有一个绝对权威的上帝存在吗,真的相信死了还有另外一个世界吗?古人会信,是因为那个时代的局限性,现在这么多高科技的发展,他们难道还是那样来认识世界的吗?我原本根本不接受有神论这一套东西,但来了哈佛之后很快就意识到了,更重要的是在宗教背后支撑它的文化、思想基础。现在,从东西方信仰来讲,我从一个无神论者过渡为一个不可知论者,下一步会不会过渡到一个有神论者,我不知道。这个转变也可以说是要解决我的一个困惑——信仰对我意味着什么。我和我姥姥很亲,她是农村的,信道教。

许知远:信道教?

王石：她信道教，在中国传统的农村、山区，大部分人基本是信道教的。但怎么都没想到，我父亲一去世，我母亲很快就成了一个虔诚的佛教徒。因为她对我父亲有牵挂，只有这样才能转移这种感情。我是不信佛的，但是我母亲这么信，我得表示孝顺。每次出差，见到庙我就烧香拜一拜，回来说给她听，她就特开心。后来甚至为了让我母亲高兴，我去出差时哪怕离寺庙远着呢，都会专门去烧炷香，回来讲给她听。

许知远：老人家开心。

王石：开心。所以我怎么都没想到的是，她去世之后，我去庙里已经成习惯了。你说这是不是真正的信佛，不是，但是你会发现，你最初的目的已经不是很重要了，这成了一种仪式感。在宗教信仰当中，这个仪式感是非常非常重要的。我也开始对一些非科学、非理性的事物怀有某种敬畏感，这在过去是没有的。意识到这一点之后，反而感觉原来的状态比较焦虑和不自在。

许知远：因为以前的焦虑和不自在，太多是建立在个人的某种成就或者某种扩张和征服上，跟这个有很大关系。

王石：对，当然。

许知远：因为停止征服，停止扩张，你就会觉得很焦虑，或者说其实扩张和征服本身只是给人带来短暂的满足感，不能带来一种充分的支撑，是不是？

王石：是这样。但即使停止扩张，也只是表现上变化了一下而已，本质并没有多少变化。比如比尔·盖茨已经成了首富，他现在突然说把钱全捐出来，你说他是停止扩张了吗？

许知远：找到了另一个维度。

王石：另外一个维度是，我不是能赚多少钱，而是我能贡献多少钱。可能这个比那个扩张更厉害，因为它更能进入人的内心，只是表现形式不同、解释方式不同而已。

许知远：对你来说呢？

王石：我觉得从进化心理学上来讲都是一样的。它们都是较量，登珠峰也是一种较量。

许知远：学知识、学文化也是较量。

王石：你说划赛艇不也是另外一种较量嘛，现在我还会带弱者，过去我是排斥弱者的。

许知远：这是真正的强者的标志。

王石：对。

许知远：你觉得你现在的扩张和动力，比以前更强了吗？

王石：我觉得我的顶点已经过去了。什么意思呢？就是说你没道理再占用主要资源。资源就这么多，你占多了，会影响下一代。这完全是另外一个维度，就是你应该扮演什么角色。我觉得我体现的价值已经和过去不一样了，更多是表现在听我讲话的都是年轻学生，我就告诉他们，我要讲的是你们的父母应该听的。实际上我更希望影响他们的父母，而不是去影响年轻人。应该谨记，从生命进程来讲，新陈代谢，老了就是老了。如果你不承认老，认为你还很强，这是非常非常糟糕的，因为你会抑制后代，这是毫无疑问的。

原始森林里，各种物种都在竞争，竞争阳光、水分、空气。大树的过度覆盖会让其他物种得不到充分的生长空间和营养，包括它们的后代。而作为中国人，我觉得这是非常沉重的一个命题，我在做一种尝试。我们中国人不信神，就信人嘛，就是信强者。实际上中国的传统就是老人政治，老人政治就是绞杀后一代。老一辈太强，最后却不能延续了。最典型的像王永庆，"经营之神"，但是他一走，整个家族就混乱了。我是个中国人，也受中国文化影响，但我希望我打造的万科不是这样。

许知远：这种意识是什么时候开始有的？

王石：应该八十年代就有。

许知远：这个东西怎么来的？

王石：我到深圳已经三十二岁了，到深圳之前，我当过兵，当过工人，当过工程师，当过外贸干部，经历非常丰富。从某种角度来讲，我比同龄人要成熟得多，考虑的问题也多得多。尽管对未来不清楚，但是我知道一定要做一番事业。我为什么要到深圳，其中很主要的一个原因是我自卑，另一方面又不服气，想做一番事业。到深圳之前，我已经算好，我如果在机关里做下去，我这辈子会是什么样子，甚至追悼会怎么开，悼词怎么写，我都清清楚楚。

许知远：你当时想的悼词是怎么样的？

王石：标准的老干部悼词，当然会不错，但是一定很乏味，而且连奏什么哀乐你都知道。你再不愿意，也是安排好的，包括家属的哭哭啼啼这些。既然连这些都想到了，你说我还在这儿待着干吗，所以我有机会一定要去闯一闯。我那时就是这种状态。

民国初的实业家比我们强，
八零后也比我们强

许知远：九十年代初，你开始意识到建筑跟城市的规划或者跟时代的精神状况密切相关。过去二三十年里，我们建了那么多新房子，它们会怎么传递我们时代的精神状况呢？未来的人会怎么看呢？

王石：你是指我们的后代怎么看，还是说从国际上来看？

许知远：都可以，横坐标、纵坐标都可以。我就很好奇，比如说我们现在看到一座建筑，它砌成这样，我们就觉得它是这样的时代状态，我们看到过去的庙宇、四合院或者苏州园林，就感觉它们能代表中国当时的状况。如果有一天，我们开始稍微远距离看一下现在的中国，盖出了这么多的房子，它代表一种什么样的精神状态呢？我觉得它们就是一群面目相似的东西，是精神世界层次较低的一种表现。

王石：我明白了，因为你提到了相似性。我们现在总有一个困惑，说现在是千篇一律，什么都一样。但实际上你如果真的和建筑专家在一块儿研究，你会发现从具体的城市来讲，是有不同的层次感。古建筑其实当时来看也是千篇一律的，只不过现在留下来的会让你觉得不一样。

许知远：所以你觉得不算千篇一律？

王石：实际上，不用去担心千篇一律，因为从历史上来讲，它保留不下来，一定会被淘汰，千篇一律并不是中国人的特性，这是其一。第二个问题是什么呢？我们的传统建筑是平摊开来的，这和

建筑材料有关系，一直是用砖木结构，这就决定了不可能建得很高，也不能有石建筑那样的承重力；另外，无法长时间保存，防火和虫蛀等方面不够好。现在我们突然有了西方的技术，如何往高处盖，盖什么样的建筑形式，对我们来说这是很大的问题。显然这方面我们还没能让高层建筑找到带有中国传统符号的语言，所以无论是从国际上还是从我们内部来讲，对现代建筑的应用和使用应该说评价是不高的。简单来讲，这是由于我们和西方文明的同步进程断掉了，一直到八十年代改革开放才重新开始与世界接轨，所以在这方面我们就跟不上形势。

我曾经读到高阳的《红顶商人胡雪岩》，敬佩得五体投地，但是读了一些西方关于管理的书后，才发现胡雪岩的经营方式不行。

许知远：什么时候意识到胡雪岩这种方式不行？

王石：应该是九十年代初。那时候我真正重新开始思考，自己作为商人，和日本商人没有可比性，和工业发达国家的、经受过资产阶级革命的这些商人相比，也难以望其项背。就可比性来讲，只有跟民国初期中国的第一代资产阶级比。

许知远：就是张謇他们？

王石：对，张謇他们。我们这一代比他们差远了。他们那种胸怀，他们那种能力。

许知远：还有志向。

王石：我们差远了。所以对于万科，我是非常清醒的。我那时候曾说，应该五十岁就辞去总经理职务，开始去登山，有意识和公司疏离。我不去登山，也会离开公司，就觉得要形成这个制度。

在去年的世界五百强企业中，万科排到了三百二三十位。如果没有意外的话，明年应该可以进到前三百名。

许知远：你对万科最终的期望是什么？

王石：我期望它一代一代能接下去嘛。最终的期望是能适应市场的变化，还能进一步国际化，就继续这样发展下去。

许知远：你希望自己活在中国文化的高峰期吗？

王石：我没有这样去想过，虽然我知道很多知识分子一说都是北宋，或者南宋，那个我真没有。

许知远：对，回来说说你做的那个关于日本江户时代的研究，关于日本的转变，你得出了什么结论？

王石：先说说我第一次去日本的感受。当时我对日本的认识，和我们过去接受的教育完全不同，再加上改革开放之后，接触到日本的商品和日本的企业，像丰田、松下、日立、三菱，等等，都是很鲜活的，傅高义甚至写出了《日本第一》这样的书。

第一次到日本我好像并不感到陌生，一切都觉得很熟悉。当时日本也不像电影里展现的那么全盘地现代化，所以到东京之后你会发现，它还保留了很多"二战"之后的痕迹。我记得当时日本处于泡沫经济的前夕，那是1984、1985年，之后到1988、1989年就出了问题。我当时去参观一所精神病院，院长来接待我们，我记得他的秘书既处理行政事务，又是他的保镖，有点像旧式武士的那种感觉。没想到一席话间他谈的都是忧虑，他告诉我们为什么这么多人的精神出了问题，因为他觉得日本的经济再这样发展下去——这样的高度增长——会出事的。果不其然，他忧虑的那些事几年之后全发生了，这给我的印象特别特别深。显然，如何解读日本这个社会，解读日本人现在的忧虑，对我来说，这是业务关系之外的一个层面。

另外，我还非常喜欢浮世绘，非常喜欢。之前我真正研究的第一个课题，就是浮世绘和中国文化的关系。

许知远：你怎么看待马化腾和马云的崛起呢？在年龄上比你大概小半代人吧，他们好像突然之间成了世界级的商人，很短的时间里完成了这样一个过程。

王石：很少有公司可以这么深入地影响日常生活，这样说吧，比起马云，我和马化腾之间更好比较，我们都是深圳公司。我从九十年代初就成了全国性的人物，大家开始关注我。

许知远：作为一个商业领袖，那个时候已经很明显了。

王石：到2000年之后，马化腾出来了，甚至我和他同过台。马化腾在公共场合的表现和年纪有关系，也和性格有关系，他是羞于表达的。

许知远：很谦逊是吗？

王石：当然是很谦逊了，我多少都是咄咄逼人的。互联网从刚开始的BBS、博客，到现在的微博，我都觉得太好了，你说出什么东西，马上就有回应，我特别喜欢。尤其到了一定的职位之后，你是被好听的话包围着的，但互联网上你不知道对方是谁，他骂你你也没办法。

许知远：变得挺孤单的。

王石：嗯，所以有很多对你不友好的、破口大骂的人。大家连对文化人都不以为然，比如余秋雨先生，觉得他都是心灵鸡汤，不过我挺喜欢他的。但是他有时候万一说话不注意，那肯定招骂，他就索性罢课、罢工，我觉得这已经属于不能接受新鲜事物了。

许知远：回到马化腾的问题，你一开始怎么看这样一个年轻人？

王石：微信绝对是自己在颠覆自己，在应用很多新的东西，而且微信不仅仅是在模仿西方的产品，更有自己的创新。万科做得再好，也没人会害怕你，但是电信害怕马化腾，就是因为微信，有了微信，相当于长途电话是免费的，这会直接冲击他们。微信的很多创新完全来自另外一个世界。当然最开始冲击我的还不是马化腾，真正的冲击来自当时的"超女"选秀。

许知远：是吗？

王石：哎呦，那个对我冲击太大了。湖南卫视搞的这个节目，我本来觉得和我没有什么关系，但是我的一个朋友在赞助这个节目，我就很纳闷，我得看看他为什么要赞助。结果一看就一发不可收拾，哎呦，追着看。为什么呢？你会发现其中的竞争关系。我三十二岁到了深圳之后，这么多年来就是在竞争中成长起来的，真是在惊心动魄中一步一步过来的，没想到唱个歌还有这种PK方法，十二个人唱完往底下那一站，有两个就要被PK掉的。

许知远：这么直接。

王石：那么直接，那么赤裸裸，我受不了——顶多是十二个人回到幕后，最后上来十个，说那两个人已经PK掉了，我比较容易接受这种方式。我就想，如果是我女儿站在那里会怎么样，当父母的哪受得了这个，更何况她本人。我突然发现，八零后的独生子女比我们强啊！他们是看着广告吃着麦当劳成长起来的，和我们的观念不一样啊！另外，她们还都有粉丝团，要互相联络，要拉赞助，你会发现组织能力完全比我们强啊——那种号召能力，那种组织能力。还有为什么会追着看呢？它很多不是新歌，是老歌新唱。

许知远：唱到心里去了是吗？

王石：哎呦，那完蛋了，因为老歌你很熟悉，但是完全用现在更容易接受的节奏唱的。那时见到人我就问，"超女"看没看？他们觉得很奇怪：什么"超女"？我说你去看看吧。他们就说你怎么对这感兴趣？我说不是我对它感兴趣，而是将来你们的手下就是这些人，你不了解他们，不了解他们的喜怒哀乐，不了解他们的思维方式，你怎么管理他们啊？

后来不是周笔畅和李宇春开始 PK 嘛，争谁是第一。我当时猜的是周笔畅，你知道为什么吗？不是说我喜欢周笔畅，是因为支持她的是广东粉丝团，更有钱。当时投票是，一个手机只能投多少次，很多商人一花就是三十万、六十万这样来投，我当时就说肯定是周笔畅赢，我是完全从商人的角度去判断的。

许知远：你对李宇春是什么印象？

王石：我觉得这个比较有意思，你难道不觉得她比较中性吗？我是说性别上比较中性，这就代表着一种审美情绪。

许知远：新的潮流。

王石：她的嗓子比较男性化。这个是超女对我刺激特别大的地方，开始重新认识八零后，重新来解读他们。实际上我在 2008 年度过危机的时候，万科的员工已经有百分之六十是八零后。当时很明显，他们不像年纪更大的员工，总是对我做出正面的评价，但慢慢你会非常欣赏他们。后来我发现腾讯的文化真是把握得挺好的，并不是增长得非常快的新公司都是这样的，在这方面我对腾讯是刮目相看的。

哪儿有什么伟大，
你成功只不过运气更好些

许知远：你明明可以去过那种更放松的生活，读书，发呆，找不同的人聊天，不用去费劲创造新品牌，也是一个非常美好的人生，为什么不这么做呢？

王石：因为五十岁时我给自己的定位就是企业家，这点非常清楚，我的经历、我的做法都是企业家式的。我从被动、不情愿，到接受这一点，再到从民族的角度来看，我认为我们的企业界确实太有必要进行这样的自我更新、自我认识，我应该可以在其中扮演一个角色，而不是去回避它。

另外，在那种状况下，你的能量是很有限的，你的影响力也是有限的，更重要的是平台，这需要搭建。比如说我们之间的交流，我很在乎你的这次采访，因为在我的心目当中，你是很高傲的一个知识分子，非常独立，从来不在乎别人怎么看。所以像这次你的变化，我也觉得特别特别大，开始倾听别人的东西，更具有包容性。

许知远：包容真的是挺美好的一件事情对吗？

王石：那当然是了。一个人真正的能力，不是你个人能表现得怎么样，而是让更多不同的角色在一块儿做事情。

许知远：你可以接受完全的自我吗？就是说我也不想改变别人了，我过一个充分自我实现的人生，就只依赖于自己内心的感受，去实现对知识的兴趣，对各种经验的兴趣，对亲密的人的兴趣，放弃更广阔的人群——你觉得你可以这么自足吗？

王石：到目前为止，我做不到。

许知远：还是很难是吧？

王石：不是很难，很难是你想做而做不到，我是还没想那样去做。

许知远：你羡慕那些充分自足的人吗，可以自我满足，很自由，但也是在不断前进？

王石：我会很欣赏，但不会羡慕。

许知远：你不会羡慕？

王石：不会羡慕。

许知远：我就特别羡慕那种人，我觉得那种人特好，他有一个很小的世界，哪怕只有一平方米的桌子，他也能充分感受到很多东西，不太依赖外界的感觉。

王石：我应该达不到那种状态，那种状态需要有特殊的技能，我没有这种技能。比如说我有思想，有一定的文字能力，那没问题，我根本不在乎别人怎么看我，我相信我的思想在这个世界是有用的，即使没有用，我也不会后悔。但我没有那种能力。

读书的时候，我的数学非常好，语文非常差。当时我比较好强，不是说我要成为一个记者或者要成为一个文学家，但我至少要流利地用文字来表达，为这个我付出了非常非常多的精力，一直坚持不懈。这十年间我一直在博客、微信上练手，现在比以前要顺手多了。

许知远：我觉得你的自传写得很好，语言很干净。

王石：我跟你讲，干净是因为不会用那些复杂的词。这个稿呢，改了十三遍，改到最后，就知道怎么写比以前清楚了。同时也发现，原来那种写作的方法你不愿意回去了，但想达到的那个标准又出不来。

许知远：旧世界坍塌了，新世界没建立起来？

王石：对，越改越觉得不是东西。后来发现，你又回到原点了，比原来顶多是好了一点。在这方面，真的要提高是非常非常难的，这是我的一个短处。

我的口头表达能力不错，一张桌上几个人聊天，我特别善谈，但是有点狗肉上不了台面，只要一公开讲演，在大场合讲话，那个心跳啊。

许知远：没法放松。

王石：冒汗。所以我怎么都没想到，2000年我开始接拍广告，第一个就是摩托罗拉的手机。

许知远：我还记得那个广告。

王石：后来就是一年接一个，再后来慢慢就开始一年接两个，接三个。我怎么都没想到，我现在拍广告拍了十八年了，这才发现在镜头面前很自如了。所以人生有的时候很有意思，你有很多短板，正因为你的短板太多了，你又很固执，非要补那个短板。

许知远：对，我就很奇怪。比如说你的长板非常鲜明，一般人都是选择好好发展长板，回避那个短板，但你好像专门挑这个短板，不断去碰，这种驱动力到底怎么来的呢？

王石：我的长板没有那么长。确实，只是做一个企业家，原来我是不认这个命的，最后被迫接受之后，你发现这个行业很值得，那是后话了。但是这个企业家的身份，就是你的人生吗？因为再怎么样,它也只是你的一个职业。

许知远:所以你还是没有充分认可这个东西。

王石:还是要思考人生怎么过才是最有意义的。我虽然上过两次珠峰,但并不认为我已经活出两个人生了。真正是到哈佛,如入炼狱之后,我才觉得再生,才觉得活出了第二个人生。人生不能太贪婪,不能说你还可以活出第三个人生,但谁知道呢?

许知远:哈佛跟剑桥哪个更让你印象深刻?

王石:我特别喜欢剑桥。如果让我选一个地方过退休生活,那就是剑桥。因为它的尺度是一种人的尺度,中世纪式的。

许知远:人和自行车的尺度。

王石:是的,在剑桥生活,有一辆自行车就足够了。说到剑桥,你知道给我印象最深刻的是什么,是我在那儿丢了两辆自行车。后来我买了第三辆自行车,而这第三辆,丢的就不是车了,而是车的一个部件——车座儿被人家拔走了。刚才讲了,剑桥就是一个自行车的尺度,一般你要去的地方,骑车十分钟就到了,但你靠走可就得半个小时,可能就要迟到了。所以没有座儿的自行车我也得骑,你想想那是什么姿势。这还不是重要的,重要的是当时的心理状态,我就一边骑着,一边很他妈的生气,还一边瞥着路边停自行车的车棚,看有没有类似我这样的车,有的话,我也可以把那个座儿拔下来。就这么特别简单的一拔一插,但那其实就是偷窃行为了。

你看,我一直好像表现得多么高尚,多么自律,多么严以律己,给别人做示范,但到那时我才发现,人要犯罪其实就一念之差。别人这么对我,我也可以这么对别人,这就是我当时潜意识里的一个念头。所以人就是这样,人在内心深处,一半是魔鬼,一半是天使,平时也许保持着一个平衡,真到了难受的时候,就是一念之差。你不是问我登顶珠峰什么感觉吗,当时爬到第二级台阶的时候,我就时刻准备着,只要前面有一个人扭头走,我就跟着回去。

但没想到的是,我内心所盼望的这个情况没出现,奇迹也没有出现,人们一个个吭哧吭哧地都在往上爬,那轮到我时,我也只好硬着头皮上。实际上人就是这样的,哪儿有什么伟大,你成功只不过就是运气更好些而已。

1954 年　生于湖南湘西
1983 年　进入北京中医药学院（现北京中医药大学）学习
1988 年　赴美后，先后在得克萨斯大学、爱荷华大学、华盛顿大学从事研究工作
1994 年　回国创建北京 BGII 生物技术有限公司
1998 年　任中国科学院遗传所人类基因组中心执行主任
1999 年　为参与人类基因组计划（1% 部分）创建华大基因
2007 年　华大基因完成绘制第一个中国人基因组图谱，次年完成第一个亚洲人基因组图谱
2010 年　华大基因和丹麦哥本哈根大学联合创建的中丹基因组联合中心，完成了世界首例古人类全基因组的深度序列测定和解读工作
2011 年　荣获 CCTV 中国经济年度人物创新奖
2020 年　以 120 亿元人民币财富跻身胡润全球富豪榜

扫码观看视频

汪建

世界是为活得长的人准备的

Chapter 04

我被汪建激怒了。

他说莎士比亚不重要,鲁迅也不重要,甚至他女儿的内心感伤也不重要——只要饿上两天,她就知道什么才重要。

在航空电视上,我第一次知道汪建。在 Discovery 频道拍摄的一部关于中国创新的专题片中,他潇洒、富有个性,甚至不无鲁莽。讲起他基因工程的前景,他热情四溢,当然,你也会感到他挥之不去的某种情绪——中国人要证明自己不比西方人差。我一下子喜欢上了他,这样绿林好汉式的科学家,从未见过。

我们在深圳见面时,又是另一种感觉。华大基因的园区,充满了魔幻色彩。食堂大力宣扬食材之健康,员工们则对自己的老板心悦诚服,他们很多都去做了基因检测,以便提前对抗可能的疾病。从食堂出来,我看到池塘中的火烈鸟。

这是汪建的世界,一个人工的乌托邦。人人都应该活到一百二十岁,所有的疾病都可以用基因工程来修正,人们也不需要苦难,内心的彷徨更毫无意义,历史更是该被抛弃,它对现实毫无用处。

他对生命科学的狂热,对人类思想性的忽略,以及他的强势和戏谑,常常让我语塞。但是,当我们谈起他的少年往事,在剧烈的政治、社会动荡中被牺牲的旧友时,他突然黯淡下来,这个似乎无所不能的湖南人,陷入感伤与无奈,昔日的记忆仍困扰着他。为了忘记这种困扰,他要加倍表现出不在乎。

我们就是一帮擦擦手擦擦泥、
离开了土地的农民

许知远：1994年，你已经在美国待了六年了，却要回到中国做一家新的公司。当时是因为受到这个基因组计划的启发，还是别的什么原因？

汪建：都有。一个是当时美国政府有一个乳腺癌的项目派我回来，我回来做这个项目的时候，看到中国当时的状况，觉得再不回来不是傻子吗？另外一个是因为基因组项目也需要一些前期的启动，我来探探路。当时国家正好大规模地发生戊型肝炎，就把它当成一个很重要的事情来做。结果第二年发现艾滋病是更大的事情，就做了两年这个。

许知远：那应该是何大一[1]做鸡尾酒疗法最时髦的时候？

汪建：对啊，1996年。然后就是思考如何从根上解决一些问题。那个小公司做了两三年就赚了上千万，但马上就回答不了一个问题：吃饱撑着后干什么？

许知远：所以一开始创业是很顺利的？

汪建：科技创业有什么不顺嘛，三下两下就学会了。对于艾滋病，以及中国那几个重大疾病，你造出的好东西别人抢都抢不了。我在商业上勾心斗角不太行，不行不勾就是了，我就搞一个没竞争的领域。即使搞有竞争的领域，我们做新的东西出来，他们也干不过我们。当时艾滋病四千块钱一个试剂盒，我做出来后就定价

---

[1] 何大一，华裔美国科学家，艾滋病鸡尾酒疗法的发明者。

四百,当时就是希望把艾滋病快速消灭。

许知远:那几年,从1996年的克隆羊多莉,到何大一的鸡尾酒疗法,发生了一系列生物技术的新变化。这种变化的速度对你来说是一个很大的刺激吗?

汪建:不是。那些东西都是过程性的,解决不了根本上的问题。

许知远:那个时候是不是一直在跟踪整个基因组计划,包括国外的?

汪建:没有,当时华盛顿大学有一帮人都在这个领域里面,在那三四年里拿了三四个诺贝尔奖,整个学校处于一种亢奋状态,就大手笔布置了几个前瞻性的东西:一个是蛋白质组学,一个是基因组学。然后又忽悠比尔·盖茨给了一大笔钱,成立了一个专门的系。所以九十年代初的时候,西雅图的那个基因组中心是世界上最好、最大的中心。我是从那个时候觉得,应该把它搬回来。我们有好几个人在那里面,我负责生产队伍,先回来看能不能落地。

许知远:你后来是在1999年加入整个计划的,那个突破口是1%是吧?怎么对外描述这1%到底是什么意思呢?

汪建:当时我回来想做这个,但是大家有争议,怎么也说服不了科技部。这时候科学院突然说,你上这儿来吧,就在科学院挑了一个突破口,挑个1%吧。现在的卫生部副部长当时在广州,他提出来做三号染色体短臂那一段,那一段跟中国鼻咽癌有关系。我就想,又可以做科学,又可以做产业,干啊。

许知远:参与整个事情的过程,对你的团队或者对你个人的影响非常大吗?

汪建：我回来以后先是做了一家企业，实行了一种工业规模的做法，认识到工业模式在质量控制、成本控制以及效率方面，和实验室的不一样。所以在做这个1%的时候，实际上是把工业模式搬到基因科技研究里面来了，把工业模式和基因科技全部结合起来，实现全面突破。我轻而易举就接受了，然后整个团队和整个领域就一步切入到世界最前沿了。

许知远：当时你感觉跟其他国家的研究队伍相比，我们这边的特点是什么呢？

汪建：我们的队伍肯定不如人家，因为我们不是国家行为，我们是草台班子、乌合之众啊。所以要先把人手凑起来，门口水田里面干活的，擦擦手擦擦泥就来干了。但是反过来讲，把一个复杂的生物学的研究过程分解成为一个一个可以控制的工业程序的话，确实是很容易培训熟练工的，这就是早期争议的根本——他们认为我们就是一帮洗洗手离开了土地的农民。但这就像深圳一样，不就是洗洗手、擦擦泥，只用了四十年就把深圳堆起为一个全球有名的城市的嘛。这实际上是工业革命在生物科学上应用的一个过程。当时生物科学已经进入最高阶段了，我已经充分认识到大规模操作的成本和效率的关系，但是没有这些体会的人，很难感觉出这种工业模式和科研的关系是什么。

许知远：这点是在2000年左右变得明确起来的？

汪建：对啊，还是实践出了酸甜苦辣，要能够时刻调整自己来吸取这些经验教训。其实大数据计算、高性能计算进到这里面来，也就是九十年代中后期的事，计算机可以大规模地解决大工业操作的问题了，那就进入了一个全新的阶段。

许知远：2007年搬到深圳之前，你们在北京待了七八年时间，你怎么描述那段时间的发展过程呢？因为我们知道后来有一个突变。

汪建：实际上1998年我们着急加入基因组计划是因为技术有了一个变革，成本可控了，而技术变革必然带来产业和科学的双重机会。没有工具的进步，不可能带来真正意义上的革命。

许知远：是测序机器的升级带来的？

汪建：对。成本下降了十倍，速度增长了十倍。然而在这种变革面前，大家基本上都无动于衷，认为这个跟我的日常工作、生活都没有关系，无非是隔壁邻居家的一个变化。但是我们当时就觉得这个跟我们的理念非常契合，将会是一个很好的发展机会，所以我们那时候实际上是机会主义者。

许知远：当时在全世界范围内，意识到这种大机会的组织也很少吧？

汪建：当时最早反应过来的是美国以外的英国。英国人和美国人始终是在最前面领跑的；德国是因为"二战"的"纳粹优生学"的阴影很大；法国太浪漫，太市场经济自由化导向，所以政府不太愿意参与，科学家自己也搞不起来；日本跟着美国后面跑，当时也是它财大气粗的时候，它觉得可以做一点什么，但它当时定位的是引领某个领域的发展，人的领域肯定没戏了，于是就做了水稻。我把这几个国家跑完以后觉得，这对我们可能是一个机会，而且中国也需要这样的东西。加上我原来工业化组织的经验，就觉得这个可以干，所以就决定快速地冲上去。

许知远：无论在哪个领域，规模一旦显现的时候，就会变成很大的能量。对于华大和你自己来说，这个规模是什么时候开始显现出来的?

汪建：1999年从现在的奥运村搬到顺义以后。当时顺义的房子是空的，住房也很便宜，所以就有了一个良性发展时期。但是2002年以后，很快就走到一个死胡同里了，因为技术没有持续地进步，技术停滞导致费用没有根本性的变化。加上共识的缺乏、目标的不现实性，就导致了整个的停滞，所以蛮干了几件事就扛不下来了。好在我们在SARS期间露了一手，中央领导人给了很高的评价，科学院收容了一段时间，华大就回到体制内一段时间。

许知远：干了哪几件蛮事？

汪建：水稻当时把日本人压下去了。回顾来说，日本明治维新时期工业的崛起其实是农业支撑的。所有的国家一开始都是农业支撑的。明治维新日本崛起的几件事，现在还回味无穷。第一件事情，中国在日本明治维新的时候是康乾盛世，大量地引进洋货。而日本的定位非常清楚，它主张大力发展水稻，所以到了甲午的时候，六个新品种使整个日本的水稻产量翻番。第二件事情，是它脱亚入欧的时候，培植的功勋产业是丝绸。明治维新的时候，清朝的丝绸交易量占全球百分之九十，而到"一战"结束以后，日本占了百分之七十，它从种植到纺织，全部都处于垄断地位。甲午的时候，中国的茶叶、丝绸、陶瓷三项都远远超过日本，但中国换回的是鸦片，日本换回的是武器、工业品。第三件事情，是它确定了海洋战略，先是近海捕捞，然后到远洋捕捞，叫大东亚安全线。这三件事情支撑了它后面的工业发展。而我们当时还扬扬得意地沉浸在闭关锁国的末日辉煌中。所以我们有意无意地做了两件事情：水稻和丝绸。华大最近的一项战略布局就是在远洋养殖上出奇兵。

许知远：对你来说，科学研究和民族主义之间的关系到底是怎样的?有的时候民族主义看起来帮助了科学发展,有的时候它又限制了,因为科学是讲究自由、没有疆域的。

汪建:在小科学上你这个说法是对的,在大科学上这个说法是不对的。大科学一定要代表国家意志,因为它需要烧大量的钱。

许知远:国家代表一种巨大的权力的支持。

汪建:对,有了权力支持,不管我们做的事怎么样,所有的争议都会局限在学术界内部。

许知远:你在讲话或者鼓动员工的时候经常会用这种方式吗?类似我们已经落后了两百年,现在要超过他们,变成领先。这种竞争关系对你来说是一个真实的激励吗?

汪建:为什么不这样呢?落后两百年,我说跟在后面走烦不烦?烦。那就到前面去玩玩行不行?

生命科学是大众化的东西,我们想让全世界人民受益

许知远:什么时候觉得我们现在真的跑到前面来了,是我们带着他们玩了?

汪建:2002、2003年,因为那个时候出现了一个转折点。原来都是Clone by Clone(逐步克隆法)、Bac-to-Bac(杆状病毒表达系统)这种模式。1999年到2000年的时候,发现一个大规模计算,能够用数学的方法把基因拼起来,计算技术和大规模的工业技术就结合

起来了,可以突破了。

然而在这个时候,日本没有反应过来,因为日本的国家科学院和东京大学数学系、计算机系是死对头;英国根本就不跟计算机来往;美国分两派,一帮是数学计算导向派,一帮是生物学导向派。我们一看这个形势,打什么架啊,这两个放在一块儿绝对赢。

许知远:所以真的是一个挺意外、挺有意思的事。现在回忆起来,为什么你当时有这种敏感性?

汪建:我比较鸡贼,对前沿科技的敏感性和判断非常准确。因为从逻辑上来说,那么大的基因组用原来的生物学方法做,永远解决不了问题。要实现工业化,就必须有一个高性能计算,而要实现高性能计算,就一定要有源源不断的数据,用大数据去喂它。

SARS 时期,我们就是小露锋芒一下。SARS 才三万个碱基,当时我们刚完成的水稻项目,是一个五亿的基因组研究。当社会发生变革的时候,当一些科学技术小荷才露角的时候,你如何敏感地冲上去,不被原来的惯性和路径所束缚,还是蛮有挑战性的。而且那就是一刹那的事,说起来简单,逮住了就是你的,没逮住就没有了。

许知远:你觉得你身上作为科学家的一面和对产业趋势变化敏感的一面,哪一面更强大一些?如果是纯粹的科学家,你会变成一个什么样的状态?

汪建:不知道,我在八十年代的时候做科学很厉害的,最近我突然悟出了一个道理,其实还是工具的问题。为什么我八十年代初做科学那么牛,是因为通过世界银行贷款了一个电子显微镜,我天天抱着电子显微镜,别人跟我抢,我就晚上干,从晚上十点干到天亮。

许知远：所以你觉得工具是驱动变化最本质、最核心的东西？

汪建：对。你现在回过头来看，有了用火的能力就有了食物，有了肉食才有了人类的进化，有了对稍高温度的控制力就有了陶瓷、青铜器，到了能够控制上千度的温度，就有了铁器，到了上万度温度的控制就有火炮，再到了上百万度、上亿度就有了核武器。这都是对工具的掌控能力。

许知远：那达尔文是什么工具呢？

汪建：达尔文是用放大镜、显微镜和他的肉眼。他那个时候不做出来，别人也会做出来，有几个人和他竞争。唯一一个真正牛的人是爱因斯坦。量子测量是他想出来之后再有人给他测的。物理学实际上说白了也是测量科学，生命科学也是测量科学。为什么我对认知那块的研究表示怀疑呢？因为没有真正可信的测量工具，都是模糊的判断，特别是心理学的模糊判断，那更不靠谱。

许知远：2003年左右，技术的发展有点停滞了是吗？

汪建：从1998年、1999年到2006年是一个停滞的时期。蛮干了几件事情之后，没法再干了，我就跑到西藏去了，在西藏待了几年，完成了登山业务，我成了一个高原医学科研工作者。

许知远：华大更广泛地被国际承认是在2009年左右吧？

汪建：2010年左右，但掉过头来就被供应商坑了，被武器坑了。我们扛着人家的洋枪打洋战，觉得自己很牛，后来发现没有子弹了。所以后来我专门去了趟刘公岛，细细品味甲午战争。

许知远：当时什么感觉？

汪建：同样的感觉。你一定不能相信没有枪，没有炮，敌人会给我们造。没有枪,没有炮,要我们自己造。人家的前瞻性,人家的战略布局,人家的谋划,比我们强多了,不要每一件事都是吃了苦头才醒过来,所以我在这个上面还是比较狡猾的。

许知远:你觉得现在的华大在全世界有竞争者吗?
汪建:没有,竞争都是分散的。

许知远:只有华大把它们打包放在一起了?
汪建:对。所以我们一定要吸取比尔·盖茨和英特尔的教训,他们两家联手把乔布斯摁在地上打,后来乔布斯一生气把录像机、照相机和通信放在一块儿打了一个大包,把他们两家摁在地上打了一顿。我们现在把所有的都放在一块儿,把互联网、谷歌、BAT、乔布斯全整在一起,形成华大这个全产业生态,所以没有一个人敢靠近我们。国家基因库代表着资源,工业制造代表我们的硬件支撑,我们原有的科研体系、原有的高性能计算体系、现在的政府工作体系加上将来有个合法的互联网推广体系,现代工业的所有优势全部集中在一块儿了,你说全世界还有第二个?他们还没有起床呢。

许知远:把所有东西整合在一起的过程中,最大的难度在哪里呢?
汪建:很多人不信。

许知远:整合这么一个复杂的东西,作为驱动者,你自己身上可能也会有些弱点妨碍到这个过程。你觉得你最主要的弱点是什么?
汪建:我四项全能出身的,我有弱点吗?

许知远：行，早期体校没有白上啊。

汪建：你想想，生命是一个全过程，是 ABCD 到 Z。那为什么不把这个东西变成一个全过程，为什么不能把它从服务一个人变成服务两个人呢？

许知远：后来这个规模越来越大，你怎么评估自己的商业直觉和领导能力？包括你那些朋友，像比尔·盖茨或者其他成功的商人，你潜意识里会和他们做比较吗？

汪建：没有相似性，目标不一样。我们是为了拯救自己和拯救人类来的。我先拯救自己，我对自己的描述很简单，贪生怕死，自私自利，贪婪懒惰，十二个字。贪生怕死的跟我来，勤劳勇敢的一边去。当我们自己的人生目标变成人类的终极目标的时候，我跟他们比划，除了虚荣心要比一比，其他的不需要比。

许知远：你现在的虚荣心是什么？

汪建：虚荣心是希望变成张三丰啊，九十岁的时候给你们打一个太极看一看，一发功给你们打俩跟头。

许知远：怎么看克雷格·文特尔[1]这样的人，他算你的竞争者吗？

汪建：他是我们早期的一个学习对象，我们从他身上学到的最重要的一点就是数学、计算机和生物学的结合。

许知远：他是过去二十年这个产业最重要的驱动者之一，某种意义上他重新定义了这个行业。

---

1 克雷格·文特尔，美国生物学家，曾经公然挑战"国际人类基因组计划"，并用霰弹枪法为基因测序。

汪建：对啊。他的一个合作伙伴是数学家，所以他敢于挑战人类基因组计划，把工业模式跟数学结合起来。正好我们也有这个基础，当时王俊[1]和他的老师李松岗[2]是北大生物系的。李松岗是教生物统计的，但是他的数学功底还是挺好的，所以我们就跟他谈，他说没问题。当时还有几个物理学家帮我们，填补了我们在这方面的空白，因为我们有工业的基础和支撑能力，再加上那个时候成本还是很低，可以蛮干，所以我们很快就跟上去了。

许知远：跟比尔·盖茨交往，你觉得他是怎么样的一个人，你可以从他身上看到什么？

汪建：比尔·盖茨是典型的"三步曲"：第一步是把科技做好，那是很短的一段时期；然后是把科技和产业结合起来，形成科技产业，这是他前面的微软生涯；把科技产业做好之后，他拿这个钱来做公益，把科技和公益结合起来。但这中间始终没有一个工具是能够支撑这三件事同时做的，所以他生命过程中的这三步非常清晰又非常不一样。这是在过去十年、二十年对世界最有影响的一个典型人物的历程。那个时候我问他，挣钱容易还是花钱容易，他说挣钱容易。我们现在回过头来看，他做慈善已经十多年了，谁都知道比尔·盖茨基金会，但是有谁说得清楚比尔·盖茨基金会给人类做出了什么呢？谁都知道微软，都在用它的Office、Windows，那为什么要在赚完钱之后再去找一个花钱的事，去买回虚荣心呢？为什么不把它们搅和在一块儿呢？

所以我最近给领导写了一个建议书就是，基因科技百年不遇地引领发展机遇。名声、科研、产业三者互动的创新发展模式，是对

---

[1] 王俊，科学家，碳云智能的创始人兼首席执行官，曾任华大基因组学研究所首席执行官。
[2] 李松岗，前华大基因监事会主席，曾任北京大学生命科学学院副教授。

整个社会发展模式的创新。机遇来自一个新时代——生命科学后工业时代的开始，大家认同，我们就引领世界的发展，大家不认同，我们也高高兴兴，啥也不缺。所以说我是希望生命科学引领世界发展，我们可以把我们的东西交给国家去做，推动中国整个生物产业进步，这是我们重要的使命。生命就是一个大整合，狭义来说中国人做成挺好，广义来说全世界人民受益了更好。

许知远：你能想象大整合完成之后的图景会是什么样子吗？

汪建：我先长命百岁啊，我管那么多，我看你们来不来。我这个顺口溜编得挺富有哲理性——我先你后来得及，我说你笑你不信，我干你学你掏钱。

许知远：可能会出现一个跟现在所有的公司、商业组织都不一样的组织，这种组织会是一个什么样的面貌？

汪建：两类人。一类人，慢慢认同了，觉得这个对，朝气蓬勃地前进。另一类人，上班，干活，拿钱，吃饭，走人。有能耐干好活的是绝大多数，但是在绝大多数干好活的人里面，有的人心里还有一个"我在华大很荣耀"的感觉，能讲出这个故事，那就行了。每个人都有一个齐天大圣的想法，那不是麻烦了吗？

许知远：你就是齐天大圣。你想过自己这种持久的强烈的热情从哪儿来的呢，是基因带来的吗？

汪建：不是，就觉得这么持续也挺好玩的，无非是深信自己肯定能钓得上鱼，我就一定不去追蝴蝶、追麻雀，我就守在这里钓鱼。我所有的目标就是先天下之忧，先天下之乐。

许知远：做一个类比的话，现在的生物技术包括经济技术在内，像十八世纪初的伦敦吗？或者说像当时工业革命的感觉？

汪建：这个时候的理性认知能力和传播能力要远远大于那个时候。十八世纪伦敦快速扩展的时候，第一个就是马粪污染，第二个就是城市疾病。当时从来没有那么多人聚集在一块儿，传染病就变成了天大的事。我们这里除非猛犸象现在跑上街能把人吓住，其他不会有什么影响的。

许知远：现在华大巨大的力量还没有释放出来，应该算刚刚开始？

汪建：这个巨大的力量没有政府站台，它释放不了。这个力量如果按照自然规律释放，要二三十年，如果变成一个公共政策的话，在一年之内就可以释放出来。我说三个字：党、网、险。"党"，要有共产党的引领、支撑；"网"，要有互联网的传播；"险"，要有保险的保障兜底。用中国人的老话就是"不见棺材不落泪"，不到得肿瘤的时候，干吗去预防它。正是这种人的局限性，造成了很多社会的问题，八千万残疾人，都是因为大家不把小概率事件当回事啊。几百万的癌症病人死了，也都是因为大多数人觉得跟我没有关系。所以生命科学是大众化的东西，它跟工业不一样。工业是在物质短缺的时候，人们对物质的向往，精神空白的时候，人们对游戏的沉溺，但身体健康是一件漫长的事情，如果前期不做准备，后面是挽不回来的。

我讲了三个例子，从大型计算机到 PC 普及，六十年，完全只是由摩尔定律驱动的；从电话到手机，从有线电话到无线电话，三四十年；互联网全面铺开，大概也在十五年左右。如果说过去基因研究属于宝塔尖的东西，那它现在至少也该到互联网传入中国的那个阶段了。我们能不能用五年、十年把这个前沿科技撒向人间呢？为什么还要再等市场经济二十年、三十年去影响呢？现在说白了是社会的不公、财富的不均,更多的是政治问题,是整个社会结构性的问题。

从科学上来讲,我们一个人有十个 T 的数据,全球最大的大数据在这儿,它能让你把你的生老病死看得清清楚楚,就像看一本连环画一样。所以七月四日英国的那个首席医官就喊出来了,基因检测应该变成保险和政府付费,而不是变成科研付费和自费。它是一个前瞻性的公共服务项目、公共卫生项目,就看国家怎么决策。

许知远:我们现在看到那些测序的机器那么大,是不是会有一天,只用手机就可以很快检测出来,或者发现问题后,能够对自己的生命进行修整、更正?

汪建:年底样机就出来了。

许知远:如果我们每个人都有这么一个样机,生活会变成什么样呢?

汪建:我的基因我知道,我的健康我做主。你的生老病死变成一个 3D、4D 的表现系统。

许知远:你有没有科学上或者智力上的偶像,比如说达尔文,你在生活里想完成他那样的事情?

汪建:我觉得我们现在做的事情在综合评价上,已经不次于他的贡献了。我们现在做的是两百多万人的测序基因观测,将近两万个家庭。如果我们明年做两千万呢?如果我们做到二十亿呢?生命科学实际上讲生命的定义是什么,生命和物质的关系是什么,生命是怎么来的、怎么去的,为什么生老病死就是自然规律呢?"万物生长不靠太阳,大海航行不靠舵手",对农业文明的认知,对工业革命的认知,对信息时代的认知,全在我的面前。

基因科学新浪潮由中国掀起，
我们是鼓风者

许知远：郭台铭和王石，他们俩给你的启发是什么？

汪建：郭台铭当时背着包从金门退伍跑到大陆来，现在变成一百多万人的头，人类历史上也没有几个。

许知远：那王石呢？

汪建：我原来对他的评价就是好。在他那个领域里面，他有着超人的前瞻性和毅力。这一仗算他的胜仗，其实也算是他的败仗。他早期有布局错误，虽然他挽回来了，但是现在只好跟我混到一块儿来了，哈哈。

许知远：说了他们俩，那你自己呢？

汪建：他们的优点我都学，他们的缺点我都不看。我跟他们最大的不同，就是我是围绕着我们的生命来做事情。现在在华大，身体好是第一位，我们做的所有事情都是先从自己做起，这是我们价值观最不同的地方。他们都有浓厚的工业思维，其实百分之九十九点九的人都是这样的思维，唯独我们开始逐步跳开工业思维了。现在在我们内部讨论问题，他们是不敢拿工业领袖来说服我的。

许知远：你觉得工业思维的本质是什么？

汪建：竞争啊，资本啊，谈的问题都是因为物质短缺造成的，而我们谈的是吃饱撑着了以后怎么办。

许知远：但是资本的竞争在华大的成长中是很重要的一部分。

汪建：那我们是没办法。

许知远：不带这样的，这是要赖皮，你这么做就是没有办法了？

汪建：当时按照我们的设计是不需要资本的。你看我有在任何情况下表扬过资本吗？我只对两种人负责，华大的在岗人员和服务对象。我什么时候提过资本，什么时候提过股东，我从来就不买这个账。

许知远：这是因为你技术的高度领先带来的吧？

汪建：对啊。

许知远：你觉得未来是特别值得期待的，那你有没有危机感？

汪建：没有。原来有一些政策法规的障碍，现在政策法规是给我们保驾护航的，我们需要政府来站台引导，将之变成政府行为。我们提供的价格是市场价格的五分之一、三分之一，从良心上说得过去。

许知远：再产生新的竞争者也是很困难的。

汪建：他们还没有生出来呢，我们现在是"大英帝国"。

许知远：而且是十九世纪的"大英帝国"。

汪建：那时美国佬还没有醒过来呢。实际上，最简单的一句话就是，把科技领先的优势和国情密切结合起来。现在国情和优势都结合起来了，就差一个领袖的优势。我给华大的三句话叫作：当好人，做好事，等好报。不许要好报，不许想得好报，要等。等了不来，没有关系。现在美国做一个疾病诊断是一千四百块钱，中国做一个同样的诊断是五百九十九块，就跟它差了好多倍了。我们现在做胎儿产筛，提出一块钱，跟美国比是一比一万的倍数了，这种竞争优势还有人来捣乱，那是不是有病啊。

许知远：某种意义上还是算工业化的优势，大规模生产使费用降低。

汪建：不光是工业优势，还有核心技术优势。光是工业优势的话，别人很容易效仿。我们有几个槛是别人进不来的。

许知远：上市对华大的发展算不算一个很重要的事情？

汪建：我原来低估了它，现在看来上市有两个优势。我觉得华大的发展分为三步：第一步是我们建立了工业化的科研和产业体系；第二步，这两年我们建成了智能制造体系，获得了合法的医疗资质许可，这是最核心的竞争平台；第三步，上市解决了融资渠道和公众影响力问题。公众影响力我是最近这几年感觉出来的，因为更多的人关注了，吵来吵去想买这个股票。我们现在到各个城市去，他们会带着看有钱人的那种眼神看我们了。过去没有人关注这个领域，现在大家一说，一关注，防范心理减少了很多，合作的效率就大大提高了。

有了这三个优势——科研工业体系、智能制造体系、公众和职能体系，第四步一定就是解决社会重大目标了。第四步对于前三个体系又会产生正面的影响，使得华大能够处在一个非常良性的循环当中。这种发展模式在过去的历史上是没有的。

现在的互联网模式为什么不能用？因为它牵涉太多法律问题。所以只要政府一动，互联网就可以动了，互联网一动，传播速度就会有一个自动加速。比如现在深圳做一个妇女宫颈癌检测是三百多块钱，我们才六十五块钱。

许知远：所以你可以想象一个没有基因缺陷的，甚至是疾病都很少的时代的出现吗？

汪建：我认为就快到了。至于每个人的生活态度如何，我的预知、预测、预警能不能变成你的预防，那是另外一回事。因为它跟工业不一样，工业是被动的，但健康医学是互动的。现在大家在健康上还是工业社会，希望能买到一个灵丹妙药，烟照抽，酒照喝，然后肺癌就能痊愈，没门，这是你自己的选择。它其实是一个互动，跟工业的思维方式是不一样的。

许知远：所以二十年之后，我们对于战争、经济、生活的意义的所有理解，都会发生巨大的变化。

汪建：农业革命和原始采摘带来的变化，工业革命对农业文明的摧毁，信息时代对工业思想的摧毁，生命科学在工业思想和信息思想的肩膀上走出去，过程是一样的。你不能说我今天不要农业或者不要工业了，都不行。但农业的就业人口是百分之一，工业的就业人口是百分之二，生命科学的就业人口是百分之九十七。实在没事干，你帮我洗脚，我帮你搓背，也算健康服务业。

许知远：你提到李约瑟难题[1]，说曾经的中国之所以那样和它的自我封闭有很大的关系，所以错过了那个浪潮。那这一次的新浪潮来了，你觉得我们很可能就克服掉以往的问题了吗？

汪建：不是，这个新浪潮是我们掀起的，我们是鼓风者。

许知远：为什么我们这次可以成为鼓风者？

---

1 李约瑟难题，由英国学者李约瑟提出，其主题是"尽管中国古代对人类科技发展做出了很多重要贡献，但为什么科学和工业革命没有在近代的中国发生？"

汪建：因为中国的国情给了我们政治条件，我们过去二十年的努力给了我们科技条件。即使政治条件不充分，我们可能就变不成鼓风者，但怎么也是引领团队之一。

许知远：如果抓住了这个浪潮，或者说是我们创造了这个浪潮，中国在世界上的地位和影响力就变得完全不同了？

汪建：那当然了，它代表着一个时代的变迁。奇点大学[1]的创办人之一写了一本书叫《富足》（Abundance: The Future Is Better Than You Think），那天我跟他聊了半天。实际上所有的生命科学，生命时代的假设，都是建立于工业时代富足的基础上，工业时代不富足的根源是政治问题，不是工业本身的问题。你让底层生产力去解决政治问题，怎么可能呢？所以要深化改革，得去把握住这种变革。

许知远：那经济是不是有垮了的可能？

汪建：经济怎么会垮？房子在那儿，土地在那儿，粮食在那儿，只是富人钱没了嘛。

许知远：所以你不相信私人财产的产权是推动历史进步的动力？

汪建：那是不富足的时候。

许知远：只要富足的时候，你觉得就可以实现高度平等的共产主义社会了？

汪建：至少是共享经济嘛。共享经济是不是最靠近共产主义？

---

1 奇点大学是 2008 年由雷蒙德·库茨魏尔与彼得·戴曼迪斯创立的私立大学，该校旨在解决"人类面临的重大挑战"。

最近，英国财政大臣首次在内阁会上提出来，英国所有领导人要重温马克思主义。它究竟是不是人类真正意义上的大同，我不敢说，但是没有贫困、没有饥饿是肯定的。

许知远：那个时候的不平等就变成了基因上的不平等。

汪建：那你就自己改呗。回答一个根本问题，生命是什么？生命是劳动吗，是制造财富吗？你一旦摆脱对财富的虚荣心，它就真的不值钱了，它什么都不是。

许知远：但你的生命不是吃喝玩乐，你的生命是创造性的，是对创造的迷恋。你对吃喝玩乐一定不迷恋。

汪建：创造也是一种玩啊，你把它当作一种玩。

许知远：所以说过去的战争可能是为了争夺石油，争夺黄金，争夺土地，未来就是基因的战争了是吗？

汪建：我们的那栋新楼有三百平方米，二十米高，要供应六千人的蔬菜和蛋白质，一人一个立方米够了，这就是我们明年的目标。在生命科技和工业科技的基础上，农业还重要吗？美国人利用它的工业基础和土地优势，把规模农业发挥到了极致。那我们现在用生物科技的力量、能源的力量和工业革命的力量把农业全部转化为室内的，全新的模式不就出来了，多好玩啊。

我就没有痛苦，
他们都叫我老顽童

许知远：你真的很少担心技术失控带来的风险吗？

汪建：自由学者都可以这样，思想天马行空，批评所有事情。但是你做着做着就知道了，那么多责任，那么多张嘴要吃饭，实践是不一样的。

许知远：但是有人批评实践，这本来就是一个社会的一部分。

汪建：那你去批评你的，我管那么多干吗。枪杆子在我手里，地盘在我手里，我想怎么干就怎么干，我没有拿纳税人的钱做这个事，你管不着。技术可能会是双刃剑，前沿的东西都是双刃剑，这是必须面对的事情，所以我不参与这样的讨论。比如说基因的隐私，我第一次参加这个讨论是1992年，二十五年之后，天天讨论的还是这个问题。我经历过太多这样的事情，讨论来讨论去谁都落不了地。

许知远：对你来说，这种讨论是不是变成西方世界发展的某种阻碍了？

汪建：对，变成阻碍了。因为前沿科技都是政府拿钱干的，政府不动，它就不动了，所以这就给予我们这种不土不洋、不中不西的团队新机会了。我们这种人贪生怕死，最怕跟人竞争了，要真竞争，我们的整体实力怎么干得过美国人呢？我们首先要为生存考虑，然后要为住房考虑，这些问题都没有解决，又要往前进，我们的负重比别人多得多。那只能说别有那么多的想法，赶紧走吧，走哪算哪。

现在深圳政府动用他们所有的资源和力量来帮助我们，我也把话说得很清楚,帮我就是帮助国家发展,因为国家基因库是属于国家的,你让我干我就替你干,你不让我干我就滚蛋,我对这些没有任何产权要求。这样对方才放心,把一个国字号放在一个民营企业里面,中国还有第二家吗?这是中国的国情所在,我们就守住这个国情。

许知远:你什么时候意识到这点的?

汪建:我早就意识到了,我到哪儿都看,退路在哪儿,从哪儿可以逃跑。你总有扳不过的时候,吵不赢就打,打不赢就走呗。所以我讲华大发展四句话:"生优病少",大家都不会反对;"吃喝玩乐"作为一个全新的状态;最后是"人间仙境""两质永葆"。这十六字发展方针是华大愿景,没有人反对。而且我说的这十六个字,我认为就是人类的终极追求,这个终极追求在工业时代是不是被人认可,是不是被人接受,那是另外一回事,我们只走好我们的路。但是总体来说,这是符合人性的。

许知远:谈了这么多人生终极目标,对你来说人生意义到底是什么?

汪建:精彩啊。

许知远:怎么定义精彩?

汪建:活得长,想干啥就干啥。

许知远:可是,所有的技术都会对应不同的政治和社会后果。

汪建:那是另外一回事了。我不承担这个责任,那是上层建筑的事,我们下面打工的管什么上层建筑的事啊,我们已经把国事当家事了,不能再把国家政治当家事了。

许知远：那你不觉得人有记忆、痛苦？

汪建：哪儿来的痛苦记忆啊。我怎么就没痛苦。

许知远：这不是反人类了？如果你坦诚地说，怎么可能没有痛苦呢？

汪建：没有痛苦，你要想你能达到的东西。如果有人来搞你，你逃不掉，那就痛苦。

许知远：对你来说，从莎士比亚到歌德到鲁迅，他们这些人的存在都没有意义了？

汪建：他们的东西我从来不看。

许知远：意识的世界可能是一个高度宽阔的世界啊。

汪建：先活得长，才能看得见结论。我就搞不明白，为什么非要有痛苦，真正的痛苦来自吃不饱穿不暖，或者你把你的思想强加于别人，别人不听。我根本就不想你怎么想的，我怎么会有痛苦呢？

许知远：但是这会不会是一种对人的矮化，人怎么能全部归结于吃饱穿暖呢？

汪建：你躲开痛苦不就完了。

许知远：不，痛苦就是人的天然的一部分。

汪建：精神上的东西要靠自己化解，别人不管用的。像"文革"的时候，我下乡去，跟农民在一起无忧无愁，所有的事情都跟我们没有关系，我们唯一要做的就是填饱肚子，在山上唱着山歌，这不是一种活法吗？比起我们的前辈，比起那些下乡青年，我们现在太幸福了。

我前一段时间被一个人狠狠地打了一拳，骂了几句，当时我就想给他下跪。1968年4月，我们闹革命要求复课，有一个同学闹着闹着喊了不该喊的话，过了几个小时就被警察带走了。后来很快我就离开学校下乡去了。一晃三十多年，2011年我们小学同学聚会，说要庆祝老师七十大寿，我就回去了，我们俩当时坐在一张桌上，他就给了我一拳，我还想不起来他是谁。原来那一次他被判了十二年。七十年代的时候，他可以写申诉书要求释放，但是家里老人去世了，没人管他，他一直坐到八十年代初才放出来。放出来之后他不敢面对社会，就跑到乡下一个老远的地方，承包了一节公路，给人修路，修了十几年。修路不稳定，没法活下去啊，他家里那个房子也给没收了，没有文化，没有亲人，没有社会照料，就孤独地待着。再后来这条路弄成柏油路了，不需要临时工了，他没有办法，又回到了城里，摆一个小摊。他的小摊边上有另一个小摊，是一个单亲妈妈的，他们俩就互相照应，生活在一起去了。

哎哟，四十二年了，他见到我打了我一拳，他认为是我举报他的，我说我们家还"黑五类"，我怎么可能举报你呢？所以我这个揪心啊，怎么才能避免生活中的这种东西。我没有参加过战争，但是我在"文革"里面看见过枪林弹雨。后来我就下结论，活着才是硬道理，健康幸福地活着是硬道理，活得长长久久、高高兴兴是硬道理，其他的全是扯蛋。吃饱了，喝足了，想不明白就换一种活法，这个地方不行就到那个地方去。我永远潇洒，所以他们叫我老顽童。

许知远：我觉得自己陷入失语状态了。好吧，姑且信之。你觉得自己像一个教主吗？

汪建：他们这么叫呗。最大的冲突就是生命科技和工业革命的冲突，所有的思想文化积累都是从工业革命和农业积累来的，我说不要去看那些东西,我们要进入一个全新的状态,将来把大脑给解密了。

许知远:你不觉得这样的时代可怕吗?

汪建:可怕的是工业社会,我们是未来社会的人,我对当今的东西没有多大的兴趣。

许知远:但这个图景就是一个工业时代的作家想出来的呀,赫胥黎他们都是这么想的。

汪建:不是,我们现在的生命合成已经实践了,往那儿逼近了。我不是一个想当然的人,我是一个拥有严格的逻辑思维的实践者,我说的东西基本上都是靠谱的,误差在十年以内,我绝对不去做那种在我的生命领域看不见的事情。当然也会给年轻人铺一条路,让他们去做,我是希望我能看得见,我能享受得了,所以我先说我是自私自利、贪生怕死的,少跟我谈高大上。

华大到底是干什么的?
是寻找一种全新的活法

许知远:那你相信灵魂的存在吗?

汪建:信那个东西干什么,费那个劲干什么,到时候自然会认知它的。

许知远:所以这些灵魂、这些意识都是可以通过新的工具来算法化、数据化的?

汪建:一定会。没有揭不开的秘密。就是等时间,等进步了。科技进步了,有了工具,自然可以揭开了。

许知远:所以你也不太相信人类身上存在的那种不可解的神秘性?

汪建:神秘性是说不认知,但哪有什么东西是不可解的。能产生的东西就有原因,有果就有因,有因就能解得开。

许知远:会不会变成盲目的科学主义式的自信?科学训练的前提就要意识到这种无知的存在啊。

汪建:无知你就去探索。

许知远:那怎么解释像牛顿这么聪明的人,到了晚年好像又回到了宗教?

汪建:他当时搞不明白啊,现在他可能就会说,那我不信了。

许知远:你们的朋友,弗兰西斯·柯林斯写了两本书,《生命的语言》和《上帝的语言》[1]。你怎么看这些和你相似的人物的选择呢?他们也属于科学前沿的,但是他们还是会面对上帝这个问题,难道是他们不认知吗?

汪建:这个心理上的逻辑现在是没法量化评价的。

许知远:是不是永远都不可能量化评价的?

---

[1] 弗兰西斯·柯林斯,美国遗传学家,同时也是虔诚的基督徒,在《上帝的语言》一书中,他认为生物学的科学证据和信仰是兼容的,并且阐释了上帝如何以演化历程去创造人类。

汪建：你管那个事干什么，你猜那么远干什么。我想的是能实现的，不能实现的先放一边去。我要在我有限的生命中把我的认知和能力发挥到极致，在未来的社会上可圈可点。不要为你解决不了的东西去一辈子犯痴。

许知远：但人类社会的存在，不就是因为一部分人要解决现实问题，另外一部分人充满了幻想吗？

汪建：我们现在还不够幻想？至少中国找不出第二家机构像我们这样幻想了，再幻想我们就精神病了，你不能全世界所有的事都管。

许知远：所以你是以一种非常理性的、有逻辑的面目，做了一件特别幻想的事？

汪建：对啊。我已经够幻想了，再让我幻想就不公平了。我们有一个幻想组，叫作量子生物学组，四十多个人，领头的是汉堡大学物理系毕业的。我说你们去幻想吧，是我提出的主意，我私人赞助他们。他们现在也不要钱，就是一个月聚会一次，讨论一次。跟北大、南科大的清一色的海外博士一过招，我们的幻想家比他们还牛。我说你们的量子计算有什么了不起，我们谈的是量子生命。他们马上全傻了。

许知远：量子生命是怎么回事？

汪建：就是思考。你看，当你睡醒的时候，你还多少记得住昨天晚上做过一个梦，说明这个梦是有能量消耗的，是有物质活动的。可是从现在的认知来看，分子是没有变化的，分子变化也不会那么快，所以它一定是量子层面上的东西。比如说光合作用就是一个量子过程，线粒体的能量供应是个量子过程，我们的生命过程是一个量子过程。我们现在没有工具，量不出来，那就先放一放。要真弄，就要先去解决工具问题，而工具问题涉及一个重要问题：成本。在今天这个时代，你花得起钱去做这个事吗？

扪心自问，我们做的事实际上就是对贪生怕死的一个判断和回应。我们的基因是 ABCDEFG，影像学、病理学是 UVWX，再往前走一步，到了 Z 就拜拜了，就死了，这中间有一个巨大的缺口。我们过去过于强调 ABCD 的重要性，它是一个预测、预知、预警、预防的东西，但其实后面还有一个长长的过程，为什么不能把它们连起来呢？所以我们现在就提出影像基因组学计划（Image Genomics Program），就是把 ABC 到 XY 连起来。如果所有的变化都能看得清清楚楚，那就真的知道我的生老病死是哪一天，是怎么控制的了。我的目标就是让它变成一个全国项目，至于给我多少份额，我不在乎。

许知远：如果实行的话，整个国家的面貌也会发生巨大的改变。

汪建：这是时代变迁的第一个信号，不要低估了它对未来的影响。敲钟的时候，我说的是敲响基因相关疾病的丧钟，我没有说敲响了疾病的丧钟，在尺度的把握上是要经得起时间的推敲的。现在深圳、青岛、阜阳全部启动了，前天昆明启动了，加起来已经将近一亿人口。在这些区域，未来小孩的基因疾病会马上减少。聋哑学校的新生儿入校率你算得出来，唐氏综合症、地中海贫血症你看得见，不要老是以为它们是小概率事件。

许知远：刚才是从政策上来讲，你希望它变成一个更普及的东西。现在基本上不太有技术本身的障碍？

汪建：不要那么含糊和谦虚地说基本上，是根本就没有，年底样机就出来了。

许知远：它能做什么呢？

汪建：你可以玩自己的身体。但实际上这个做出来并没有意义，因为大数据库没有出来，标样没有出来。今天的微信能够成功是因为高性能计算解决了根本的问题，云计算能够接上去。现在生命领域的大数据和高性能计算都没有，甭跟我谈云计算，没有用的，必须把那几百万人、上千万人的标准数据放在那儿，数据一进去，你就会恍然大悟。

许知远：在未来，基因会成为所有的财富、娱乐……所有东西的来源？

汪建：我们现在就是在设计这样一个事情，比比特币更有价值的一定是基因。

许知远：其实这真的蛮像哥伦布发现新大陆，或者人类登月。

汪建：是啊，不身临其境体会不到的，绝大多数科学家也体会不到，因为他们是小科学，只聚焦在那一小块。

许知远：在很多观念上，华大已经跟其他公司不太一样了，你看得出这些东西对下面年轻员工潜移默化的影响吗？

汪建：现在的影响还不够。为什么？因为我们没有解决物质问题，如果我有很大的园区，每个人工作两三年，都有一套相对稳定的住宅的话，可能影响就更大一点。因为大家每天又会回到社会里去，在两种价值观里面来回地煎熬，我看着也是很难受的，但我也没有办法。

许知远：会不会变成另一种高科技版的华西村啊，为每个人提供一个别墅？

汪建：那也不会，我们的全球性还是很强的，大家一会儿到欧洲去，一会儿到美国去。我现在最想解决的就是房地产，过去叫产学研，我现在叫房地产学研。我先谈前两个字，房地，后再跟你谈产学研。

许知远：未来会建立一个更加国际化的科研队伍吗？

汪建：我的下一步要求就是新楼里面要有百分之二十不同肤色和不同语种的人。其实我做这个事情就是好玩了，就是把全世界弄过来，对自己、对国家、对人类都有贡献，那就干吧，无所谓了，我从来不做商业计算。华大到底是干什么的？是寻找一种全新的活法，然后活得长、活得好，还有就是该死的时候死得快。

许知远：这个时代的知识生产发生了特别大的变化，对知识的定义是什么样的呢？

汪建：高效的工具和大数据会带来一个全新的认知方式、速度和大场景、大范围。这种知识的积累速度是前所未有的。我们昨天刚公布的深圳市全覆盖，动不动就是一百万人的全数据。

许知远：好神奇啊，特别期待看到未来是什么样子。

汪建：我们现在正在一步一步地推行，一步一步地实践啊。我们现在一千多个新生儿，没有一个有严重的出生缺陷，之后我希望我们的肿瘤病人，能够在现代医疗和华大精准的预测预防监测下，慢慢地都比别人活得长，让心脑血管病人不再死于猝死。

许知远：了解大脑里面的运转，对你是一个很大的诱惑吗？

汪建：对啊，是一个很大的挑战，但是我们现在要先把这边做好，再到那边去。我们现在要在有限的经济力量、科研力量和时间上把功效最大化，而不是说没完没了地追逐那个。我最反对的就是小猫钓鱼，觉得哪个东西都重要，但你只有这么大的精力，这么大的力量，都顺着自己的感觉走，最后一晃三十年了，一事无成。

许知远：那你觉得未来五年、十年或者二十年，最重要的大知识到底是什么呢？

汪建：别的我不知道，农业、生命科学—健康、医疗—健康是非常清晰的，就是对生命的掌控，对新型农业的掌控，这是很明确且能够做到的。"两质永葆"现在还有点吹，还需要点时间，但这前面三个是看得见、摸得着的，就看你干不干了。

许知远：我发现你的人生就是与天斗，与地斗，与人斗。

汪建：与疾病斗。所以说世界是为活得长的人准备的，你不要去想那些社会问题，费那么多劲，批评这个批评那个，这些过去了就全部抹掉了。往事如烟，它就是如烟。

1968 年　生于黑龙江哈尔滨
1986 年　前往澳大利亚留学
1994 年　回国并报考北京电影学院管理系
1998 年　接手湖南卫视谈话类节目《有话好说》
2001 年　进入中央电视台任职
2012 年　离开央视，加盟门户视频网站爱奇艺任首席内容官
2014 年　策划并主持中国首档说话达人选秀节目《奇葩说》
2015 年　从爱奇艺离职，创立米未传媒
2019 年　制作原创音乐综艺节目《乐队的夏天》

扫码观看视频

马东

新鲜的边界会让我有幸福感，
但我的底色是悲凉

Chapter 05

"只有悉尼才有真正的大都会气派,它以一种恰当显要的姿态矗立于非凡的港口之上……一片光灿灿的商业区让你感到它被楔入了华尔街—伦敦—苏黎世—香港的利益圈。实际上整个澳大利亚海军都停泊在它的军港上,或者正从海上迷人地返回……让悉尼有了一种前线的味道。"

在谈话进行了两个小时之后,我拿起手边的《世界》,来自我最爱的旅行作家简·莫里斯的文集,其中对悉尼的描述让我尤为印象深刻。读这一段既是因为疲倦——在相对漫长的谈话与两瓶福佳啤酒之后,我感到倦怠,不知该问什么;也想借助这些文字激起他对往昔的回忆,从 1986 年到 1994 年,马东在此度过了青春时光,悉尼是他的自我探寻之地。

"我觉得这个人想多了",他的回答突兀。对着我的疑惑,他接着说,"这样的悉尼很美,在我去的那些年,因为自己的窘境,导致那个美好和我没什么关系。我对悉尼与澳大利亚的印象,还停留在'我很穷'的一个状态"。

对于马东,我最初的好奇不仅来自他制作的节目,更源于他与传统的关系。我至今记得在十二寸的金星牌电视机上,看到穿蓝色工装的马季兜售宇宙牌香烟的场景,我记得刚刚退伍不久的父亲灿烂的笑容,它是我童年最难忘的记忆之一。

在探访马东前,我找到一本薄薄的《马季传》,还买了一本侯宝林等几位口述的《相声溯源》,试图在《奇葩说》与天桥的摊位、央视舞台之间寻找到某种连续性。它们是语言的艺术,也是大众娱乐,随着技术创新、时代变迁而变化。我也想知道,在这样一位超级巨星的父亲的阴影下,一个儿子想反抗哪些,又想逃避什么。他怎样寻找语言之创新,又怎样理解大众娱乐?

比起这个传统,我对当下缺乏兴趣。我看了两集《奇葩说》,在绝大多数时刻,我不知道他们为何而争辩。对于惊诧迭起的表达方式、色彩绚丽的布景，我也感到吃不消。最让我意外的是，这些都以个性张扬著称的年轻人，在争辩一些看起来几乎不值得争辩的问题——漂亮女人该拼事业吗？该不该看伴侣的手机？结婚在不在乎门当户对？女生该不该主动追男生……

这个节目的表达、词语成了很多年轻人日常词汇的一部分，马东则成了娱乐业的风向标，他是新型网络综艺节目的开创者，成功地捕捉住了年轻人的趣味。

这些年轻人的趣味到底是什么？在关于社交媒体和消费者的报告上，关于八五后、九零后、九五后、零零后的话题层出不穷，他们就像快消品，只有五年的保质期，在保质期内，他们被视作希望与未来，随之就被扔进垃圾桶。文化与消费上的年轻崇拜，也构成了杂乱又坚固的大众文化的一部分，这种杂乱与坚固因为闪闪发亮的 iPhone 屏幕更为喧闹与自信。

我厌烦对"新"的种种崇拜，也担心自己陷入僵化。第一季《奇葩说》播出时正好四十六岁的马东，像是找到了这新与旧之间的秘密，他穿着亮闪闪的西装，与一群年轻人嬉笑怒骂。透过闹哄哄的表象，他在试图传达一些朴素而重要的个人价值观。后来，在与几个年轻的辩手交流时，我被他们的个人特质打动，与屏幕上的肆意不同，他们质朴、诚实。

在创造《奇葩说》之前，马东尝试过不同类型的电视节目，寻找恰当的模式。这寻找也是从悉尼开始的。他从巡演至此的父亲身上，感到舞台生活才是最吸引他的。也是借由从唐人街租借的录像带，他知道了还有胡瓜这样的主持人，纯粹靠即兴在镜头前发挥。

这个下午的马东，用化妆与咖啡压抑住昨夜的睡眠不足。他坐在我对面，既不冷漠，也不热情，只是完成一桩例行之事。他语言简洁、声调平淡，从少年成长到日后的成就，他给你准确的信息与一些细节，又未夹杂太多个人情绪，有一种高度的克制。这种克制令谈话始终未获得某种高潮之感,也令我短暂地心生沮丧。一些时候,我下意识用一些武断来质询他。我期待的那种父与子,悉尼的孤独岁月与此刻的舞台中心之间的对比感,并未呈现。他对语言之演变、对代际之更替的分析,又让我兴致盎然。

在谈话的最后,我们又回到了他的童年时光。他说自己最爱《红楼梦》与纳兰性德,说起对人生之悲观。我先是感到欣喜,好像窥见了另一个马东,随即又觉得自己掉入了一个庸俗化的弗洛伊德式的童年版本。

二十岁上下没有绝望，
但我吃完了一生的苦

许知远：我爸是你父亲的忠实粉丝。你会不会从小就有意排斥你父亲他们那些老一辈相声演员所代表的那个世界？

马东：我不排斥。我跟他们相声圈有很多联系，比如姜昆老师、冯巩老师，包括后来的郭德纲。但我没有进那个圈子，小时候我爸就不希望我进那个圈子。

许知远：为什么？

马东：他是从业余转成专业相声演员的。他的老师是侯宝林先生、刘宝瑞先生、郭启儒先生、郭全宝先生四个人，其中的责任老师是侯宝林先生。所以在相声演员当中，他有一个非常得天独厚的机遇。但我父亲原先是业余的，又成长在新中国，所以虽然人在相声圈，但对过去老艺人那一套不完全接受，这种不完全接受贯穿他一生，所以就有意识地隔断我。

许知远：现在回忆起来，少年时候父亲对你最重要的影响是什么？

马东：他给了我一个特权，就是"你爸很忙，没工夫搭理你"。小学五年，我爸大概只开过一次家长会，之后就再也不去了。我妈大概也就开过一两次。学校和我父母之间的联系被隔断了，这中间我就有很多腾挪的空间。

许知远：你觉得你和你父亲身上最相似的部分是什么？

马东：性格内向吧。

许知远：在十八岁之前，还是有挺多的焦虑吧？马东不存在，只是马季的儿子。马先生那时候的名声基本上相当于迈克尔·杰克逊，小时候你对名声是怎么理解的？

马东：第一，我觉得它对于我成长最重要的正面作用是，让我感到这东西没什么大不了，没有想象的那么重要。第二，它会给人带来麻烦。

许知远：那现在你怎么处理你个人的名声问题？你就假装不care？

马东：基本不care。我最care的是无聊，没有新鲜的东西。

许知远：所以你那种强烈的嗜新症，跟缺乏耐心连在一起？

马东：肯定的，那是它的成本。收益是多巴胺的不停刺激，成本就是浅尝辄止吧。

许知远：但你也不想克服这个？

马东：收益大于成本。

许知远：你现在有什么特别想克服的？

马东：年龄的障碍。要是能年轻一点多好。

许知远：你去悉尼留学的时候，对它的第一印象是什么？

马东：我到悉尼的时候英语不好。我印象特别深，当时穿了一条牛仔裤、一双皮鞋，从飞机上下来以后发现我在这个地方既是瞎子，又是聋子、哑巴。悉尼完全是另外一个世界，当时中国经济不好，有着巨大的差距。八十年代末，最有钱的是日本留学生，然后是香港，然后是台湾，再下面是马来西亚和印尼的华人学生，最后才是中国大陆的。

许知远：当时中国大陆学生应该很少吧？

马东：非常少。那个时候在悉尼，中国人走在马路上互相看见大概还会打招呼。后来就不是这样了，现在几十万人、上百万人在那里。

许知远：十八岁的时候，对自己的期待是什么？

马东：觉得出国很牛逼。当时友谊商店是要凭护照进的，里面能用外汇券，我拿到护照那天就直接骑自行车到友谊商店去了。到门口一晃，从这个门进去，从那个门出来，啥也没买。

许知远：1986年到1994年，你这八年怎么过的？

马东：打工，谈恋爱。然后就是无聊。

许知远：那段著名的恋爱是吗？

马东：好多著名的恋爱。但打工很苦。

我几乎所有的工都打。每天早晨起来，先去做清洁工，别人上班之前我给清理干净，然后再去上学，晚上再到餐馆打工。周末什么工都做，刷油漆、盖房子……

许知远：那时候有绝望过吗？完全被日常生活的挣扎所包围？

马东：没有，因为年轻，二十岁上下没有绝望。老觉得这是一个阶段，今后一定会好，不知道会怎么好，也不知道为什么会好，但就是觉得今后肯定不是现在这样。

许知远：1994年回来之前在做什么？

马东：在工作。在悉尼的展览中心工作了三年多。刚开始是做杂工，搬桌子、搬椅子。后来做了文员。

许知远：那时候对自己的未来有什么样的感觉？

马东：对我来说，比较大的一次变化是我父亲1993年还是1994年去澳大利亚演出，跑了几个城市：墨尔本，可能还有布里斯班。我就请假了，跟着他晃。因为我已经离开我父亲六七年了，产生了距离感。我在台下看他演出，觉得很好，因为那时已经不会用看父亲的眼光去看他。我发现他们的生活那么丰富，好像每天就是玩。我就觉得，这个地儿没什么可待的，基本上每个月一号就知道三十号要干吗，没意思。

许知远：现在回忆起来，那八年在悉尼的时光对你有什么影响？

马东：如果一生当中人吃的苦是有限度的话，那我在那时候就把它吃完了。

许知远：最苦的是什么？

马东：最苦的其实是食物。这件事跟工作倒没有太大关系，因为没有选择。比如我印象特别深的是，当时住在大学里面，四十块澳币一周，管吃，但周末没有。我的预算是五十块钱，剩十块。那个年代买一瓶可乐是六毛或者七毛钱，大概就是这样。

许知远：那怎么解决？

马东：省呗，打工。那时候我大概两周左右能攒着吃一次披萨，在黎巴嫩人开的那种披萨店，只有一张小桌子，一个披萨大概九块或者十块澳币。

许知远：我想起作家简·莫里斯写的《世界：半个世纪的行走与书写》。这段是1983年写的，你去悉尼的三年前。"澳大利亚人的社会无可避免地被城市化了，悉尼是澳大利亚的超级大都会，堪培拉是首都，阿德莱德是一种喜悦，珀斯握有美洲杯帆船赛，墨尔本人相信他们的城市至少同样成熟、有教养和难以言喻地可爱，只有悉尼才有真正的大都会气派，它以一种恰当显要的姿态矗立于非凡的港口之上，人口高度密集的城区周围绵延着广阔的郊区，一片光灿灿的商业区让你感觉到它被楔入了华尔街—伦敦—苏黎士—香港的利益圈。实际上，整个澳大利亚海军都停泊在它的军港上，或者正从海上迷人地返回。军旗飘扬，雷达旋转，这支军队无可回避的存在，让悉尼有了一种前线的氛围。"你怎么看这段话？

马东：我觉得这人想多了。

悉尼很美，而在我去的那些年，因为自己的窘境，那个美跟我没有太大的关系。所以我对悉尼、对澳大利亚的印象，还停留在那是一个我很穷时待过的地方。我一直觉得如果我今天回悉尼去生活，我应该会当一个出租车司机。当年二十八万一个出租车牌照，当一个出租车司机大概每星期只用工作四到五天，能有差不多一千澳币的收入，这就是人生巅峰你知道吗？

更震撼我的其实是纽约和伦敦的人气和人味，可以叫人文。纽约脏乱差，但就是你脱光了翻跟头，也没有人会去看你，每个人都行色匆匆，没有人会跟你客气，纽约的粗鲁和冒犯，都显现在纽约人身上，但他们有一种骄傲，因为他们在创造价值。我觉得伦敦也差不太多，相比之下悉尼就是个乡下。

许知远：北京呢？你认为它们可以跟它平行吗？

马东：我觉得今天的北京真的很像纽约和伦敦，给人带来的愉悦感是一样的。

许知远：当时澳大利亚由这么多样的人口组成：黎巴嫩人、海外华人……你作为中国大陆去的学生，会有很强的边缘感吗？

马东：有。

许知远：后来想起来，这种边缘感对你的影响是什么？

马东：我回来以后在湖南卫视做《有话好说》，很多话题是关注农村和从农村到城市打工的人，我觉得他们的状态跟我们当时在澳大利亚是一样的。举个简单的例子，我们当时头发都很长，不是留发型，而是剪头发需要花钱。后来一个马来西亚的同学跟我说，在技工学校有专门学剪发的，如果签一个免责声明，给他们剪发当练手，那个是免费的，但剪坏了是你自己的事。所以当时我处在一个社会中特别边缘的位置，语言、文化、经济条件全部都特别边缘。后来我们《有话好说》做过民工子弟小学，我看到那些学生的父母，脑子里面浮现出来的全部都是我自己在澳大利亚时的状态。

许知远：一方面是这种身份的边缘、物质的匮乏，另一方面就是信息前所未有的丰富吧？

马东：也未必。当年很长时间不看国内的电视，因为看不到。后来我记得是在领事馆还是在哪儿看了一次《新闻联播》，就被吸引了，不是内容，是中文的丰富性。因为我是十八岁到澳大利亚，在唐人街打工，要学说广东话，我的中文系统已经被当地香港人的广东话系统洗了一下，又被当地台湾人的语言系统洗了一下。看《新闻联播》的时候，我觉得里面用了这么多丰富的、完全不一样的语言去描述一件事。那是我待了大概六七年以后了。

许知远：你以前提过你当时迷上了胡瓜的综艺节目，是在什么机缘下看到的？

马东：录像带。当时在悉尼，到录像带店去租带子，看广东的剧集，偶尔看台湾的综艺，就看到了《金曲龙虎榜》，看到了胡瓜。我前些日子去台湾跟胡瓜老师吃了一次饭，算是圆了我的少年梦。

许知远：那时你看到他，就觉得这个职业特别有意思？

马东：他是即兴反应特别好的主持人，节目可以靠即兴反应支撑。我觉得这个反应我也有。所以我1994年回国前，跟澳大利亚的那些朋友说，回去想当一个主持人。当时我两百斤，我那些朋友的眼神就是：你怎么想的？

许知远：你日常生活中就是反应特别快吗？

马东：就是各种party，穷欢乐。我印象特别深，黄建新导演在澳大利亚做了一年的访问学者，住在我一个好朋友家里，每周末开party。我们玩得特别好，还写旧体诗欢迎他、欢送他。一年结束了，他回国之前跟我说：你在这儿混什么，跟我回国吧，给我当助理。我想大哥别闹了，我还等着拿永久居留权呢。要是当时跟他回国了，走的会是另外一条路了。

有价值观的冲突，就会自发地产生内容

许知远：1994年你才决定要回国做主持人，那种对自我职业选择的觉醒发生得挺晚？

马东：那时候说回国做主持人，就是给自己找一个借口而已。回国前已经拿到永居了，觉得这是一个权利，可以来来回回了。回国以后，发现国内比那边的状态有意思得多，那个永居也就变得没有那么重要了。回来以后也不知道要干吗。我父母也很诧异：走了那么多年了，很想念，但突然回来了，多了个人，怎么对待他呢？我连剪头发多少钱都不知道，得问我妈。

后来去电影学院，其实就是打开一点世界，找个事干，一脑袋扎进去，认识了一些人，东混西混，最后误打误撞进了电视这个行业。我进这个行业时已经三十岁了。

许知远：电影学院的经历对你的影响大吗？

马东：对我的牌技增长是有帮助的，主要是打麻将。

许知远：没想过去做导演什么的吗？

马东：没有。我不是那种特别执着的人，也没有进一步的想法，但是有机会的时候，尽力去做好。

许知远：三十岁在湖南卫视当主持人，那时候湖南卫视什么样子？

马东：《快乐大本营》和《玫瑰之约》那时候已经很有影响了。一个经济欠发达地区，靠电视异军突起的苗头已经很清晰了。很偶然的机会，当时湖南台的台长来北京，跟我电影学院的同学李静一起吃饭，李静说，马东其实可以当主持人的。

许知远：那时候还是两百斤？

马东：对，然后这事就算过去了。一两个月后，我接到一个电话，说我们有一个新的综艺节目在筹备，《聚艺堂》，要不要来试一下？我想真的假的，就买西装去了。结果发现买不着衬衣，也买不着西装，没有能系上扣的。印象特别深，在百盛买衣服的时候，店员看我的那个眼神，是摧毁性的……

许知远：后来买到了吧？

马东：衬衫扣上后还咧着口，就拿领带挡着。《聚艺堂》是综艺节目，选手一个一个演，我和另外一个主持人报幕，大概就是那样。那期节目第一次播出，我爸还看了。看完我爸说，就你顶瓜。这是他们的行话，意思就是人脑袋上像是顶了一个本来没有的瓜一样，紧张是全部挂在脸上的，神不守舍的紧张，一脸木然。那是我人生的第一次出镜，我肯定不适合这个节目。

但与此同时，他们在筹划另外一个节目。当时是《实话实说》最火的时候，湖南台想做一个谈话节目，一帮筹备的人关于这件事情有些分歧。当时老魏[1]就说，那就各做一个样片来看。其中就有后来《有话好说》合作的制片人谭群，他找到我说，咱们一起做这个样片，做完了领导审，如果咱们能做好就做。大家就开始找选题。

那时我住在长沙银河酒店，早晨起来让人送来《三湘都市报》。报纸最后一版有一篇文章讲弃婴的。在湖南湘西的溆浦，镇上人早晨起来发现一个女婴，最后是一个女孩抱走了她。但她也养不了，她男朋友是街上的混混，湖南话叫打流。他结拜了九个兄弟，这九个人就凑钱抚养这个孩子长大。当时我看了这篇文章，就问谭群他们觉得怎么样，他们觉得挺好，我们全都去了溆浦，接触这些人，还有民政局。整个话题讨论的是，民政局该不该管弃婴？基层民政系统不健全怎么办？说起来这是一个故事，但背后反映的是一系列

---

1 指魏文彬，电视湘军的领军人物，当时任湖南广播电视局党组书记。

的社会管理问题。《一个女婴和她的九个爸爸》，这是后来我们起的名字。样片做成后，两个样片对比时，老魏说这个还不错，就按照这个组做吧。我们就从这儿开始正式做《有话好说》。

许知远：当时你是不是有一种感觉，整个电视业已经开始探索一种新的语言来描述新的现实？

马东：是的。我觉得我当时的优势是在国外八年的积累，积累的其实不是知识，而是看待世界的角度。看待同一件事情，我有另外一个视角，如果能够把这个视角描述出来，是不太一样的。

许知远：更具体地讲，是什么视角？

马东：就是在国外的时候，看到了一个怎样的社会体系能让效率更高，或者更合理。有了视角之后，你再看到处处的荒诞和不合理时，你会思考这个荒诞是怎么来的，有没有合理的解法。

许知远：你把这个视角带到新节目里面去了？

马东：是。其实所有的东西都归结到一个问题上，就是权力来源的问题。我们和西方社会体系的核心差异是权力来源不一样，这个事没得讨论，但可以带着这个角度去看社会上的现象。当年《知音》是我们重要的素材来源，每次看到一个让人感动得稀里哗啦的故事，我们都派人去调查，然后就发现太不靠谱了。

许知远：但那个节目持续时间不长嘛？

马东：八十三期，周播，一年半的时间。

许知远：停的原因是什么？

马东：做了同性恋话题。请了李银河、崔子恩[1]，请了石头[2]。我们请他们三个到现场，聊同性恋的非医学化、非道德化和非形式化。聊完了以后，能播吗？当时湖南台的副台长刘一平看完了以后，就给播了。播了以后，连续九个批评下来，这节目肯定得停。当时广电总局的宣传司还是办公厅的主任发的文。很多年以后我在中央台了，他见到我，说马东做早了吧？我说是，做早了。

许知远：说说当时长沙的气氛吧。湖南广电把整个城市的气氛都搅动了吗？湖南又充满了市民气，这种东西让你有什么感觉？

马东：没有太大的感觉。我只觉得我们做的事情在湖南台有一个非常好的基础，那里宽容度大。我印象特别深，因为这个节目后来连续被毙，省委宣传部有一次开会，当时的宣传部长在台上说，片子我看了，我觉得没什么问题。我印象中老魏非常挺《有话好说》，挺到最后也没办法。

许知远：这个节目停了之后，你是又回到北京，然后进央视了？

马东：对。2001 年回到北京，做了一个公司的节目，这个节目的总导演是《见字如面》的总导演，关正文老师。他当时是出版界的大腕，给中央台《挑战主持人》当策划。当时《挑战主持人》正好换主持人，关老师就跟当时我那个制片人金月说，让马东来试试。我试录了四期，就跟金月说我干不了综艺。金月说我就是要击碎你，有什么不能干的？就做下来了。到 2004、2005 年，我就当了《挑战主持人》的制片人。

---

1 崔子恩，导演、编剧、作家、制作人，北京电影学院副教授。
2 石头，女权主义艺术家，中国第一个公开性取向的艺术家。

许知远：那个时候，脑子里对主持人这个职业有什么印象？因为你在悉尼时，印象中的主持人是胡瓜那种，但回来后是另外一种完全不同的语境了。

马东：这个问题困扰了我很多年。我们做的节目叫《挑战主持人》，我们是一个很小的组，每一个人都要下去面试学校的选手，当时全国有将近两百四十所学校有播音主持专业。比如说在成都、重庆或者武汉，大概有二三十个大学有播音主持这个专业，但只有六七个老师，这六七个老师就在这些学校之间来回串着上课。播音主持是一个好奇怪的专业，收费又极其贵。我后来有个很极端的说法：这是一个有组织的大规模"诈骗"行为。

我们的工作是选主持人，那么选主持人的标准是什么？尤其是综艺，我们发现没标准，好的综艺节目主持人都不是学这个专业出来的。周涛说过一句话，中央三套，也就是综艺频道的主持人长得不好看就叫伤天害理。但也有老毕（毕福剑）那样的，我一直说老毕是整个主持人形象的底线，还有崔永元，所以没有标准。这个问题一直困扰了我们六七年，最后我们比的是什么？比谁招人喜欢。因为只能在这个层面上比较，所以就变成了才艺展示和比拼，就是一个综艺节目，并不承担你想象当中真正选拔或者培养主持人的功能。就好像《非诚勿扰》并不对你俩相不相爱负责任，只是给你们提供一个相亲的过程，让你们的价值观发生冲突。

从那个时候开始，我们对综艺的理解更深了——内容才是最重要的，形式不重要。节目的形式不管是求职，还是相亲，还是选主持人，还是辩论，都只是形式，本质是一样的。一个节目能够长久，关键在于它内在的价值冲突、价值主张。有价值观的冲突，就会自发地产生内容。

许知远：你们当时会参照美国式、日本式的综艺节目吗？

马东：会参照，都在看。但你拿来的只是形式。全世界范围内的电视综艺，重要的发源地其实是英国和荷兰，他们生产模式，在小众市场里面实验成功，然后放到美国的市场里去商业化，再转到成熟的市场比如日本，在日本实行本土化，之后才是香港、台湾，最后进入大陆。

许知远：大陆是链条的最后一端？

马东：对，直到这些年才发生变化。在大陆市场化以后，电视台全部跑去戛纳买模式，欧洲就出现了一堆针对中国人的模式公司。

许知远：为什么是英国和荷兰成为创新者？

马东：我觉得是他们社会的多元性更丰富。

许知远：或者更宽容？

马东：社会的宽松是必然的。比如英国，它对文化创意产业的支持和它的社会宽松程度，是重要的基础。在整个行业内它的模式都是——我给你一分钟，你把要做的事情给我讲清楚，如果你一分钟内能留住我，我下次给你三十分钟，然后我们再往下一步。但是很多人都是一分钟甚至三十秒就再见了。这个模式当时蛮吸引我们，但在那个年代，中国的综艺节目关键是没有市场化。市场化的力量是巨大的，电视剧是早于综艺节目十年左右市场化的，包括赵宝刚、郑晓龙，他们都是体制内剧集的制作者，但是他们先一步市场化了。

今天给这个时代做任何结论，
都还为时尚早

　　许知远：什么时候开始意识到，互联网的兴起会代表一个完全不同的审美与表达方式？

　　马东：我保持着一些阅读习惯。除了书之外，我常年读几本杂志，比如《三联生活周刊》《中国新闻周刊》，后来包括《财新周刊》，它们往往会预先吹一些社会风气。我通过这些杂志关注到整个互联网行业的发展，当时虽然还只是刚刚起步，带宽只能支撑图文，后来可以支撑音频、视频，再后来是移动端的宽频，其实互联网兴起是技术进步支撑过来的。我2012年离开央视的时候，已经有了搜狐、优酷、爱奇艺。我没有刻意要去一个什么互联网公司工作，就是单纯地想从中央台辞职。

　　许知远：那时候做了一个访谈节目？访谈对你的诱惑是什么？为什么要坚持这个东西？

　　马东：我是从访谈节目开始我的电视职业生涯的，我手边一直有访谈节目。平台给了我机会，去和我接触不到的人聊天，他用两三个小时掏心掏肺地把自己的故事都跟我讲，他也不知道为什么。

　　许知远：来之前我就想，问马东什么呢？他所有套路都知道，真烦。

　　马东：对。

　　许知远：你觉得为什么大家会掏心掏肺跟你说呢？

　　马东：因为平台的力量，他看重的是这个节目播出对他的回馈，这就是媒体权力。原来在湖南卫视，我们只要跟嘉宾说是准备上湖南卫视周五或周四晚上黄金时间的一个节目，他就会接受采访。我是媒体权力的得益者，这么多机器放在这儿，俩人聊，掏心掏肺，这一切都是电视台掏钱。

许知远：跟一个综艺节目的主持人相比，你怎么评价自己的访谈能力呢？

马东：还可以吧。我大约能问到我想问的东西，关键是我觉得自己没有太多的主观性。我经常看到访谈者带着一个目的去做访谈，就像你，偏见是你的角度，你一定要带着偏见去跟别人撞。

许知远：我从来没偏见，是他们编出来的。

马东：我就还好。我对于访谈结果没预设，所以就问自己想问的问题。另外它逼迫人阅读，我当时算了，为了一个访谈，编导给我准备的材料大概十万字左右。看完了以后，我只会想第一个问题要问什么，没有采访提纲。

许知远：当时为什么选择爱奇艺？

马东：是爱奇艺给了我机会，不是我选的。我从央视出来以后，跟一个朋友一起做了一家公司，认识了爱奇艺的同事。他们想要合作，我告诉龚宇[1]说，我想做直播，因为我觉得那是电视最高级的地方。我都已经搭建队伍了，组织了一个将近九十人的队伍。然后他小心翼翼地跟我说，直播在互联网并不好。

我不记得后来谁跟我说了一句，互联网解放的是人的时间和空间，而直播是锁定了人的时间和相对空间，因为当年还是以 PC 客

---

1 龚宇，爱奇艺创始人、CEO。

户端为主。我说那这事做错了,就把队伍解散了,辜负了好多人。可能是因为我能刹住车,让龚宇觉得我想明白了,所以他就问我要不要来爱奇艺。我说好。

许知远:你当时怎么想象这个平台?之前完全是电视经验,对互联网还是很陌生的。

马东:对我来说,最重要的是那里有我不懂的东西。他们给了我一个很好的机会,我就像是挂在一辆高速列车上,扒着车栏杆在地上狂追。因为有太多我不懂但确实特别想知道的东西。

许知远:比如呢?

马东:技术,底层技术,互联网人群,PC端到移动端的转变。2013年是标志性的,这一年的九月二号,爱奇艺的后台数据中移动端首次超过了PC端。

许知远:当时你意识到这个新的技术手段会怎么改变内容吗?

马东:现在回想起来,我们当时想了很多东西,最重要的东西是,什么人在看?这些人的共同性在什么地方?怎样能够切中他们的共同性,也就是时代脉搏。这个是核心。

许知远:怎么描述当时的时代脉搏?

马东:在电视节目当中,有一个流行趋势。比如说,为什么那时《蜗居》火了?到2010年时《非诚勿扰》火了,到2013年,是《爸爸去哪儿》开始火了。然后在我的认知里,那一代人就翻篇了。那一代人的主体基本上就是八零后女性媒体工作者,她们进入社会后,充斥在各种媒体中,尤其是新媒体渠道里发声,把握着时代话语权。她们刚出来的时候,面临着找一个人一起奋斗还是给别人当小三的问题,《蜗居》就出现了;后来她们下决心好好谈恋爱,《非诚勿扰》就火了;再后来她们有了孩子,《爸爸去哪儿》就火了。大概是这么一个过程。我觉得在那之后就换代了,换成了九零后掌握主体话语权。因为移动互联网全面铺开以后,基础变了,每一个人都有一个重要的社交和媒体终端——手机。这个时候,世界变了。

许知远:九零后这批人,他们的特征是什么?

马东:跟八零后本质上也没有什么不太一样的,他们所关心的事是一样的,只是语境不一样,用的语言和描述方式不一样。比如像"屌丝"这个词,在中文里面很多老同志就听不惯,觉得怎么能带脏字呢?

许知远:我到现在也不喜欢这个词,很难接受。

马东:还有"傻逼""逗逼",这类词在中文里是很刺耳的,尤其在你这样的老同志的耳朵里面。但它们进入了日常话语体系,他们不觉得是脏话。

许知远:你开始听觉得刺耳吗?

马东:开始是刺耳的,后来就没事了。中国三十年的变化是别地儿的两百到三百年,对于年轻人来说,他们的父母比他们大一百岁,你知道吗?所以你就是古人,你不知道他们说什么,他们也不知道你说什么,所以就懒得跟你说。

许知远:你什么时候意识到自己跟他们差一百岁的?

马东:我做互联网、进入网络的内容世界以后,就觉得没有跟他们差很多了。我不是一个像你一样执着的人,我是个身段很柔软的人。

许知远：这是在骂我。

马东：这都能听出来？很明显吗？对我来说这个事没有那么困难，我不是刻意的。

许知远：这后面其实是一个大众文化的变化。在长沙的时候，何炅他们的兴起就是一个新的大众文化的语言开始了，到李宇春她们的兴起又是一个阶段，到了2009年的《蜗居》又是一个新的变化。你觉得有一个很明显的粗鄙化的倾向吗？

马东：我知道你的出发点，但我想问你的就是，这个粗鄙化相对于什么？或者说我们曾经精致化过吗？

许知远：我们曾经向往过精致化。

马东：我们每一个时代都向往精致，但我们从来没有过。我有这么一个角度。在1949年之前，中国人的识字率没有超过过百分之五，所以透过千年的历史烟雾，今天我们看到的所有文化和传承，都是那百分之五的人留下来的。他们是认字的人，是人中的精英，历史是由这些人写的。如果一个社会一直只有百分之五的识字率，而且还能够穿过岁月烟尘，你看到的当然都是精致的。

但是我们不能把它误认为世界的真相，因为那百分之九十五的人才是世界主体。今天我们的识字率是百分之九十以上，但人们内心的趣味并不会因为识字就发生质的变化，因为人会对娱乐本能地靠近。所以，人口结构没有变化，文化结构没有变化。这种情况下，今天所发生的这些事情粗鄙化了吗？应该没有。因为本来就是粗鄙的。

许知远：可能一直是这样，但这些人被压抑着没有发声，现在这个声音突然大起来,就会有这种假象。

马东:对。

许知远:你总提娱乐的本质。你是什么时候开始追问娱乐这个东西的内在本质的?

马东:在去了爱奇艺以后。我在腾讯的星空演讲,说了一些但没说清楚。娱乐是人的先天本能,而文化从来都不是目的,是沉淀的结果。把文化当作目的去追求,是崇高的,但是本末倒置。京剧很美,但梅兰芳和程砚秋就是当时的刘德华和周杰伦,你说他们在那个年代是粗鄙的还是精致的?每个时代都有自己时代的娱乐形式,本质上都一样。

许知远:所以你觉得当年看莎士比亚剧的英国人,跟现在看《奇葩说》的年轻人,是没有高下之分的?

马东:当然没有。在莎士比亚那个年代,莎士比亚只是其中的一个剧作家,但他的作品更好,穿过岁月留到了今天。李白也是这样,那时候人人写诗,因为科举核心就是写诗文,只是他的更好,所以留到了今天。而人们对李白、对柳永的喜爱,跟人们今天对高晓松的喜爱没有差异。

许知远:那是不是会有时代的质量的不同?比如说李白、梅兰芳虽是很流行的,但是他们的这个流行是可以穿越时间的。你不能不承认时代之间的差异,有的时代就是更高级。

马东:我明白。你知道吗许老师,我把这个东西称为文化历史观,就是在大尺度上是一样的,只看你的尺度够不够大而已。

许知远:这不变成相对主义了吗?变虚无了。

马东：你可以把颗粒放大去看，但你一定要把这个颗粒放在时代里面去看。就像你看一条船，一定要把这条船放在河上去看，要知道它是河流里面的一条船。

许知远：那所有的事情都只有相对价值，没有绝对价值。它必须在那个时代语境之中才有价值。但我一直觉得，我们这时代挺低劣的。在稍微长远一点的历史时空，可能我们的贡献是非常低的，在更普遍的思想和情感的追求上是留不下什么东西的。我们可不可能就生活在这样一个很低谷的时刻呢？这不困扰你吗？

马东：我自己的感受就是，文化是结果论的，你今天做这个结论为时尚早，要放一百年以上，再看这个时代到底留下了什么，没留下什么。我采访过周有光先生，他那时候差不多一百岁了。我问他"两会"有很多文艺界的代表提出要恢复繁体字，他怎么看。他说这是外行话。我又问他怎么看火星文，有好多人觉得它干扰了汉字的纯洁性。他说要到五十年后看，如果我们五十年后还在用，它就进入文化系统了，因为我们的文字就是这么来的。所以今天给这个时代无论做什么结论都还为时尚早。

我喜欢这个新时代，
一点抵触都没有

许知远：在爱奇艺那两年多对你改变很大？是进入一个陌生世界的感觉吧？

马东：对，是我幸福感特别强烈的时候。你进入一个完全陌生的世界，关键是你有一个很好的进入角度，你进入的时候别人还没有进入，那时候智力、知识、情商、智商都蕴藏在体制内。你只是命不错，在一个别人还没有进去的时候进去了，所以你看到了更多的风景，经历了更多的变化。

许知远：离开是因为什么原因？

马东：想做《奇葩说》。我在爱奇艺有百分之三十的时间做内容，百分之七十做管理。现在我大概百分之七十做内容，百分之三十做管理。

许知远：离开的时候会觉得整个年轻一代的状态，或者说这种时代的情绪又发生了很大的变化吗？是什么呢？

马东：就是主流的语境在发生流动性的变化。前两年的流行词，这两年已经不说了，九五后和零零后的话语方式，九零后是不太用的。我们公司的小朋友们谈恋爱时，一急了就说你去找你八八年的老女人吧。你听这种话的时候，真的是想死你知道吗？

许知远：你觉得他们为什么会这么表达？

马东：不是他们为什么会这么表达，是我们年轻的时候也这么表达，没有太大的差异。他们现在二十岁，我们十九、二十岁的时候也是满嘴新词，只是那时候社会变化的节奏稍微慢一点，所以我们跟父母辈的差距没那么大。现在是自然年龄差距叠加了社会高速发展带来的文化差距，所以你父母比你大一百岁，你哥都比你大五十岁。

许知远：这种高速度当然给年轻一代带来了很多美好的东西，但你觉得有伤害吗？伤害是什么？

马东：跟那个美好比起来，伤害根本就不重要。因为即便速度慢也不是没伤害，你年轻的时候肯定也痛苦，那就是成长的痛苦，每个时代都一样。

许知远：真的开始做这个综艺节目的时候，会有很多不同的参照系再度浮现在脑子里吗？

马东：我印象特别深，我跟高晓松喝酒，喝多了我们俩互相喷，他真的是知识储备量特别大，没他不知道的。但他跟我说，他有两个软肋，第一个是生物学，第二个是物理学。然后我就开始跟他聊黑洞。他就跟我说，像咱们这样的大喷子弄个辩论挺好的，我说真的。就这一句话，搁这儿了。我回来跟穆迪说，做个辩论怎么样？当时穆迪他们整个团队从中央台出来加入爱奇艺。

两个星期后他给我做了一个 PPT，那 PPT 里面写的什么我现在一个字都不记得，全是一些他们的语言，就记得放在屏幕投影上的字这么大一个，颜色大撞色。我就跟穆迪说，弄吧，弄砸了有我呢。基本上就是这么一个过程。

许知远：为什么觉得大撞色挺好的？

马东：没见过。后来我们市场部一直在放大一个信号，也就是这个节目的雏形出来以后，我想那句话：四十岁以上的人请在九零后陪同下观看。就是这句话给《奇葩说》的第一季定了调。

许知远：反正我看了好几集，我过了四十岁了。

马东：其实我们四十岁以上的观众挺多的。但你要给自己一个明确自身的定位，这个定位决定了你的调性，而有些东西我们可以彻底放弃。

许知远：年轻一代拼命地强调自己是九零后，不是一件很可笑的事吗？难道这不是他们内在脆弱的标志吗？他们不敢用自己来面对这个世界，就用这么一个虚晃的概念。每代人都有这种集体意识，但是从来没有像他们这么大声地要标志自己。

马东：它是一个共同认同，每一代人都是一样。以前是说我吃的盐比你吃的米还多，不就是这个逻辑吗？这语言是一模一样的，只是反过来而已。本质上我没觉得这个事可笑，它是一种语言认同方式，是媒体语言，是标题党，是我们在推《奇葩说》的时候用的一个标题而已。

许知远：我们公司也有很多九零后孩子，我经常觉得他们就是虚张声势，你有什么个性？有多自由？

马东：是因为你也很有个性，个性这件事跟年龄没有关系。

许知远：我看《奇葩说》争好多问题，有什么可争的？就是这种感觉。

马东：不是给你看的。因为有些事你已经想明白了。在时间轴上面，你认为有一个叠加效果，就是前面既然有了，后面就不要。但其实历史不是，历史永远是遗忘了重新来。

许知远：这我相信。这就是为什么我对反历史的年轻人有怀疑。大家不要以为自己发现的事情都是崭新的事物，要稍微理解一点过去人在做什么。

马东：这个世界上大约只有百分之五的人有愿望积累知识，了解过去。那百分之九十五的人就是在活着，就是在生活。只是今天，这百分之九十五的人每一个都有使用自媒体以及技术通道的权利，所以他们的声音被你听到了。在大家都不认字、技术没有进步的时代，这个就自然分化了。

许知远：如果让你只做那百分之五做的事情，是不是对你没有太大的吸引力？

马东：我做过了。从大的尺度上来说，我觉得文本时代要结束了，我们所遗留下来的对文字的崇拜和思维依赖，是因为文字要言简意赅，要言之有物，要有弦外之音，要隽永深刻，还要有趣味，还不能太多。为什么呢？因为传播有成本。从竹简到纸张都是有成本的，直到今天电子化了。

我做了一个节目叫《汉字英雄》。做这个节目的核心就是，纸质化没有了，纸不再是文字的依托了，电子化后的效率是成倍数地提高，提高了以后，我们原来因为传播成本被控制而训练成的文本思维，有可能会发生变化，我们对文字的依赖会逐渐弱化。这是我的判断。所以我觉得我们在进入一个新的时代，尼尔·波兹曼[1]所说的电视时代，中国是在进入互联网之后才开始的。我们的下一步，是图文的时代，是视频的时代。

许知远：你喜欢这个新时代吗？

马东：我喜欢。

许知远：一点抵触情绪都没有？

---

[1] 尼尔·波兹曼，美国作家、批评家、教育家，研究方向是文化传播和媒体理论，开创了名为"媒体生态学"的新领域，最有名的作品是《娱乐至死》。

马东：没有。一点抵触都没有。

许知远：为什么呢？很奇怪。
马东：我没那么自恋。我的自我认同和满足感，只在于我是不是在好奇心的前端。

许知远：你说的那个好奇心的前沿，大部分时刻都是伪好奇心，误以为自己在一个前沿。这个前沿在历史中其实只是一个旧沿、后沿。
马东：只有在你的眼中，它是伪前沿。大众传媒的作用不是追求最前沿，最前沿是学者、思想者的事情，大众传媒是让没有接触过的人接触到。你也承认，于丹老师肯定不是《论语》专家，但《论语》因她的传播，让更多人去关注。

许知远：那你做《奇葩说》这几年，对你自身的改变大吗？
马东：本质上没有。《奇葩说》今天讨论的所有话题，我在《有话好说》里都讨论过。

许知远：所以在价值观方面，这二十年基本上是延续的？
马东：早已经形成了。

许知远：我刚才说的"伪好奇心"是有道理的，它没有对你的价值观产生任何真正的冲击。
马东：但表达方式不一样了。《哈姆雷特》被演了几百年了，现在拿枪的混黑社会的哈姆雷特都出来了。

许知远：你怎么看蔡康永呢？

马东：康永哥是我特别喜欢的人，他是那种情商很高、分寸感特别强、相处起来非常舒服、可信任的人。关键是，他的情商高不体现在他迎合你，他的内心是冷峻的。我在《奇葩大会》说过，康永哥有一颗恶毒的心，安静地长在这个地方。他脸上会跟你笑，但是他这个地方把你看得很清楚，而且他也忍不住，会告诉你，只是用的方式不太一样，所以特别可爱。

许知远：台湾的综艺传统，跟台湾的解放、多元，有特别直接的关系。它们到过一个高峰时期，但开始衰落了。而大陆的综艺是从互联网文化开始兴起的，你会怎么描述它？

马东：台湾是个市民社会吧，我的理解。它的文化渗透率很高，识字率百分百，但是这也并没有改变它的文化结构，所以人群的分布是一样的，只是技术进步让我们迎来了一种新的形式的变化。不光中国台湾，日本、韩国，甚至包括美国，在纯互联网传播这一块，跟中国大陆比都差得很远。

许知远：因为我们的电视传播比他们差得很远。

马东：对，有这个原因。有一点我是很笃定的，就是我们的社会文化结构，不会发生多大的变化，即便我们社会经历了那么大的动荡，我们还在使用中文和筷子，只要这两点在，就不会有太大的变化。

许知远：这种不变的结构，是不是也意味着特别大的沉闷？

马东：你觉得沉闷吗？以我浅显的认知，我觉得今天这个世界上有三个地方充满活力，一个是纽约，一个是伦敦，一个就是北京。我们大约正处在中国历史上最不沉闷的时间。当然，要分角度去看。

许知远：对，我说的沉闷就是，我们看起来已经这么富裕了，这么光鲜了，然而所有困扰大家的问题，仍然是一个前现代社会的问题。

马东：你指的后现代社会是哪些？

许知远：有更自由的思考方式，更真挚的个人主义精神，更健康的个人跟社会、跟家庭的关系。

马东：对。但这个问题的前提是，个人主义是优于集体主义的。

许知远：至少在我的判断里是这样的。你不是吗？

马东：我不完全是。香港被殖民百年，整个系统已经全部西方化了，但香港的民智开了吗？最近看看就知道好像还是有问题。台湾也一样。日本就没有问题吗？非常后现代社会的欧洲，没有问题吗？所以我觉得，参照系不一样，结论就会不一样。我不能说我们社会有一个目标，但那个目标真的就好吗？

许知远：我当然不是说它绝对地好。但就是那个例子，一个苹果，一个坏掉百分之十的苹果是坏苹果，一个坏掉百分之八十的苹果也是坏苹果，但跟只坏掉百分之十的苹果还是不一样的嘛。

马东：怎么量化？什么是百分之十？

许知远：我们应该有这种质感吧。

马东：旅游就是从你待烦了的地方到别人待烦了的地方去逛一逛。

许知远：婚姻也是。

马东：所以你烦了你去了，你发现他跟你一样烦，而且你们俩烦的程度也没有办法量化。另外一个很重要的：哪个文化是先进的？哪个文化是落后的？文化没有先进和落后，文化只有凋敝和繁荣。在这个维度上是确定的，就是繁荣好，凋敝不好。

许知远：我们的文化繁荣吗？我们是伪繁荣吧。

马东：文化有两个维度，大文化和小文化。我们今天的文化在大文化的逻辑下是繁荣的，因为我们有足够多的人在产生着完全不同的思维撞击，它代表着人际关系的可能性。我说的繁荣是指的这个，是我们每一个人都没有了千篇一律的束缚，但你说整个社会是不是有，那我不知道。

许知远：但我觉得跟人群中的每个人谈话，他们的语言都是千篇一律的。

马东：不是，你看到的是，我看到的不是。这是出发点的问题。

许知远：我的意思是，大家误以为技术使他们变得很不一样了，多元化、丰富化，他们被技术催生出一种奇怪的优越感，我是对这个很怀疑。

马东：所以你恨技术？你怀疑技术进步给世界带来的变化？

许知远：我不恨它。但我当然非常怀疑。

马东：我从来都不怀疑。我们的心理结构和共同人群的文化结构没有大的变化，但是如果说这个世界上有变，那绝对是技术进步，没有什么可以跟技术进步给世界造成的变化相提并论。但是在心理上，人的生物进化的节奏是非常慢的，几千年对于我们的进化历程来说太短，所以我们本质上没有变化，但是这一点都不矛盾。

许知远：我觉得我是中国社会的逆反。欧美社会跟中国社会不一样，人文主义传统非常强大，宗教传统非常强大，始终有张力存在。但中国没有这个传统，特别容易一头扎到技术里面。

马东：我做《文化访谈录》的时候采访过陈丹青，录完了以后，他特别优雅地在外面抽烟。印象当中，我问过他一个问题，我说"你觉不觉得你其实生活在任何一个时代，都会愤怒"。所以许老师也是无论生在哪儿都不爽。你要生在美国，你也不爽。

看得破的都不是红尘，
红尘本来就是破的

许知远：你是生活在哪个时代都很爽的人吗？

马东：我觉得反正也爽不到哪儿去，所以爽一会儿是一会儿。这样你就明白了吧？本质上咱俩是一样的，你表现为愤怒，我表现为悲凉，我的底色是悲凉，所以才觉得，至少新鲜的边界会让我有一些幸福感，多巴胺会旺盛一点。

许知远：什么时候意识到这点？

马东：成长过程中，很早。

许知远：有什么事件吗？

马东：看《红楼梦》看的。其实这个东西往往都是阅读带来的。

许知远：谁引导你读这个？你自己乱找来读的？读的时候什么

感觉?

　　马东:对,乱找来读的,初中书包里面揣着,给人感觉就是很华美而悲凉。

　　许知远:你有同学能分享你的感受吗?你跟他们讲吗?
　　马东:没有。不讲,这东西讲了就没劲了。

　　许知远:那你怎么消化这种感觉?
　　马东:不要消化,那时候过的瘾就是郁结在心中,独自悲凉。

　　许知远:少年马东之烦恼。
　　马东:对,过的瘾就是独自悲凉,就是喝一杯凉啤酒的感觉。后来它成底色了,所以我看到那些特别积极地面对人生的人,就老想乐。

　　许知远:你知道我们的区别在哪儿吗?我本质是一个非常乐观的人,是真的相信进步论的人,所以我会反对这一切东西。
　　马东:对,这是咱俩正好不一样的。人都是补充自己。我就努力做点娱乐去抵御这世界的无趣。

　　许知远:你念广告的时候什么感觉?内心有抵触吗?
　　马东:没有,我是真心的,发自心底的,因为我想的是钱。

　　许知远:悲凉那个底色,偶尔会吞噬你的感觉吗?想反抗它一下吗?
　　马东:什么叫悲凉?积极乐观的人不能理解什么是悲凉。悲凉就是无从反抗才叫悲凉,能反抗就不叫,看得破的都不是红尘,红尘本来就是破的。

　　许知远：你父亲身上有这些东西吗？
　　马东：没有。

　　许知远：你跟他聊过这些事情吗？
　　马东：没有。每一个人都是自己过去积累的结果。

　　许知远：你自己的创造力呢？你觉得自己有一天会迟钝，会不敏感，会缺乏吗？
　　马东：有啊，就是自然年龄，到了就会有了。

　　许知远：现在有出现吗？
　　马东：还好没有，我觉得它是一个训练的结果，有的人九十岁了依然思维敏捷，但是如果周围环境没有变化，我觉得我会干涸，所以我其实在有意地疏远我身边的同龄人，靠近小朋友们。这样我每天接触的东西都是刺激的。

　　许知远：刺激会有另一面吗？
　　马东：是有的，一定有。因为所有的所得都是有代价的，这是一个典型的成本和收益的问题。只是你的收益是大于成本的，那就要去做。

　　许知远：代价是什么呢？
　　马东：累啊。你要真的跟他们玩你也累得半死。

　　许知远：你身上各种素质里面最强的是什么？

马东：宽容。我喜欢"虚而有节"这句话。原来在中央台工作的时候，我把它写在工作笔记本的第一页。你时常要提醒自己，你必须是空的，但是有节，就是有原则。这个境界很难，但是值得追求。

许知远：最差的是什么呢？

马东：学渣逻辑。就是不准备，老觉得凭聪明和运气也许能混过去。我每一次下场辩论回来都被穆迪骂。

许知远：你排斥准备这种感觉？

马东：不是，是觉得效率不高。准备这个事一般都是在化妆间里面，琢磨着写若干条，然后坐在导师的位子上，听着前面的选手把你的一条说了，两条说了，直到把你所准备的全说了。

许知远：我们俩这点挺像的，我也不准备。

马东：我们大约都是那种用语言来思考的人。你会跟键盘沟通，把文字留下来。我是要想写点什么事，就必须招几人坐在那儿当观众，拿一块黑板，我是用谈话来组织自己。

许知远：特别适合做老板，开会就是帮你梳理逻辑嘛。

马东：很可惜的是，不是光这样就能当好老板。

许知远：运转这个商业组织，你身上明显觉得需要补充的、不足的是什么？

马东：我大概不够勤快，不够勤勉。但人是平衡的，我要是那么勤快了，会不会就干不了多久了。

许知远：有没有特别遗憾的事情？

马东：每天都有，都是局部的。我是那种特别容易原谅自己的人，所以就想开了。

许知远：现在做这种谈话节目、综艺节目，你觉得跟侯宝林，包括你父亲，与他们之间有传承关系吗？

马东：没有。我做《文化访谈录》的时候，专门做过一期节目讲相声，但我观察相声的角度是这样的，是传播方式决定了相声的变化和发展。比如落地，侯先生他们的传播方式是面对面，不要追求简短，而追求长，黏住了不走，最后你不好意思不给我钱。后来他进到了茶馆，启明茶社，是收票钱了，这个时候就是卖流量了，这是另外一种传播方式。然后到我父亲那一代是广播，一段相声可以传遍所有人，那个时候相声的时间性就特别重要，大段三十分钟，小段十分钟，有明确的规制。下一个阶段是电视，电视超过八分钟就没人看了，因为电视是伴随性的，所以相声进入电视以后必须有动作，相大于声，在广播里面是声大于相。有很多人不满冯巩拉着羊车说相声，但其实那是符合电视手段的一种探索，是符合这种新的传播规律。到了郭德纲时代，又回到了剧场，面对的是这一千观众，要对他们负责。而我通过互联网把声音传出去，为观众所了解，这又是传播方式的一种变化。

这中间，相声本身也在发生着巨大的变化，只是这个名字没有变。但是这中间有不变的吗？有。传统相声的梁子、梗没有变，因为那是多少代艺人千锤百炼过的、最有效的逗乐你的方式，三翻四抖，这些内在规律没有变。

许知远：你觉得你创造《奇葩说》《饭局的诱惑》，会创造自己的梗吗？可以千锤百炼的点。

马东：那是别人的事，也没有期待。比如传统相声里人人都会说的《蛤蟆鼓》，那真的是有狗那年就有了，所以它就是被历代艺人一代一代地打磨下来的。但是第一个创作《蛤蟆鼓》的人，和第一个说《蛤蟆鼓》的人，肯定也没有想到《蛤蟆鼓》会流传多少年，他想的就是糊口。对我们来说，我想的是今天的创作逻辑和商业逻辑的变化，后面的事情是别人的事。

许知远：你觉得你父亲看到《奇葩说》，会是什么感觉？

马东：他应该不会喜欢吧。

许知远：为什么？

马东：他会觉得有点闹，太闹心了。另外就是你们在语言当中夹杂的烈度这么大，真的好吗？我觉得他会这样想。因为相声一直讲究艺人跟观众的关系，侯宝林他们那一代是观众在上面、我要伺候的一代，在后来的一个特定历史时期，艺人跟观众的关系是我引领你，我说一段你跟着我一起受教育，变成了从上往下。当然最好的关系肯定是平视的关系。所以我父亲看《奇葩说》的话，我猜想，他会觉得有必要这样冒犯吗？但是你知道在西方的幽默传统里面，冒犯是幽默的重要组成部分。因为它更加极致化，边际效益更好。

许知远：你什么时候意识到这个冒犯的？

马东：这个不用什么时候，读萧伯纳、王尔德读多了，就知道冒犯是多么有魅力的一件事。

许知远：所以萧伯纳、王尔德这种讽刺传统，对你有挺直接的影响？你以前基本没提过这个事情。

马东：冷嘲和热讽这两个是完全不一样的。相声是热讽，有很多是不得罪人的，冷嘲是知识分子的武器，高高在上，居高临下。

《吐槽大会》现在还是热讽，因为冷嘲确实要考验社会的接受度。

许知远：会想象五年或者十年之后的这个公司和自己吗？

马东：有大的方向。它是一个生命体，生下来了不由你说了算。我希望这个公司健康成长。健康成长就是几岁干几岁的事，比如它现在是一个内容公司，我们要完成原始积累，包括财务积累、IP的品牌积累、人才积累，发展到一定程度的时候，这个东西的边际效益就会降低，就需要上台阶，用另外一种方式让它重新寻找更高的收益，可能就要完成从内容公司到媒体公司的转变，这中间有多种资本化的手段。这就是发展方向。

许知远：对自己呢？

马东：没有，我对自己没有规划。

许知远：这个公司对中国社会的影响会是什么样子？

马东：我没有追求过它对中国社会的影响。我们是一个全员持股的公司，每一个在这里工作、付出了足够多的人，都拥有这个公司，我只对这些人负责任，对投资我的人负责任。我没有想过这个公司要对这个社会的贡献，因为只要交税就有贡献，只要节目不招人烦就是贡献。这就是它的社会和经济效益。

1973 年　生于安徽芜湖
1990 年　考入华中科技大学新闻系
1994 年　进入北京广播学院（现中国传媒大学）读研究生
1997 年　在北京师范大学艺术系任教
1999 年　进入中央电视台二套工作
2012 年　创办知识型视频脱口秀《罗辑思维》及同名公司
2015 年　"时间的朋友"跨年演讲在北京水立方举行
2016 年　开发"得到"App
2020 年　"得到"筹备上市

扫码观看视频

罗振宇

过去知识是一种权力,
现在我们把它当作一项服务

Chapter 06

当回忆起朗读《离骚》的课堂时，罗振宇的眼神突然柔和起来。那位不知使用哪里的方言、摇头晃脑谈起屈原的老师，让他感受到另一个世界的美与诱惑。那是二十世纪九十年代初的武汉，罗振宇是一个来自芜湖的少年，除去逃离家乡的逼仄，他对未来没有太多想法。

罗振宇的这个形象，与我期待的不大相同。是的，我对他心怀偏见。他在《罗辑思维》倡导的那套可疑的、大杂烩式的知识，他不断抛出的"U盘化生存"之类似是而非的概念，还有他在办公室内张贴的"要嫖就要嫖娘娘"式的网络标语，都让我颇感不悦。同时，我又对他的成功倍感好奇。他就像被信息、资本、名声所造就的新浪潮中的冲浪者，他壮硕的身材，丝毫不影响他轻盈的姿态。

在三个小时的谈话中，他诚实得令我惊诧。一些时候，我觉得他过于"诚实"，将自己的高度实用性、功利性和盘托出。我多少怀疑，这种"诚实"也蕴含着某种对抗，他刻意否定我试图倡导的一些东西。但是，"离骚"一刻，还是流露出他的另一面。在另一个时刻里，他说起贵州的一位修理工人，倘若因为他的节目试图去订阅一本《经济学通识》，这就是他莫大的成就所在。在那个瞬间，他成了一个启蒙者，而非"煽动者"。

我们的谈话既畅快又不求甚解。一些时候，我不知该怎样回应他。比如，当他说自己不是一个社会达尔文主义者，而是个拉马克主义[1]者时，我压根不知该怎么追问下去。我对这两个概念的理解都是模糊的。我猜，他也一样，但是他比我更敢于使用这些概念。我猜，很多读者与听众都是被他这种使用概念的方式所折服，心甘情愿成为追随者。

---

1 拉马克主义由法国生物学家拉马克于1809年提出，其理论基础是"获得性遗传"和"用进废退说"。

在这次谈话一年后,他的事业似乎又完成了转型[1]。他成了一个知识批量的、集体式的供应商。而他所说的将网红 Papi 酱一把榨干的预判,似乎也成了真。当然,他或许不会在乎这个,他追求的是永远向前看。从芜湖的少年时光开始,那种强烈的生存哲学从未真正改变过,似乎总有一条饿狗在他身后追赶。

---

1 访谈时间为 2015 年至 2016 年。

理想主义是我们青春期的孔雀羽毛

许知远：你在芜湖成长，对那儿有什么印象？

罗振宇：成长，你所有的饮食口味是被那个城市调教出来的。我记得十几年前有一次，特别郁闷，我开着车一脚油门就回了芜湖。从北京开回去一千多公里，就是为了吃我们芜湖的小笼汤包。坐下之后点一笼汤包，吃完之后嘴一抹，一脚油门又杀回北京了。它编排了你生命最底层的那些代码，你知道那都是非常动物性的。在那个城市现在仍然有朋友，有老同学，有恩师，但是你提及它的时候，你知道那是你一生都要逃离的一个东西。

许知远：为什么？

罗振宇：那个时代就是这样，如果不能高考成功，走出这个城市去上大学，那就意味着你必须通过家长的关系，各种求爷爷告奶奶，去找一个工人的岗位，从此一生就在那个阶层里被固化。这是我们那一代人的命运，至少那个时候看到的景象就是这样的。

许知远：父母对你的影响是怎样的？他们是做什么的？

罗振宇：我父亲算是工人出身，干到一个工厂的厂长，算是底层社会中有大聪明的人。我父母都是这样的人，他们因为家庭出身的原因，前半生过得非常灰暗，把所有的期待都寄托在我这个独子身上。我还记得上大学前母亲对我说的一句话，这句话我当时不知道它的力量，现在才知道：只要你考取大学，我们母子俩一辈子不见面都行啊。这就是那个时代的母亲才能说出来的话。他们对我就一个要求，只要你离开这个鬼地方，去过你的人生，不要再像我们这样过一辈子。这就是老家。

许知远：你 1990 年离开，那个"鬼地方"现在是什么样？

罗振宇：那个"鬼地方"现在发展得非常好，现在我还给父母在当地买了一处房，我每年还会回去看一下。它已经完全不是我小时候生活的那个城市了。我当年生活的城市现在成了一个区，叫镜湖区，只是很小的一部分，现在回去根本就不认得。

我记得马祖道一[1]有一首偈子，诗我不会背了，大意就是说一个学道的人千万不要回老家，不管你道行多深，回到老家之后，在小溪旁的一个老婆子，随便叫你一声小名，你此生的修行就全完了。一旦回到那个城市，很多东西会被翻出来。

许知远：你在武汉上的大学吧？对九十年代初的武汉什么印象？

罗振宇：我记得第一次到武汉也是我第一次到另外一个城市。我就记住了在船上遇到的一个老爷爷讲的一句话，说武汉是"光灰"的城市、"英雄"的人民。我说为什么这么说呢？因为那个城市全是灰。我那个学校其实跟这座城市完全没有关系，是在武昌的尽头，在关山口的一个学校，所以不能说对武汉有什么印象。但这个事就是这样，你在一个学校，在一座城市，你永远会挑剔它，但是在你拿到毕业证的那一刻，你从此成为捍卫这个学校的人。我们自己骂一点儿问题都没有，但外人谁骂这个学校我跟谁急。

许知远：1992 年邓小平"南方谈话"之后市场开始改革，你在武汉的时候感觉到气氛变化了吗？

罗振宇：感觉到了。刚入学的时候我们宿舍七个兄弟，我就问

---

[1] 又称洪州道一，俗姓马，唐代佛教禅宗大师，为洪州宗的开创者。

他们一个月多少生活费。你会发现从六十到八十不等,但是差距只有二十块。每到晚上十点钟,所有人都在纠结要不要匀出一块钱去买一碗面吃。大家的穷困程度是差不多的。所以你在享受一种那个时代的平等,但是到了毕业你就会发现,家庭关系、家庭的富裕程度就在那段时间——我是1990年上大学,1994年毕业——已经显出剧烈的分化。就在毕业选择的那一刻,分化已经作用到你的身上,你不得不去承担那个后果。

许知远:那时候你对自己的期待是什么?想做什么?

罗振宇:没有期待了,找一个工作,顺着人群走。上研究生之前其实我没被录取,我专业分非常高,这是值得自豪的事情,但是我政治差两分。那时候研究生考试政治和外语,是有分数线的。后来我是被学校特招过去的,因为专业课成绩还不错。

许知远:到北京什么感觉?

罗振宇:大城市啊!第一次到北京是1993年,五月份。天还没有那么暖和,早上五点钟下的火车。那时候北京满街跑的是面的,十块钱一趟。那也坐不起啊!一个人拎着行李从北京站一直走到了朝阳门桥,就站在底下看车流,看旁边大楼隐隐露出来的灯光,一点一点地在点亮。特别绝望,因为你从来没见过这样的庞然大物。将来哪辆车会是你的?你有没有可能在这座大城市拥有哪怕一盏灯?当然还好了,我一直觉得读研就像是中国年轻人的缓冲区。当你要去承担社会责任,你恐惧,又没有相应能力的时候,你有一个逃避的办法,就是读研。所以我特别重视我这三年,在当时叫北京广播学院、现在叫中国传媒大学的研究生生涯。它带来太多好处,首先你算入了一个行,但你又不必工作,面对具体的挑战;你算是加入了一个城市,但是你仍然在学校那个坚硬外壳的保护下,你可以偷偷地观察它，一点一点建立人脉，然后再走到城市当中。所以我觉得研究生这一层设计，对这一代年轻人来说功德无量。

许知远：那时候对人生有没有一个清晰的设计？

罗振宇：那怎么可能有，每个人都是把别人的期待装到自己脑子里。

许知远：那是什么呢？

罗振宇：进中央电视台啊。九十年代中国电视搞改革，1993年《东方时空》开播，它意味着电视业突然开始对人才饥渴。当时有一个传说，我至今不知道真假，说张家口电视台副台长居然辞去公职，跑到中央电视台当临时工。那时候中央电视台就好比延安啊，大家都来投奔。收入高，社会地位也高，职业的自尊心也高。所以中央电视台甭管是正式工、临时工，那就是我们那一代人一定要去的地方，以任何撒泼打滚难看的姿势进去都行。

我记得在广院读研究生的时候，老师给了我们一个念想，说好好写论文，写论文就可以得到一种奖学金，好像叫"三台奖学金"。得了"三台奖学金"你就有可能被分配进中央电视台。我就拼命写论文，研究生阶段大概发表过十八篇论文。那才叫为赋新词强说愁啊，你对这个行业能有什么洞见啊？我学的是电视，事实上一直到毕业你也不会做一个片子，你根本不知道电视的生产流程，你只不过是关在教室里，这是人为辟出来的所谓的学术研究空间。你在里面自得其乐，玩游戏。

许知远：西方新闻业对你们的教学影响大吗？

罗振宇：不大。反正上课的时候如果说新闻理论的话，西方新闻业是作为靶子，是要批判的，没有一条是对的。

许知远：你那时觉得最杰出的新闻人是什么样的？有没有这样的榜样？

罗振宇：还是有很多的，《东方时空》那帮老家伙都是我们的偶像。从时间[1]到白岩松，包括已经去世的陈虻[2]，都是我们的偶像。他们的片纸只字我们都是要读的，他们的每一个作品我们都是要录下录像带，一帮同学在那儿琢磨和研究的。

许知远：没有世界范围的？

罗振宇：没有。

许知远：像法拉奇[3]这些人对你们都没有直接的冲击吗？

罗振宇：有啊，那当然有了，因为关于她的书是唯一一本我们能在图书馆看到的。

许知远：法拉奇是唯一的在中国还算知名的外国新闻人。

罗振宇：对，在中国还有一定的地位和知名度。

许知远：那当时读她的东西什么感觉？

罗振宇：我知道你想勾引我说理想主义，但真的没有。

许知远：我没勾引你，你如实说。

罗振宇：真的是没有，就是为了毕业分配找到一个工作。所有

1　时间，电视制作人，纪录片编导，曾参与创办《东方时空》《实话实说》等栏目。
2　陈虻，著名电视人，曾任《东方时空》总制片人。
3　指奥丽娅娜·法拉奇，意大利记者、作家，被誉为"世界第一女记者"。

理想主义的东西在我们那一代人的生命当中，其实都是孔雀的羽毛，是为你的青春期开屏所用的东西。它不意味着你有情怀。

我前不久还在跟我的合伙人脱不花讲一句话，我说我们这一代人所受的教育特别悲惨。比如说我到大学三年级才第一次听到有一个词，叫"尊重人"。我觉得这是好高级的境界，我们从小受的教育是讲礼貌、懂谦让，但从来没有人用"尊重人"这么高级的方式来表达一种生存状态。所以包括理想主义这种东西，在我们那一代人的生命当中，好像还不仅仅是我，我觉得在我身边的人身上，我都找不到。匍匐前进，爬行。你们北大人是根本无法理解一个三线城市出身，在地方院校读书，只是为了家族获得一份经济上的接续的人的感受。

许知远：但是你同时又提到你被威尔·杜兰特[1]、康德所照亮，二十多年后还会深情地回忆起。这种照亮是什么？

罗振宇：这种照亮在当时的生命当中意味着两个东西。第一个是自卑，就是你居然干这些不务正业的事，别的同学成绩都那么好，拿到了奖学金，人家分配单位找得那么好，而你天天还在看闲书。这是一种自卑。当然还有一种自傲，就是我讲的青春期的孔雀羽毛。像我这个身型，跑跳、篮球肯定是不行了，但是你知道康德，你知道牟宗三[2]，那吹起牛来也是神采飞扬的。那是唯一能举起来的一根尾巴。所以这些东西和具体的生命目的好像没有什么关系，都是很羞耻的事情。

---

1 威尔·杜兰特，美国历史学家、哲学家，代表作有《世界文明史》《哲学的故事》等。
2 中国现代思想家、哲学家、教育家，新儒家学派代表人物。

许知远：广播学院有这种气氛吗？

罗振宇：广播学院就更是了。我第一次拎着——我还是爱读书嘛——我拎着两箱书，背着个包，踢开一个宿舍门。我第一次见那么多啤酒瓶，一个人睡在那儿，问我几点了。我戴一表，告诉他几点。他就说，还戴表呢。我说戴表怎么了。又看了我一眼，还读书呢。我说好吧，不好意思。

广院是我特别喜欢的一个学校，因为那个学校充满了一种叫职业精神的东西。广院的学生闹、玩，有人说他们不学无术，可能这些侧面都有。但是你在电视台，你真的会发现最敬业的就是这帮人。我第一次在广院看见一个特别不正经的人，用最正经的语气和表情对我说：播出那是天字号的事。这就叫职业精神。他们有这么一种氛围：祖师爷赏我一碗饭我得好好吃，而我进了广院就进了祖师爷的门墙。所以广院是一个文化特别独特的地方，我们原来崇尚的读书，什么哲学、历史、文学这些东西，好像在那儿不是特别吃得开。但是说到艺术，说到电影，说到职业，说到为干活绝对不能退后半步的那种职业精神，那是我在广院接收到的强大的气场。

许知远：毕业之后呢？

罗振宇：没有，最后也没能进中央电视台。去了北师大艺术系教书，就在那个时候我认识了于丹，于丹跟我是一个教研室的。我刚去的时候系主任说："我们可收了你啊。"我说感谢感谢。"你现在还没算报到入职哈？"我说不好意思不好意思，愿意为系里尽忠尽孝。"那行吧，暑假给你布置个任务。"我说啥任务。"背于丹上班。"因为于丹骨折了。我看起来傻大黑粗嘛，就每天去于丹家背她上班。

我们从广院出来的学生和北师大那个氛围就是格格不入嘛。他们讲究学术上的严谨啊，总而言之，广院学生在那儿就是耻辱的代名词，被各种看不起，后来实在待不下去了。而且那种穷是一种绝望的穷。你说上大学穷吧，好歹后面有父母，带家教补贴一点儿，抠点儿，但你总不能上班了还找家里要钱吧？我记得我当时在北师大第一个月领的工资是六百块钱，那时候是连吃食堂都吃不饱的。而且那个青年教师宿舍，我给你讲两个事特别有意思。

  第一个事是我刚搬进去第二天，夜里突然整个宿舍就开始起哄，有个人因为一只蟑螂跑到他耳朵里去了，疼得要死，在那儿叫，我说这是地狱还是人间啊……还有一件事，我在央视一个剧组住了三个月，打工，给人写稿子。我回去之后同宿舍那哥们儿，把媳妇儿从乡下接来了，已经在那儿过上日子了。我走了三个月嘛，也很正常。我回去后，他跟媳妇儿说，你出去，我跟老罗谈一下。他说我建议你走，反正我也没办法，你这个铺我们就要了，你要非回来我们也没办法，你就得忍着和我们一起过。我知道他比我还绝望，因为我在他眼里还算是能到外面找一份工打的人。我当时就收拾了一个破包，跑到央视一个同学的剧组里，睡沙发，睡了两个月。那种穷是非常绝望的。怎么被你一勾引我就全想起来了？

  许知远：你想过用什么方式来打破绝望吗？
  罗振宇：我们穷人只有一条路嘛，死磕自己。这个道理到今天是一样的，年轻人做最好的自己。用清朝的话来说叫巴结差事，任何事想办法把它做到最好。我们受过高等教育，知道这个机灵劲儿使在哪儿，绝对不会平均用力，做一件所有人都会看到的事，就一定会有人欣赏你。

所谓的工匠精神，
就是公开自虐

许知远：九十年代末的气氛对你有影响吗？那时候财富神话出现了，国内开始是搜狐，美国是网景[1]。

罗振宇：很远。我还得强调我们这一代人的背景，就是从三线城市到北京，用一句民国时候的话叫闯码头，在买一处房之前什么都不要想。其实现在年轻人如果问我，我仍然会这么跟他说，当然现在不是买房了，就是你在财务自由之前想什么都没用。财务自由是确立你人生价值的第一站，然后再想别的。

那个时候在央视我就开始打工做各种各样的栏目，后来也很顺利地当了制片人，因为那个时候组织正在迅速地膨胀，急需各种主编和制片人。像我这种叫"大个子不呆是个宝"——这是我们老家的一句话——个子大，还能做点节目，还能写两笔，管理能力还有一点，迅速就会被提拔上去，这是我们那一代人的机会。

许知远：那时也是新闻业开始膨胀的时候。

罗振宇：开始膨胀的时候，你就迅速进入那个过程。随着它的膨胀，你就在那个氛围里开始生长。

许知远：大概持续了多久？

罗振宇：应该说持续了十年，我赶上了尾巴，这个膨胀应该是从 1995 年开始的。

---

1 网景（Netscape Communications）曾经是一家美国计算机服务公司，以其生产的同名网页浏览器而闻名。

许知远：从《东方时空》开始。

罗振宇：从《东方时空》开始，新闻评论部建立开始。到2005年，《百家讲坛》开始火，基本上是这一个阶段。此后央视没有现象级的创新了，创新有很多，但不是现象级的。

许知远：那几年对你的生活和思维方式，影响特别大的是什么？

罗振宇：太大了。我觉得此后很少有人有这样的机会了，这是我人生当中可以说最有幸的一段。就是在央视，你可能也很穷，物质生活也谈不上多自由，但是你突然获得了一个上帝之眼。虽然很矫情，但心态上就有点像中国古代村里的秀才一样，写八股文刚开始两句一定是：盖今之天下，夫当今之世。因为央视就是这样的，代圣人立言。

比如说后来我当了《对话》栏目的制片人，每年到了两会期间，他们一般都会要求《对话》做一个特别节目，每天播出，每天晚上一个节目。那你想想看每期节目怎么策划，肯定讲医疗问题，讲教育问题。我突然觉得开那种策划会就像开国务院办公会啊。有的时候人生如戏，你不把自己强行植入某个角色当中，事实上你也找不到那个感觉——而你真的演了那个戏时，你处在那个角色当中，你也就会找到那个感觉。所以可能就是上帝之眼的这个视角，在央视的几年——连实习算进来我在央视待了将近十年——我觉得是人生最大的一笔财富。现在的年轻人可能在创造力各方面都比我强，但是他很少有机会跳到那样的一个位置——家国天下，大国崛起，从这样的角度来看周边的一切，那个视野太独特了。

许知远：所以在央视之前你很少用这种视角来看问题？

罗振宇：对啊。当时有那么一句话，叫：全球的外企 CEO 到中国来访问，干三件事——登长城、吃烤鸭、上《对话》。

许知远：2001 年之后，中国加速融入全球市场、全球文化，《对话》是桥梁之一。对你来说，之前的经验是三线城市的孩子闯北京，突然被推到更大的平台，有怎样的冲击？

罗振宇：那个时候我觉得人生的自觉性开始出来了。这是三十岁前后，你开始知道自己为什么活。就像你讲的，那个时代中国正在涌入全球化，整个人的思想和知识的视野也在全球化的进程中，而《对话》实际上是这个进程最前端的一个。那如果是一杆枪，我真是第一颗打出去的子弹。所以我当时有一个特别的自觉，就是抓住一切机会去学习。当时一个制片人干的很多事其实我都不干，比如说盯录制现场、审片子，这是应该的职责，我都授权别人干，我就干一件事，就是开策划会。

这个策划会，我可以邀请中国最高水平的专家、学者、官员和媒体人，来给我们做策划。像石述思[1]，我就花一千块钱，当时已经是天价策划费了，每天晚上陪我来聊天，花的是公家的钱。我一个同事过了很多年还跟我说，我当年讲的一句话他印象特别深，就是：把成本用足，让大家的知识视野急速扩张。反正栏目组一年拨给我的经费我也不能揣兜里，那就花呗。花哪儿？胡吃海塞有什么意思，请各种各样的人给我上课。所以说得不好听一点，《对话》的三年，我给自己又上了一次大学，找各种各样的人给我上课。

许知远：有没有印象特别深的一两期？

罗振宇：准确地讲，在我当《对话》制片人的时候，知识的浪

---

[1] 石述思，知名评论人，电视策划人，财经专栏作家。

潮其实在衰退。当时管理学的书已经不是那么好卖了,因为获得知识的渠道已经越来越多了。如果非说在《对话》时印象最深的一期节目,恰恰是从另外一个维度打开的。那期节目是采访李开复,李开复当时从微软跳到谷歌,这个跳槽引发了一场官司,微软告李开复和谷歌。这个案件在美国的执行过程当中,他什么都不能说,说了就犯法。我还记得那天我去一个酒店见李开复,请他上《对话》节目,他说这个事不能说,我说好。但是我心里在骂,我这个时候请你来就为了说这个事,你不说我怎么办。但是出于职业习惯我就先答应,回去再想办法。

后来我想出一个办法,李开复来了之后,我们那个主持人陈伟鸿就跟他说,说我有一个朋友最近跳槽,但是原来的公司把他给告了,您作为这么有经验的职场人士,来给他支支招。李开复非常聪明,当时就明白这是一个非常高明的创意,就配合我们把那期节目做了。那期节目的收视率怎么样其实我不关心,但是我突然明白了,原来任何艰难的对话其实都可以通过一个戏剧结构,让它变成愉快的聊天。所以后来我自己再当访谈节目主持人,就是我坐在你那个位置上的时候,我不会问你怎么想,我经常会给对方提一些问题,假设你处于一个什么样的局面,调动对方进入一个角色扮演。我发现只要用这种技巧,任何谈话局面都可以打开。所以那个节目给我最深的印象就是,人和人之间的对话没有那么困难,人和人之间的利益博弈其实不是双输,不是零和,而是可以有一万种办法解决的,所以那期节目我印象特别深。

许知远:后来为什么离开《对话》呢?

罗振宇:有矫情的说法和真实的说法两种。矫情的说法就是确实感到传统媒体下滑的态势。《对话》在最烈火烹油的时候,那真是元妃省亲时的贾府啊。你说任何一句话,即使收视率不高,但市场的反馈是澎湃而来的,你能感知到。然而当《对话》的制片人开始为收视率发愁,开始不断地犹豫要不要做一些当时看来没节操的事情,你分明感到那个势能已经不在了。所以我 2004 年就报考了北京广播学院的博士,距离我离开《对话》还很远,但是觉得可能要给自己谋一条后路了。这是一个矫情的说法,好像是你预见到了下滑。真实的说法其实很简单,就是我把我当时的领导给得罪了,被挪到另一个小节目当副制片人。

我一直以来有一个人生算计,就是在一个开放时代,路不止一条。所以如果我在这条路上掉下来半截,实际上是对生命的浪费。那好,我变向,换一个方向走,今后总有机会把这个方向上的偏移解释为进步。当时我就觉得要去干主持人。虽然我去的是一个地方台,但我从幕后走到前台了,没准儿将来从某个角度看是一个重大进步呢。后来我就去了第一财经,去当一个叫《中国经营者》节目的主持人。

许知远:走到屏幕前是什么感觉?

罗振宇:我觉得我还是有表现力的,否则也不会走这条路,但它对我来说确实非常艰难。我记得当时的制片人陪我录一段个人脱口秀,我确实知道个人脱口秀是趋势,所以在那个节目的末尾一般来说都要加一段我自己的陈述。好难啊讲一段话,虽然都想好了,稿子都是自己写的,往摄像机面前一站,最困难的时候重复五十次、六十次都有。我们的制片人就站在那儿陪着我,鼓励我。

我当时也比较鬼。因为电视台是不认单人表述的,你作为主持人你要评论,两三句话结个尾就完了嘛,我当时一定从三分钟,到四分钟,再拱到五分钟,最长到八分钟,制片人都快疯了。我的技巧就是,我一定要说得非常之连贯,连贯到像相声里的贯口。为什么呢?因为我是干这一行出身的,我知道一定不能给编辑下剪子的空间，所以他就给我留下五分钟或者八分钟。这个空间其实一直是带着一种游戏的心态博弈出来的，但是后来发现很多观众看那个节目，往往就是为了看我最后那一段评论，那段评论往往比前边还好。渐渐地周边协作的同事才认可这个坚持。

许知远：你什么时候意识到自己的语言有魅力？

罗振宇：从小就是这样，从小上台参加个演讲比赛，当个故事大王，在大学图书馆里看完书之后，跟同宿舍的同学吹吹牛。这一定是从小赋能，而且通过外界的刺激和反馈，不断增加的一个能力。

许知远：回到2012年，你已经做了多年电视，决定做《罗辑思维》，最大的驱动力是什么？

罗振宇：我从央视离开之后，包括在第一财经，最重要的收入是到各地演讲和给各种论坛当主持人。演讲一天我记得最开始是一万，然后渐渐价码就开始涨。当时的算计很简单，就是如果我做一个脱口秀，变得更有名了，演讲费会涨的嘛。就这么大出息。

许知远：《罗辑思维》现在最大的问题是什么？

罗振宇：没有问题啊，一只兔子有什么问题啊，它只要还能吃。所以很多人在说你有什么问题啊，我说现在想想你自己，从头发到脚你自己想哪处没病，你的牙不可能都是好的，你能说你现在病了吗？你敢请病假吗？不可能的。一个生物体它只要健康，能够做爱和觅食，不感觉到明显的病痛，它就是健康的。

许知远：健康了也会很焦虑，你的焦虑是什么？

罗振宇：做生意的人一定要给市场释放一个确定性，《撒切尔夫人传》里面讲，撒切尔夫人在很年轻的时候就说：根本不希望你们都喜欢我，但是你们都必须尊重我。其实那个时候我并不知道喜欢和尊重的区别，但是创业之后你就知道这个区别还是很大的。喜欢是大家点赞，尊重是你只要干了一件事，哪怕他仇恨你，他也要认真地起来反驳，这叫尊重。所以，对我来讲这家公司要想被市场尊重，就必须做值得尊重的事，而值得尊重的事从来都要求极其苛刻地对待自己。

比如说我们的用户知道，我三百六十五天无休地每天早上六点半发一条语音。我是非常居心叵测地设计了这个结构。首先每条语音六十秒，精准。你可以试试，如果不顺利的话你可能得说四五十遍，才能把它说成整整六十秒。然后你要追逐信息量，所以你要高语速，高语速就会带来磕巴和口误。然后你终年不能睡懒觉，六点二十闹铃必须响，这就是自虐。

所谓的工匠精神，我的理解就是公开自虐。公开自虐让自己对自己尊重，让周边人看到尊重。就像《乔布斯传》里写的，他爸爸做了一个五斗橱，连背板都要用最好的，虽然这一面除了你自己谁都看不到，这就是自虐，因为从任何实用性的角度来说都没有必要。但是你要向市场释放这个信号，就是骂我、反对我，也请认真骂。

做生意的本质都是信用，大家不会相信一个谐星卖的东西，而是相信我这样出摊特别准时的卖白菜的老太太。白菜的质量达到一定的水准，你的生意就会好，出摊准时特别重要。我们公司的手办叫死磕侠，任何事都要死磕。你也知道这种死磕对个体的生命能量、心理能量的攫取和挤压会达到什么程度。所以你说我的焦虑在哪儿？我的焦虑就在这儿。

我不是把知识实用化，
我是在把知识趣味化

许知远：你怎么看你对这么一大群人产生的吸引力，原因是什么？

罗振宇：原因是走狗屎运了，我们这一代读书人，运气比较好。中国文化史上的历代大师，本质上都是某种高雅文化的阐释者。你想想孔子在那个时代是什么人？满口新名词，什么"仁"啊"爱"啊，搞《周礼》的那帮学者哪知道什么叫"仁"？把官学里的东西满地撒，然后挣钱，找人要腊肉吃[1]。朱熹那代不也是这样吗？《十三经》的注疏，到了宋代的时候我来一遍，口语化。胡适其实也是这样，胡适的西学功底有多深？他在西方就上了那几年学他能有多深，但是他把那一代的东西传到中国来。没准中国文化诞生大师的机缘也就在这个时代。

许知远：你觉得你跟他们是有接续性的吗？

罗振宇：没准有。因为我干的活叫知识服务，我也没什么学问，但是我有读书技巧。我甚至可以建立一个读书组织，我帮你读书，读完之后把我们的理解告诉你。我读错了我也至少做了一件事——帮你省时间。从智力和视野上我算不上绝顶高手，但作为一个服务者是够的。那就做这一件事情，学孔子，一定要腊肉，也得挣钱，一定要面向普通老百姓，提供真诚的服务，然后不自以为尊，不自我放逐。

其实很多看《罗辑思维》的人，他们对西方文化不熟悉，对西

---

[1] 《论语·述而》中所载："自行束脩以上，吾未尝无诲焉。"脩即指腊肉。

方文化稍微熟悉了你就知道，我讲的根本就不是什么创见，而是把一个深远的思想传统的一点点皮毛拿到中国来，然后我这样的方式对很多人来讲很新鲜。听得懂是你的福气，因为你对接到的是一个很伟大的思想传统。

第二个走运的地方是在我们这个时代，人类文化可能正好整体进入了一个口述时期。你想为什么要读书啊？读书的本质无非就是社交嘛。我读许知远的书，是因为我不能天天揪着你喝酒，我没空你也没空，所以咱俩只能通过这个不得已的介质进行交流。我倒想跟张艺谋去捏个脚聊一晚上，人家不搭理我，所以我只好看他的电影。所以一切内容本质上都是社交。读书这件事是一个不得以的事，它是在印刷文化繁盛的时候的一个处理方式。可是当我能跟许知远对面坐着聊天，我有什么必要非得读你的书呢？你说给我听，我觉得我感知到的东西远比文字当中感知到的东西要多。

其实人是没有阅读能力的，是后天强力训练出来的，所以阅读曾经成为一个阶层的基础。但在这个时代口述一定是个机会，你们用文字积攒了几千年的那么丰厚而伟大的思想传统，我只要翻两页，自己看懂了，然后我说给你听。

许知远：你有没有担心你对知识的再次表述和传达，把知识变得过分实用，变成某种速成，但人生从来不会如此？

罗振宇：人生从来如此。

许知远：你觉得从来如此？

罗振宇：当然。如果在唐代没有行卷[1]的风气，怎么会有唐传奇？如果当时朝廷的达官贵人和那些很高的门第不认诗歌，怎么会

---

[1] 指应试者于考前将自己的诗文写于卷轴内，呈给达官贵人冀求延誉介绍的行为。

有盛唐的诗篇？所有我们今天看起来高贵的东西，在它诞生的那一刻都是无比鄙俗和实用的，这是一个角度。还有一个角度就是人类的知识系统，实际上是一个彼此叠加，甚至是附会和误解的系统。知识是这样的一个演化场景，在各种各样的力量的协作下，不断地自我演化。它是一次拉马克式的进化，知识从来不是确定的。回到你的问题，其实是在问有没有纯粹的知识。我觉得有啊，我正是在为大家打开这个门，我在讲的恰恰不是使用知识，而是在讲它的趣味何在。我其实不同意我在把知识实用化这种说法，我是在把知识趣味化。

有些东西一旦打开一道门，都不需要你进去把东西拿出来，你只需要站在门口赞叹就足以吸引无数的人。我还记得我在武汉上大学的时候，有一个老头叫郑在瀛，湖北人，一辈子研究《离骚》。其实他讲的课我也听不太懂，口音太重了。但是我至今记得他讲的那句话："《离骚》啊，好啊，写得真是好啊。'痛饮酒，熟读《离骚》，方得为真名士'[1]。"

《离骚》我翻开过多少遍，从来没有一次有力量把它读完，就因为老头上堂之后来了那么一段，我觉得不读《离骚》还是个人吗？然后我就回家去读《离骚》了。所以只需要站在门口进行一次赞叹，就会吸引多少人进去。得是什么样的傻子才认为有人进到知识系统把它给搞错了，是罪大恶极的事。在文化传播史上，如果你连鲁鱼亥豕之误都不要发生，整个雕版印刷就全毁掉了。

我经常在我们商城的后台看到这样的订单，地址是这么写的：贵州某民族自治县哪个镇什么汽车修理铺对面。他可能在我们这儿买一本《经济学通识》，这样的人如果不是我们的传播，他可能一辈子都不会知道什么叫经济学，一定是我站在经济学门口的赞叹，

---

[1] 原话为闻一多所说。

他觉得有魅力，他要买一本。也许他没看完，也许对他一生什么用都没有，但是你不觉得他的人生就此被点亮一点点吗？这种成就感才是支撑我们干下去的根本动力。至于我是不是经济学科班出身，这重要吗？

许知远：那你为什么对预测未来的书，比如对凯文·凯利[1]的书这么着迷呢？

罗振宇：我们这一代人对书好像有一个误解，书是替圣人立言，它说的都是对的。但是我觉得对我们这一代人来说，正确和错误变得一点都不重要，重要的是你对知识探求的边界抵达了什么样的新边界，这事才重要。这个道理一般人很难理解，就是知识面积越小的时候正确度越高，知识的面积越大的时候它的错误率就越高。所以在这个时代已经谈不上谁正确谁错误，一切知识都进入一种猜想式状态。如果说此前我特别迷恋读人物传记、历史、杂文之类的东西，现在我越来越迷恋于读新潮的、对趋势的猜想这些东西，就是因为它们给你提供了大量的不确定性，这些知识都不能说是对的，但是它们会帮你升高一个维度去看问题。

这其实就是《人类简史》那本书告诉我们的，认知是人和人之间的唯一壁垒了。原来有大量的壁垒——血统、出身、城市、学历、官职、社会地位，但是这个时代越来越只剩下认知这一个壁垒。做生意也是一样，做生意做得好的人你不要以为他是运气好，他就是认知水平高你一个维度，这个维度就像我们今天去看一个三岁的孩子，你既没法跟他沟通，也没法把道理讲给他听，即使扒心扒肺地告诉他那个真理，他也听不懂。我们现在看那个更高的认知层次的

---

[1] 凯文·凯利，《连线》杂志第一任主编，曾担任乔布斯最喜欢的杂志《全球概览》的主编、出版人，著有《失控》《必然》等。

人就是一个三岁孩子看大人,这是一种特别哀婉的绝望。所以提升自己,我现在觉得最重要的不是给自己的脑子里装什么信息,而是寻找到一种提升认知的可能。看看在思考未来、思考人类趋势走在最前面的人,他的胡思乱想和他的假设、猜测是什么。

许知远:回到知识商业化的过程,有没有最核心的某种链条?

罗振宇:有,功能性。过去知识是一种权力,但是我们可能是为数不多的自觉地把知识当作一项服务的人,所以我跟脱不花一直在讲,我说像我们做知识服务的人和捏脚的、画指甲的、餐馆端盘子的没有什么区别,属于服务业,这是一个新分工。这个分工不是任何人赋权的,教授是国家养起来的,而我们是市场养的,所以我们必须进入人力的经济分工,经济分工就需要琢磨市场、社会需要什么。

最近《罗辑思维》会干一件可能影响挺深远的事,内容付费。你会发现互联网都发展成这个样子了,中国居然没有一个内容付费平台。所有的人都在追逐免费的信息,让这一拨内容创业者只好指望一个所谓的大部队的救兵,叫广告。但是我们从创业一开始就主动把广告这条路给封死了,我们觉得社会的运行前方一定会出现知识付费。举个例子说,如果许知远愿意把他每天的阅读,写成一个适当的量,比如说八百字,给我,我个人愿意花两千块钱一年买你的内容——更高的我觉得我可能也未必会买,这是我的支付能力,而有些人的支付能力可能是一百块钱。中国会不会有十万人愿意买你的付费阅读产品或者付费的音频产品?我觉得有。如果是十万人买,一人一百块钱就是一千万,这是纯收入,交完税以后都是你的。

这是互联网时代呈现的一个全新的可能,这个可能的价值其实不在知识,因为信息是免费的,那么是什么?是许知远帮我省了时间。过去是自己到京东或者当当上去挑书,现在一个人花时间帮我挑完了，而他的口味我也比较信任，你实际上给我提供了一种服务，这种服务就应该付费，这是总趋势。这个社会的运行总前方是细节的劳动，原来要嵌入组织进行分工协作，现在可以单独拿出来收费。就相当于一个司机原来只能加入一家出租车公司，或者在一个公司给老板开车，但现在就可以通过 Uber、滴滴出行直接收费，直接销售。文人为什么不可以？内容生产者为什么不可以？

许知远：在这个过程中遇到的困难是什么？

罗振宇：困难就是很多文人觉得收费丢人。有人去给他做广告他不觉得丢人，但是直接收费他觉得丢人。而且我遇到的最有趣的一个反驳是：收费？那不意味着我生产的内容的影响力就小了吗？因为免费看，看的人就多呀，传播面就广，影响力就大，我不要现在的利益，我要未来的利益，我万一影响力更大……你看，好像是很高明的思维，但我的反驳非常简单：中国写字的人当中是收费的影响力大，还是免费的影响力大？收费的都是作家，是冯唐、韩寒、郭敬明，他们的影响力比免费写字的媒体人要大多了。为什么？因为钱是一个选票，你用钱从市场中筛选出喜欢你的人，他们会丰富你的魅力影响圈，所以这个时代的影响力是这么来的。我觉得很多内容生产者在这方面没有算明白这个账。

许知远：你怎么看这个时代的精神状况？这种所谓的蓬勃的文化，你怎么看它们内在的价值？

罗振宇：我不关心。我小时候知道了一个词叫"跑反"。跑反是什么呢？用我们老家的话讲叫跑鬼子反，就是日本鬼子打来了，这个村就开始跑，到城里投亲靠友或者跑到外乡去。这就是一个跑反的时代，突然一个浪头过来了谁也别管别人，管自己，拯救自己，让自己变得更好。所以我不太关心这个世界的总体精神状态，说实话我也不觉得谁有这个能力,这个世界已经碎片化到了把别的圈层给你看一眼你会吓一跳的程度。我在互联网上就多次看到一些特别小的群落,比如说我第一次在豆瓣上看到一个群,给我吓傻了,那个群的名字好像叫"父母皆祸害",这话原来也可能有很多人在想,但谁敢说呀。但在互联网时代这帮人的想法就能聚起来,有好几十万人。他们有着自己的精神状态,跟他们讲你想的这些,他们会觉得你很傻的,完全无法对话。

许知远:在你最狂野的想象里面,《罗辑思维》五年之后会变成什么样?

罗振宇:上市公司啊。

许知远:什么规模呢?你对规模有渴望吗?

罗振宇:这又牵扯到我们的一个方法论,前面我已经讲了我们从来不做设计,叫脚踩西瓜皮——滑到哪儿是哪儿。因为作为一个物种,我们宁愿当兔子而不愿当骆驼,骆驼总是吃够,兔子哪管那个,这儿有口吃的先吃,吃完下一步再吃,我们就是这样的公司,鼠目寸光,过往不恋,未来不赢,当下不砸。把当下最该做的事做好。在这个时代洞见已经越来越没有力量,你没有办法洞见未来。

许知远:然后你又卖给人家《超预测》,这是怎么回事?洞见又没有力量。

罗振宇:洞见越没有力量所以越要洞见,这没有办法。

许知远:缺什么补什么?

罗振宇:对,缺什么补什么。

许知远：这些书对你来讲就是智力上的刺激吗？

罗振宇：它帮我洞见未来，它真的在帮我洞见未来。比如说我是看了《必然》的第三章，才最终下定决心做内容收费的。因为你会发现在免费的信息上面，可以叠加出一个极有商业价值的维度。其实就是这样，不断有人往前看，然后两个往前看的人互相交换一个眼神，就会让前方的景象变得立体而不是真实，然后互相印证，你就会对自己当下做的判断、决策和行为更加确信，但说到底只是让你更相信你干的事情。这个世界越来越没有真理，也没有是非和对错。

许知远：你跟四年前比最大的变化是什么？

罗振宇：有道德自信。我做的这摊事如果将来真的能做成的话，那我最大的贡献不是挣了钱，这点生意在资本的海洋当中连泡沫都不是。我觉得我这一生能给这个社会做的最大的贡献，就是帮一代生意人确立道德自信。做生意挣钱不管他人，是最有尊严的生活。自己养活自己，对身边人负责，是最高的荣誉。中国的生意人实际上是缺乏这种道德自信的，这是意识形态上的一次浩劫。其实意识形态浩劫之后还有一次，就是"3·15"，消费者最大。我从来就不认这个道理，我们是平等的生意伙伴。在互联网时代我们彼此的老底互相都看得见，一个交易之所以能够达成，是因为我们互利和彼此尊重。

许知远：你在九十年代上学、毕业，包括在《东方时空》工作的时候，社会上还是有关于知识精英的概念，他们提供某种准则，但这个东西在过去十年里基本上瓦解了。

罗振宇：对。

许知远：当然，这是挽歌了，你会觉得不舒服吗？

罗振宇：不会。我是挺可怜那些在唱挽歌的人，你们怎么还能这样浪费生命呢？

许知远：好吧，我就是唱挽歌的人。

罗振宇：是吗？其实很简单，在我看来——当然你可能不会这样看——是因为你没有体察到那种快乐。你在挽歌中找到快乐，所以你唱挽歌。这是我们对人性最悲哀的一种预测。马克思说得多精彩，人是社会关系的总和，你在什么样的社会关系当中，你就会找到什么样的思想。我原来可能也没有显得这么自信，也就是商人的道德自信和进化的自信，后来是因为尝到了甜头。我们都是被环境驯化的，很有意思。有一个人问我，你怎么有这么大的毅力，能够坚持这么长时间？我说你先坚持三个月试试。他说我就会习惯吗？我说不是，你永远不会习惯这么高强度的劳动，但是你会被绑架。任何一件事一旦坚持了三个月，一定不是因为你的意志，而是因为它产生的甜头，让你陷入一种社会协作关系。你说我现在能撤吗？我撤我的资本怎么办？我的合作者怎么办？我的员工怎么办？同事怎么办？我对家里怎么交待？那些骂过我的人岂不得逞了？

所有这些东西会让你不得不坚持下去。我从来不相信人的勇敢、坚持、毅力，人都是被甜头喂养的。所以我从来不觉得我就对了，我只是说我被这些东西驯化成现在这个样子。去年有一本书对我的影响特别大，就是郑也夫[1]的《文明是副产品》，里面讲了农业的起源，他讲到的哪是什么技术进化开始驯化出农业，不是，是自然在驯化你。最开始一个谷地突然长出大量的野麦子，你根本就不用去打猎了，也不用去采集了，直接就够一年吃的了。但第二年没有

---

[1] 郑也夫，北京大学教授，中国社会学家。

了，怎么办？自己种吧，农业就是这么产生的，你被驯化了。

许知远：问一个此刻发生的问题，两年之后 Papi 酱这样的角色会变成什么样？

罗振宇：会出现两个方面的质疑声音。一种呢，大家觉得商业化的力量把她的未来透支了；还有一种声音说网红就长不了，你在玩一个不长的游戏。这两个声音看起来相反，但本质是一样的，就是根本无视人的价值。人是这个世界的本质，人就是不确定的。

好，那面对第一种质疑呢，我的回答是这样的：我当然要把她的未来一把透支啊，这是现代商业的本质，要不怎么会有金融呢？金融就是要透支未来，就是一个掉期合约。面对第二个质疑，说她本身就是不确定的，我正是因为通过这个操作让她一把定在一个历史坐标系上，这将会成为她终生的财富。就相当于褚时健，褚时健要是没做过红塔山，有后来的褚橙吗？正是因为前面一个传奇才托起了后面的传奇。所以这个时代的人的生存，回到人这个最基本的出发点上，就是应该一把透支未来，让自己获得这个瞬间的资历，或者说地标性的位置，让自己的下一次转型获得更多的可能。我觉得这是这个时代的生存策略，你计较于按照一个不变的节奏，试图走向永恒，这当然很愚蠢。还有一种就是因为容易破灭，所以就不试图留住当下的价值，这同样愚蠢。

1978 年　生于四川成都
1996 年　获得国际信息学奥林匹克竞赛金牌
2003 年　获得清华大学计算机系高性能所硕士学位，加入搜狐
2004 年　推出中文搜索引擎搜狗
2017 年　搜狗在美国上市
2019 年　获第 15 届中国青年科技奖

扫码观看视频

王小川

我是机器和人工智能的带路党，
我们的时代来了

Chapter 07

至少有两次，我心血来潮地向王小川提及，去创建一个文学翻译奖项。我体验过他们的翻译器，可以同时翻译几十种语言，尽管所翻译的内容仅仅是说明性的，也足以令交流变得迅捷起来。

翻译塑造了现代世界，人们借此交流理念。对于中国，翻译更是一项庞大启蒙工程中的最重要环节，它与国家危机紧密相关。从严复到商务印书馆，翻译是一场运动，将人们带入一个崭新的世界。翻译器会带来怎样的新变化，它会用技术帮助人们去理解一个更丰富的世界吗？但王小川对我的提议充满不解，他认为既然机器可以完成全部翻译，为何还需要特别关注具体的翻译者。

王小川是我的同代人，甚至我们皆毕业于计算机系，只不过一个清华，一个北大。我们选择了完全不同的道路，也有着不同的价值观：他笃信技术的力量，我则对此充满怀疑。

编程是把自己的思想通过技术
注入到另一种生命里去

许知远：你对计算机最初什么印象？

王小川：最早是在 1985 年，我小学二年级，那会儿接触的计算机叫 PC1500。背景是这样的：小学一年级开始参加兴趣小组活动，当时我是学书法的，结束的时候，会被要求展示成果，我就写了字在里面展示，没人看。但是操场中间排长队，在干吗呢？原来有一个叫电脑的东西，大家排长队玩一个导弹打飞机的游戏，我到现在都记得。所谓导弹就是四个方块拼在一块，飞机也是几个大方块。很简单，飞机从屏幕左边飞到外面去，然后用光标，就是键盘左右键去控制导弹，打到飞机之后有嘟嘟嘟的音乐出来。很别扭的声音但你就会觉得这个东西太美妙了，特别神奇。打完三局之后就得重新排队，我就排了这么一圈。

回家之后我就跟我妈说，往下我想去报计算机兴趣小组，我那时对机械、对控制有一种特别的爱好。后来我理解，当我们编程的时候，是把自己的思想通过技术注入到另一种生命里去，我觉得程序是有生命力的。

许知远：八十年代的时候，那个小组里面是什么样的计算机教学？

王小川：在当时，计算机教育不是教育部下面的标准课程，实际上就是我的小学老师自己感兴趣自学的，所以就变成一门课外兴趣小组课程。我发现自己在这方面是有灵性的，学得很快，记得小学时参加中学生的比赛，我把中学生 PK 掉了，老师很开心，还借了台计算机给我。我在家写各种程序，把书上单人玩的开赛车游戏改成双人玩的,真的是特别美好的一个体验。

许知远:当了天才少年是什么感觉?
王小川:我倒没什么感觉,好像是挺自然的过程。我妈是中学老师,对我无比挑剔,这种情况下,我还是挺欢乐的,沉浸在一个简单世界里。其实我觉得我的钝感比很多同学高,可能其他同学对老师好不好、课程有没有意思、上课到底有没有价值,有很多自己的判断在,但我是没有,只是着迷于在做的事,没有对事情做与不做的意义的评判。

许知远:你什么时候意识到自己这种钝感的?
王小川:当我开始工作的时候,对于比如别人到底怎么看你,是不是喜欢你,是毫无察觉的,很机械、很单纯地沉迷在自己的世界里面。也没有对他人的批判,美不美,丑不丑,善不善良,没有任何感觉。

许知远:所以上清华是挺书呆子的。
王小川:可能别人觉得你呆,你自己是无感的,你不知道自己是啥。

许知远:好可爱。那时候数学对你而言的吸引力是什么?
王小川:就是解决一个困难的问题,而且还是理科这种困难问题,找到中间的规律,拿到一个高的分数,就很开心。

许知远:那时候会对未来有一个朦胧的想象吗?
王小川:没有。所以我今天在想,有一个很大的动力叫活在当下,没有过去,没有未来。前几年的时候我们遇到很多困难,比如等待 IPO[1]，当你用"等待"这个词的时候，是指一种希望，但我发现其实这是一种比较不好的状态，你不在当下，而是希望什么事情发生之后你才有一个改变。在大学、研究生期间，就是做好眼下的每一件事情，没有想过未来。未来只是小时候想的事，比如以后去做一个游戏商店的营业员，或者去卖冰棍，特别朴素的想法。

许知远：像你编程序玩游戏的人，对我们小时候玩的那种魂斗罗就不感兴趣了吧？

王小川：很喜欢。喜欢的不仅是游戏本身，是突然发现了游戏卡，黄色的卡，插在上面。只要想到这个，内心就会有巨大的激情。你看到计算机，看到一个符号，看到一个硬件，就产生一种欢喜，包括第一次拿到手机，买第一辆车，都会觉得很亲近，所以今天很失败的一点是，慢慢发现开始无感了，没有那种兴奋了。

许知远：现在什么让你特别兴奋？

王小川：现在对我来讲，还是通过自己的能力做出一些突破的时候，比如这个事情大家觉得解决不了，你很神奇地把它解决掉了，就会很开心。这个没变过的。

许知远：当时为什么选清华？保送的是吗？

王小川：那会儿就知道清华和北大，这两个词就代表最好的学校，所以没有什么选择。我舅舅是北大毕业的，他比较呆，我妈就觉得这么迂腐，北大没戏了。

许知远：审美就是这样，远时觉得美，一走近就不美了。我觉

---

[1] Initial Public Offerings，首次公开募股，是公开上市集资的一种类型。

得很有意思,你一路走来,里面没有什么妥协、平衡,就是奔着最好的一个去。这么正确会不会有遗憾?

王小川:我觉得遗憾是跟自己过不去。得到它们,你已经很感激了。

许知远:或者说,非常正确会妨碍一些更狂野的想象力。

王小川:有可能,我今天在想,如果我当时没有参与到中国磅礴的互联网事业里来,可能就是出国学习,做研究,发明新东西。但是我觉得,这么想是对自己得到的东西的不够尊重和珍惜。

畅想未来我可能做成什么样子,畅想可能发生的事情,更有意义,不要畅想一个现在不可能发生的事情。

许知远:刚去清华的时候是什么感觉?你在成都七中是个特别优秀的学生,奥赛多难啊。我在北大的时候跟物理系的一块儿上课,得奥赛金牌的真的好厉害,我们复习半天都考得很差,但他们一下就考特别高的分。你进入那个环境之后,有没有觉得竞争者明显增强?

王小川:我这个人很钝感的,当时就是追求最优秀的东西,没觉得自己不行,努力就会达到的。事后我其实挺感谢那段日子,你在自己局部的领域里体验过足够的优秀,体验过极致的感受,你知道这感受是什么,也知道怎么达到它。不管是我的幸运也好,天赋也好,努力也好,我觉得得到的东西都很宝贵,这让我比很多人更幸运。

许知远:现在回忆起来,你什么时候比较清晰地感受到这种极致优秀的感觉?

王小川：1999年互联网刚刚大热起来，我在ChinaRen[1]工作，周边清一色全是清华的人，他们先天有一种意愿，好像没有我搞不定的事，我被这些人打下了烙印。以前你身在这种环境里面看不出来，觉得正常，但是直到多年之后，你开始接触更多的人，有些人面对困难的时候可能就妥协一下，退一步，你这才发现这样的文化已经融入你的血液里面了。

许知远：真的这么强烈？我从来没有体验过这种感觉，觉得好难。

王小川：所以在我自己的经历里面，我是不断追求优秀，还很幸运地没有完全被打倒过。小学到中学考的成绩是第一名，中学到高中是参加数学联赛的一等奖，大学拿到奥赛金牌，研究生保送。

许知远：令人讨厌的人生。

王小川：那会儿没什么感觉。小时候家长会讲四大名著你都要读完，《西游记》最简单，先读，《红楼梦》《三国演义》后面再去读。读完《西游记》之后，你发现你对里面的孙悟空这个角色是无限崇拜的，他无所不能。我后来发现自己的血液里面融入了这样的东西，所以大学之后，看一些文章里面讲，孙悟空是不讨女孩子喜欢的，猪八戒讨女孩喜欢，我说啥情况，一个又懒本事又不大的人为什么会更受欢迎呢？其实猪八戒更加有人性，他的食欲、色欲让女孩子关心他，所以你只有看到这种反差之后，才发现孙悟空不是唯一的选择。后来看过一本书叫《千面英雄》[2]，里面讲到神话

---

1 ChinaRen 是中国第一个最大的青年社区，中国互联网文化运动的先驱、中国综合门户网站的创始者。

2 《千面英雄》是神话学大师约瑟夫·坎贝尔的成名作，通过对大量东西方神话的比较研究，从而得出"人类的神话是个统一体"的结论。

故事对民族性的影响，我才觉得我从小是被《西游记》这种书给限制住了，再后来开始读《红楼梦》，你才发现有更大的人性世界，你会在审美上发现更多不同的点，各种人的欲望都是能去接受的。

许知远：这种对孙悟空、猪八戒的解释，对你的现实行为会有修正吗？还是只是觉得很意外？

王小川：女孩子会喜欢猪八戒这件事情，不可理解，还需要再过好多年才能真正领悟。

许知远：现在你看《乡土中国》是什么感觉？当时你还有很多困惑。

王小川：当时清华有一个新闻学院，有一些必读的课外读物，其中有《乡土中国》。读这本书以前，我们用计算机或者数学、物理解决一些物理科学的事情，但是突然，我发现可以用理性的东西去分析人文，这本书对我的意义就是让我知道什么叫社会学，社会背后有它的规律，它的逻辑，它的美，你可以观察它。这样一个我们原来不敢去碰，或者说我们觉得跟理性特别没关系的事情，开始慢慢被纳入理性的思考框架里。这本书对我来讲是启蒙性的，它打开了我对社会的认知。

许知远：这个社会对你之前理解的那个科学的世界，产生的更直接的冲击是什么？

王小川：可以用科学的方法或者理性去认知更大的世界。我们平时看到的东西，比如计算机的代码形成一个程序，只是被限制在计算机里面。但是我们周围接触的人和事背后都有规律，我突然发现，那些不可预测的不确定，或者没法去认知的东西，开始慢慢呈现出一种规律来。这是一种比较泛的科学体系，你能认知更大的世界，就像认识宇宙的美一样，你还能看到社会里的另一种美。

原来我做的是创造生产力，
好多年后才发现梦想很重要

许知远：那个时候存不存在所谓的偶像？

王小川：会有尊重的人，比如华罗庚这样很主旋律的人，但是没有对所谓权威的膜拜。我记得高中的时候，中科院的院士杨铮来了，李岚清也到学校访问，我都无感。真正影响你的是你身边的人。

许知远：你最初遇到陈一舟[1]他们是什么感觉？

王小川：就是几个人跑过来说，我们要做社区，做好了以后能上市。这啥东西啊？不懂，但是我会认为自己需要去做一件有意义的事。什么东西吸引我了？第一个，我周边好多同学都已经答应去了，在高峰期计算机系有三分之一的人都跑到ChinaRen打工去了，老师都怒了，学生不学习，全跑了。

第二个，薪水挺高的，当时就六千块钱一个月。但去了之后，发现其实你的乐趣不在这上头，还是在解决具体的问题。我当时做内容发布系统，没日没夜的，一天就睡三四小时。总之是没挑战找挑战，找难的事情做。事后发现我们当时的系统足够有开创性，那会儿就有新闻的概念，可以再延伸阅读。做出论坛之后，下面还有子论坛，子论坛下面还有子论坛，技术结构链很完美。我很享受把一些不可能的事情变成可能，满足自己，但离用户的真正需求是有距离的，所以当时还是一个技术人员，没有过渡到产品经理的角色。但我很享受那段时间。我记得大概半个月的时候就给我发了第一次

---

[1] 陈一舟，现任千橡互动集团董事长兼首席执行官，校内网、猫扑都与他有着密不可分的关系。

薪水，三千五百块钱，一个月六千块钱，半个月三千，五百块钱是多给的。

许知远：你当时生活费多少钱？

王小川：几百块。所以三千五百块是好大一笔钱，一沓，巨款。我拿第一笔薪水的时候就寄给家里了，当时家里正好换房子，就拿去买冰箱、空调了。另外在那段时间发现自己长胖很严重，大概一年多时间，胖了四十斤。

许知远：那会儿没想过出国吗？

王小川：刚上大学的时候就想过出国的。那会儿其实挺迷茫的，不知道未来干什么。我的逻辑是看最优秀的人在干什么，看他们是不是想出国，所以大三的时候就开始准备考托福。但是大四突然签ChinaRen这个工作，太忙了，而且很有乐趣，极大地占据了准备出国的时间。还有一个原因是，之前清华是五年制，读了三年之后，突然改四年制了，最后一年课特别多。出国这事被工作、爱好的时间占用，就没做了。后来想想还是挺幸运的，随大流可能是走到一个奇特的路径里去，留下来就赶上了互联网大潮。所以我觉得自己没有经历过选择，没有经过训练，不懂得怎么去选自己最想要的。

许知远：你现在特别清楚自己想要什么吗？

王小川：今天比原来会好一些。我认为自己需要做出有贡献、有意义的事情。我们现在做机器翻译就特别开心，因为我知道整个世界的文明因为语言的不同产生了很多冲突，像《圣经》里面的通天塔的故事。如果大家能进行交流，这世界会很不一样的。

许知远：你觉得在实践这个事情的过程中，目前为止最大的障碍是什么?

王小川:事太多,导致你不太专注,做翻译的时候还有输入法,有搜索引擎,有各种各样的事务。我觉得最大的挑战是让大家形成一种共识,让每个人成就每个人的最大化,对别人有一种尊敬,发自内心地把自己的这种思想植入到每个人身体里去。我发现自己在这方面是有弱点的。

许知远:这好难。长远来看,这样的组织看起来慢一点,但是会酝酿出更多的创造力,是不是这样的?

王小川:各有各的好处。比如阿里强调价值观的一致性,腾讯更多是释放你自己的美和能力,两个帝国都很厉害。站在公司层面,大家想法一致更有战斗力,但是这件事情跟你原本希望百花齐放的这种精神难以兼容。我觉得这是自己挺难去摆脱的一种缺陷。

许知远:你对张朝阳最初什么印象?

王小川:那也是一个英雄啊,因为搜狐是当时中国互联网的一个鼻祖,我记得在ChinaRen的时候,有一次听说搜狐要搞一个发布会,发布电子商务,就去看。当时他很严肃地注册什么网上购物,很有一种膜拜的情绪,所以后来ChinaRen被卖给搜狐的时候,我内心无比高兴,看到一个更加英雄、更加代表时代精神的力量。

许知远:真正开始接触之后呢?

王小川:也很好,在很多年里面,你去揣摩、理解、消化张朝阳讲的东西,它们能变成你很大的养分,张朝阳很多时间扮演的是这样一种精神教父的角色。

许知远:他身上什么样的特质让你特别欣赏,或者让你学到特别多?

　　王小川：我觉得是他对未来会发生什么事情的一种构想，以及在这个环境当中自己所扮演的角色：这个世界就是我的，我要去影响或者创造一个世界。所以今天我的整个思考里都融入了很多这样的想法，包括对未来的判断以及我们在里头所承担的历史使命。当时搜狐开全员大会，我发现我是所有在座里面最能理解他的人，知道他问题的答案是什么，下一句要讲什么。我在搜狐上升很快，也是在于对他的这种崇拜，以及确实能够跟上他的思路。

　　我后来查，以孙悟空或者西游命名的歌是很多的，讲的是你已经力量无穷大，但其实你被注入一种使命，一种归属，像宿命。有时候会伤感，会进入到这样的情绪里面去。

　　许知远：现在这样的伤感时刻多了还是少了？
　　王小川：跟最早钝感的时候相比多了很多，偶尔伤感一下，但是我认为这东西是文艺范的，不解决问题。

　　许知远：你会用理性来压制这种东西吗？
　　王小川：偶尔释放一下，释放也是很美的事情，它是不真实的。所以后来在我手机里面有一类应用叫"太虚幻境"。

　　许知远：哪些是太虚幻境？
　　王小川：比如说视频、音乐、小说，一种像吸毒之后所体验的东西。

　　许知远：情感不是真实的东西吗？
　　王小川：这话没法证实，它是不可证明、不可证伪的一件事。你承认它的存在，它是人与生俱来、写在生命基因里的一个部分，人是需要故事、需要想象力、需要梦想的。

许知远：这是无比真实的存在。

王小川：所以我后来理解，原来我们做的是提高效率、创造生产力的东西，但是好多年后才发现梦想很重要。

许知远：意义很重要。

王小川：对，这东西不一定真实存在，不一定是在物理世界中发生的，我开始慢慢接受这样的事情。

许知远：这种接受是什么时候开始发生的？

王小川：大概是五到十年前，比如说搜狐的意义在哪儿？张朝阳做了搜索，这是很现实的东西。但是还有视频业务，为什么看视频？视频是在帮你造梦和圆梦。你发现大家都是极其努力要创造有价值、有意义的事情，但这是小众。大多数人活着是为了让自己开心，去看视频玩游戏就行了。其实自己之前比较抵触这种东西，觉得那叫玩物丧志，但其实在游戏里面体验和完成人生，是有意义的。

许知远：在做搜索之前，搜索在你心里是什么样的，当时怎么理解搜索文化？

王小川：在我心中，搜索是一个技术的制高点，很难，很神奇。一个简单的界面中蕴含了技术上特别难的事情。这是它对我的魅力所在，没有大的意义在里面，没有什么互联网入口商业模式。我觉得它的超高难度之中有一种美感，很优雅，至于经济意义是什么，那会儿想得少。

许知远：那时候你怎么看谷歌和百度两家公司？

王小川：当时觉得我技术好的话就能把你干掉，并没有理解什么做增量、做存量、做差异化，对时机、先发优势、品牌、商业都无感。

许知远：出来之后会有直接的挫败感吗？技术很好，但是没有获得你期待的结果？

王小川：会有一些，但是一直保持希望，总觉得再努力一下，事情就会不一样了。在早年，搜狗的基因是一个技术基因，产品经理在我们那时候是被压制的。但慢慢地，我从一个技术人员开始转向一个产品经理，开始带着产品去跟技术对抗。

许知远：这种转变是什么感觉？

王小川：一种忏悔。你发现自己搞错了，认知打开之后，你原本以为这世界长这样，其实是不对的，所以是自己进步了。

许知远：这个选择是自己主动的吗？这种转变是怎么发生的？

王小川：因为你发现你原有的一个推理体系，跟结果的好坏没有关系。过程当中就开始走出技术思维，技术、产品到市场，最后变成管理，你知道决定这事成败的，真不是技术的事。

许知远：管理这部分，你什么时候感觉更强烈？

王小川：很早之前。我到今天还有很多新的体会，这是需要不断学习的一件事情。早年我是自己一个人写程序、做搜索、做内容发布系统。一个人干得也挺漂亮，但是一个人的效率是不够的，所以当时我把我们寝室里面参加过全国计算机比赛的人找回来一块儿干。他们程序写得很好，但我心里觉得与我还是有距离的，所以最早是不适应的。但是你要突破自己这种想法，为了目标的完成而不是所谓的完美性,走出一种狭义的完美主义,接受一个人跟你配合。所以管理启蒙发生在这个时候,慢慢从管事,管结果,到管人,这是需要很多年的积累的。

要更开放地向外看,
向各种生命体去学习

许知远:中国互联网世界的发展在不断变化,2000年的时候三家门户网站多厉害,到2007年、2008年格局发生非常戏剧性的变化。你是一直目睹这个变化的,你当时是什么感觉?

王小川:对,很多事情真的是事后才发觉跟你想的不一样。最早有两个公司或者两个业务让我觉得很震撼,一个是做hao123的网站,大家都用。当时在搜狐工作,觉得搜狐就是宇宙中心,所以好奇用户从什么地方来到搜狐,结果发现大概有三分之一的用户来自hao123,打开一看,密密麻麻都是网址,丑陋无比。你会觉得,这是病毒吗?然后旁边一个编辑走过去,说我们老家都用它,电信装宽带设置首页的时候,就会把它设成默认首页。我才知道有这么一个网站,对我产生巨大的冲击。

另一个叫番茄花园。番茄花园比hao123还晚一点,它是一个报表光盘。我们如果用Windows,正常买是正版的,很贵,而且买回来之后里面既没有Office又没有WPS,所以Windows是一个昂贵的毛坯房,番茄花园像一个免费的精装房,光盘装进去,所有你喜欢用的常见软件都装进去了,并且参数还调好了,拎包入住什么都有,你说你用哪个?我们跟番茄花园合作输入法的时候,它还会验证你这个输入法好不好，不好还不给装进去，装进去之后收我们钱，大概小几百万。但是这个光盘复制出的系统在当时占中国用户的百分之七十，所以很快，我们的输入法就变成全国人民都用了。所以在那个时代会出现这些角色，你发现这都在搜狐体系之外，你开始知道搜狐不是宇宙唯一的存在或中心。

许知远：那是非常明确的对清华和北大的精英主义的挑战。

王小川：没错，当头棒喝。所以我们后来提出"三级火箭"，就是指用输入法推广浏览器。但是如果细想，这个三级火箭其实是一个番茄花园加上 hao123 的合体。在很长时间里，我觉得问题解决了，但是后来张朝阳和马化腾都表示说，你做对了，但我没看到。我们跟周鸿祎看到这样一个模式，所以我们能把搜索做起来，后来到移动互联网时代到来的时候，我觉得我们整个体系都有慢半拍的状态，跟行业里面嗅觉最敏锐的人之间是有距离的，所以今天我觉得自己没有做到最好的状态。

许知远：这种嗅觉是天赋吗？还是不断地训练打磨的结果？

王小川：我觉得都有，没法分开。我记得当时搜狐有几个副总裁，为什么他知道的事我不知道呢？我特别反思这个问题。后来我明白了，他有百分之九十五的东西都不是自己原创的，最后可能加上百分之五自己的东西，就成了。但是我追求的东西是百分之九十五到百分之百的原创。问题在这儿。之前我很少社交，坐在家里自己琢磨，也许能想到更多的东西，但是不够。所以今天我觉得要开放地向外看，向各种生命体去学习。以前的互联网中心其实是在美国，硅谷至上，所有先进的思想来自他们。但今天已经变了，今天这种最牛的想法在中国，在北京。

许知远：你觉得这种中心的转移是什么时候发生的？

王小川：我觉得移动互联网到来之后就开始发生变化了。尤其像微信、支付宝的出现，移动支付在中国是远远优于美国的，这件事情开始使我们跟他们不一样了，我们有自己的独立思考了。这是会扩散的，每个人潜意识里的自信心就起来了。

许知远：你最初对马化腾什么印象？

王小川：腾讯这公司我很早就知道。刚开始用QQ时，我千方百计想买腾讯的股票，那时每月五块钱一股还拆股，相当于今天一块钱，今天大概翻了四百倍。接触马化腾是2007年的时候，当时QQ做的输入法抄袭了搜狗输入法，早年间甚至在中间做流氓的事，比如说QQ一启动，就把你的输入法变成不是默认输入法了。所以我还去过深圳，见到马化腾就骂他，"公司越大责任越大"。马化腾听了就跟看到外星人一样。他讲他们没有安全感，随时担心别人的一个软件就有可能把他们颠覆掉了，所以他的逻辑很简单，你有我就得有，我不能让你一家独大。但是他停止了QQ输入法耍流氓这件事情，他内心有个公平性在的。

后来大概是在2012年的时候，当时腾讯做搜索，我们也做搜索，到后来发现我们的流量是他们的三倍，我们的成本才是他们的三分之一，我们基本盈亏平衡了，他们亏很多钱。所以当时腾讯搜索还成立了一个内部机构叫"打狗办"。我们当时出于机缘巧合看到他们内部的一些邮件，知道了一些特别不公平的事，我就把信转给马化腾了，他马上说这不对，要停止这种行为。虽然竞争，但是内心有一个底线在，所以他是值得你尊重的一个人，毕竟要流氓是有一百种理由的。

许知远：你要流氓吗？

王小川： 不要流氓，我们要站着挣钱，但可能别人理解不一样。2000年还有一个重要的事情，就是腾讯跟360打架，双方都推浏览器，但区别在于，360不仅可以用安全卫士推它的浏览器，还可以用安全卫士卸载你的浏览器，一键优化搜狗就没了，太没底线了。虽然它可以拿它的安全卫士卸载你的浏览器，但是没法卸载QQ，所以我认为跟腾讯需要走到一块儿。后来腾讯跟360打架，我们双方就开始更多地联合，敌人是敌人，朋友是朋友，到2012年、2013年就开始跟腾讯谈投资搜狗的协作。那个时候跟马化腾见的次数不多，但内心是尊重的，我对周鸿祎都开始尊重，看到更大的世界之后越觉得难能可贵。

许知远： 存在让你觉得佩服的人吗？

王小川： 我觉得马化腾有一种敏锐的嗅觉。他看到一种失衡，然后颠覆它，而且他又代表了人民大众，号召人民群众"打土豪分田地"，用简单的语言说就是能够跟大众站在一块儿。

许知远： 高度的煽动性。

王小川： 对，这事我做不到，所以我做不了他那么大的市场。

许知远： 跟腾讯合作以后，你会思考腾讯包括马化腾个人的哲学是什么样的吗？

王小川： 我觉得有两点，一点是腾讯本身有了社交关系，这是一个不可否认的最关键的问题，这是在网络效应里最强的一种。另外一点是马化腾能够尊重他的团队和其他公司，能让每个人成为他的助力点，发挥各自最大的活力。腾讯投资搜狗，将腾讯的搜索业务并入搜狗公司的时候，我当时想是因为我比你做得好，你要靠我跟360打架，但其实腾讯内部有很多痛苦的工作要处理，就是疏导员工的情感。搜索部门的这些员工信任他，愿意跟他一块儿打拼，突然把自己的东西卖掉，是很难接受的一件事，这是我没想过的层面。

把搜索部门并给搜狗之后，第二单投资是把拍拍并给了京东，并且在京东里面占有股份。腾讯开始发现这种做法挺好的，慢慢走出心理阴影，更多地相信别人了。再到后面，腾讯跟别人建立共生的生命体，以自己为主，但是相信其他人，这帮助它解决了很多问题，并且发现其内部的团队活力开始逐步提升。因为以前是没有退出机制的，现在知道干不好会被卖掉，所以特别努力工作，结果腾讯视频就开始做起来了，内部变成特别积极向上的文化。并且腾讯现在的投资部经常组织投资公司之间的交流，不仅是形成大的战略盟友关系，而且竞争力是会提升的，所以我相信腾讯的格局会不断不断地提升。

许知远：你对马云、阿里巴巴的印象是什么？

王小川：马云是在战略上讲话，靠自己的煽动力，包括自己对未来风险的判断，是完全不同的风格。对腾讯来讲，未来是失控的，它能给你一些底层土壤，长啥东西在它心中没有那么清晰的画面感，而是共生的。两家都很厉害，这是截然不同的两种文化。

许知远：你在性格上更偏向腾讯？

王小川：我觉得我们更偏向腾讯，阿里的东西学不来。

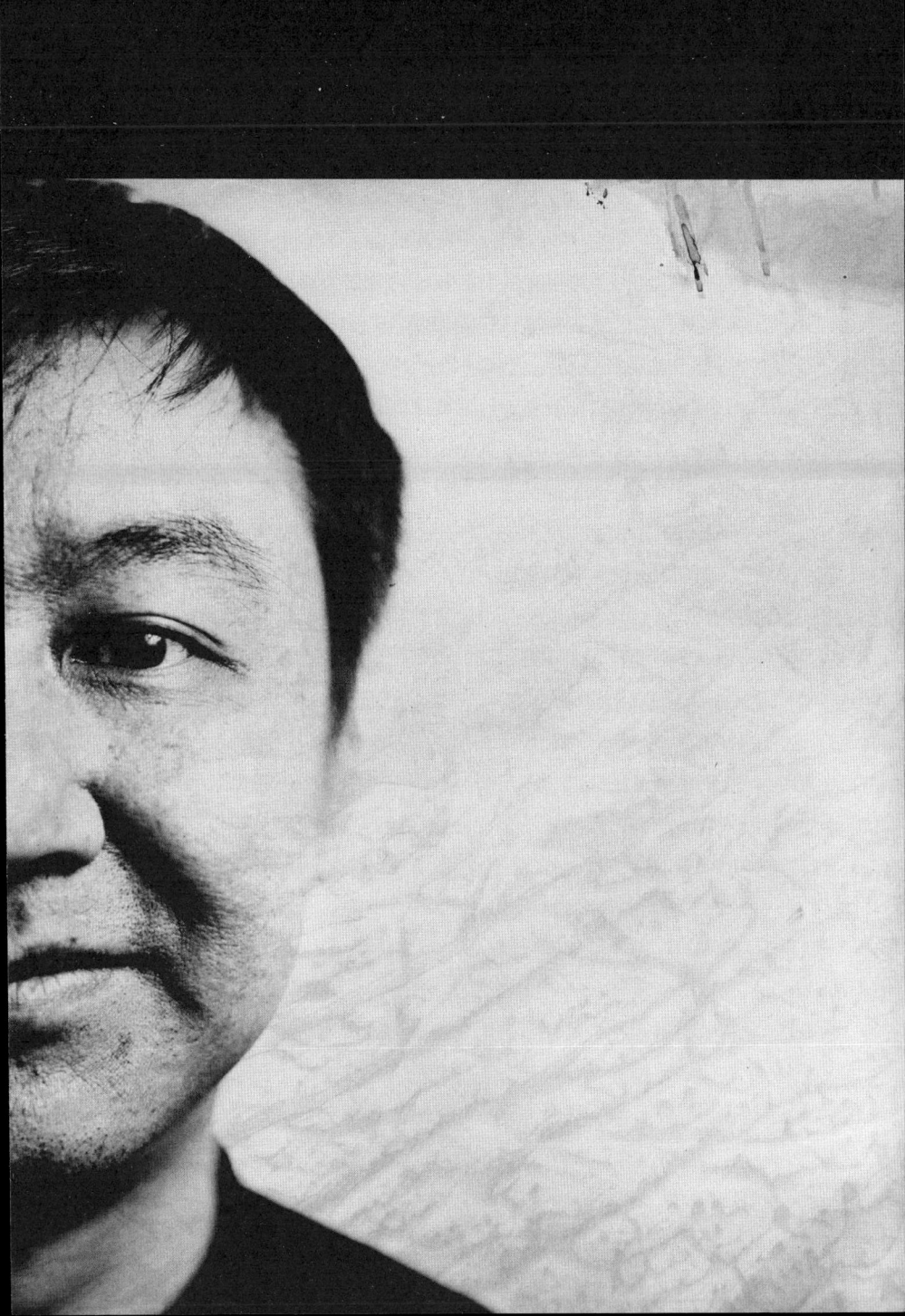

翻译在文明当中有巨大意义，
甚至超过了电

许知远：如果再早一点说服搜狗独立，你觉得会怎样？

王小川：如果早解决的话，我认为应该会发展得更好，但是只有时机成熟了，大家才有这样的决定。

许知远：那时候最难的问题是什么？

王小川：说服张朝阳，让他去接受这样一种跟他原来想法不一样的东西。

许知远：说服的技巧是什么？

王小川：我觉得没啥技巧，有技巧早都说服了，所以很多事情只有到足够坏，大家才能变通，提出一个有效的方案。

许知远：你中间没有想过放弃？

王小川：没有过，这是很有意思的一个事，可能也是清华培养出来的一种性格——排除万难。如果当初放弃会怎么样，我有可能做出更多的事情，有可能反而掉队了，这个很难重演。

许知远：可是独立之后，你个人的股份也不多，这对你没有困扰吗？

王小川：我当时并不是因为股份去独立的，我希望我能够更自主地决策。搜狐是被媒体公司优化的，优化方向是让以编辑为体系的内容生产，它就像是一个吃草的动物，器官是被草优化的。但是搜狗是技术公司，它需要获得一个更加完整的生命力。当时有这样的一腔热血，股份真的不是内心深处在意的东西。

那天，我记得是早上同意我们搜狗变成一个公司，我拉上几个核心高管喝酒，喝得烂醉。我是让别人抬回家的，还有一个人他们给忘了，在大街上躺了一晚上，大家都嗨了。

许知远：现在搜狗的情况，跟你拆分、独立时所构想的重合度高吗？

王小川：我觉得挺高的，完全是"三级火箭"上市的状态，甚至比我原想的还好。我其实没想到每个人能发挥出更大的活力，把自己的事情做到远远超出我的预期，只要他们的目标跟你达成共识之后，放手让他们做是很美妙的。

许知远：从 CTO 到 CEO，这种变化是蛮大的。

王小川：对。回想 2010 年搜狗变成公司的时候，我其实没有在谈判能力上、在怎么满足别人的诉求上找到真正解决的方案，我后来在这方面做了很多训练。

许知远：谷歌退出之后对你的业务影响还是很大的。

王小川：对，有两点。第一点，其实最受益的是百度，市场重新分配后老大占的最大，但对其他人来说是更难了。谷歌退出之后，我们在问答上做得更好，这是前沿 AI 技术，我们的翻译技术也做得更好，比谷歌做得更好，你在搜索里面输入中文，我给的结果不仅是中文内容，也有英文的、韩文的、日文的，而且都翻译成中文给你读，这是谷歌没做到的。

许知远：对翻译和语言这么强的热情从何而来？

王小川：我刚才讲这是一个通天塔的故事。

许知远：为什么这个象征对你影响这么强？

王小川：可能内心当中还是有更大的世界观，对分和合之间的见解。我以前读过一本书，里面说通常一个文明的爆发，是一个异族迁徙过来跟原有文明共存一段时间之后发生的。科学也是，生命也是，所以在我的大世界里面，两种不同东西的融合，会产生一个想象不到的爆发的东西。有时候到美国去，发现中国人人皆知的事情美国人是不知道的，美国人都知道的事情我们也不知道，文明的隔阂很严重。尤其作为中国人有另外一个痛苦，英文不够好的话，表达会很难。

所以在这种情况下，一旦翻译使全球文明体系产生变化，语言障碍被攻克，甚至比电的发现更加重要。它在历史上是有位置的。在八九十年代的时候，大家知道学计算机很重要，学计算机就得学打字，所以输入法的意义很重大，使每个人交流，使智慧沉淀，使中文信息化。如果不能很容易输入中文，中国的现代化是做不起来的。

而接下来如果翻译问题解决了，中国是最大的受益者，因为今天的语言是以英文为核心的，你想做贡献也难，想吸取养分也难。讲人类命运共同体，其实是使中文能够变成世界性的语言，大的面是全球融合，但是私心讲，这有点民族主义，中国人是最受益的。所以在我内心当中，翻译在文明当中是有巨大意义的一件事情。

许知远：过程中最难的部分是什么？

王小川：最难的地方就是我们的员工是否有同样大的热情，有一种使命感，而且这种使命感之后，还要有一种产品精神。

许知远：一种语言的传播，跟语言背后的思想文化、思维方式的关系是特别密切的。英语的清晰性,跟里面大量可以阅读的东西有关,但是中文里面信息量是不高的,这种东西对你来说是不是个问题?

王小川:当你找不利的地方,找一百个理由都会有的,那就不做吗?况且,中文语言信息量不大,这件事情是没有经过严格论证的。比如以前做语言识别,中文比英文做得差,大家就说是不是因为中文声调的问题,其实是因为中国缺乏足够多的科研协作,或者解决问题的努力,但今天不会的。

许知远:上市之后应该有一段时间对你的影响很大。

王小川:对我更大的促进在于,搜狗是一个时间很长的公司了,我们从2003年开始建研发中心,2004年推出搜狗搜索,到2010年公司化运作,花了七年的时间,从2010年到真正上市又花了七年的时间,十四年是什么?一个刚刚毕业的学生可能从青年迈入中年了,我们很多员工是读研究生的时候就过来的,把最光辉、最青春的年华都奉献给公司了。如果你不能给大家成功,或者不能告诉大家我们这事做得有希望、股票能兑现,那压力是巨大的。早年间我最担心的事情是员工离职,到后来紧张的是留下来的员工,你对没走的人有更大的责任。

所以上市对我而言是很大的一种解脱,是对十四年的一个总结。自己从一个被绑架的状态或者是一个巨大的责任感里面解放出来了,再往下我觉得可以更加狂野一点,更加自由一点,真正按照每个人的价值最大化,按照未来世界长啥样去做构想。

今天AI赋予我们一个巨大的机会,搜索是少有的把之前软处理的人工智能用到极致的地方,今天又升级了,有新的技术产生,在AI里获得新的生命力。上市之后我们真正开始把自己的性格表达出来,我认为我们之前积累的活力还没有真正爆发出来,今天的搜狗状况不代表我们最终的辉煌。

　　许知远：这个辉煌有评价系统吗？

　　王小川：会有，因为今天以用户量来计算，搜狗在中国其实是排第四的，但是说中国四大互联网公司，谁会想到搜狗？因为输入法还没有变成有存在感的价值，所以我们第一要去兑现第四大互联网公司服务用户的规模，使原来的输入法变成有浏览器、有搜索的服务。第二，我希望我们能够在 AI 里面扛旗。现在搜狗的语音识别应用在中文里面是全球最大的，远远大于讯飞；问答技术的水准也是最高的，今年年初有个答题抢钱的比赛，搜狗搜索里面有一个集成能力，这边答题直播间里面有问题出来，两到三秒钟之后，搜狗搜索直接把答案告诉你，有百分之八十五到九十五的准确度。这不是搜索了，而是对一个问题分解之后读懂题目在问什么，这代表了未来 AI 里面更高的高度。

　　许知远：问答技术的核心到底是什么，搜索怎么定义这些东西？

　　王小川：第一，搜索是对自然语言的处理，但是问答是对语言做更精准的分析，甚至在语言里面建立一种理解或者推理。我们今天知道搜索是靠关键词输入，但事实上最早大家用搜索引擎的时候不是输入关键词，而是提问题，因为句子才有更丰富、更完整的信息，答案才能更聚焦、更精确。技术离人的需求是有距离的，但是技术的发展一定是让机器更加适应人，就像输入法从五笔走向拼音，从拼音走向语音，越来越接近我们自然的方式，是这一波的深度学习带来的。

　　第二，机器不是给你一堆文章，而是阅读文章并找到答案，这是一个精妙之处。读懂你的问题，以及去阅读全球的网络信息，在里面颗粒度更细地寻求答案，这是人工智能里面非常前沿的一件事情。我们说人工智能皇冠上的明珠是自然语言处理，自然语言中间很大的一块是问答，这是很终极的一件事情。积极掌握以语言为核心的知识获取与思考能力，这是我们在干的事情。

AlphaGo 赢了之后，我们把那天定为搜狗的假期

许知远：智能会完全跟我们匹配，或者说 AlphaGo 已经超过我们了，你相信这些东西吗？

王小川：还很难，做不到，但是没关系，现在我们的搜索里面只有百分之五到百分之十的问题能给你答案，如果能做到百分之八十、九十，那是非常不得了的事情。

阿西莫夫[1]有一本科幻小说，叫《最后的问题》，里面就构建出了一个机器，把我们的知识放进去，这个机器就变成一个问答机，你问它问题，它能精准地给你答案。在他心中，这就代表了一种很高的机器智能，甚至是对文明的一种解答。我记得书里问机器的那个问题的大概意思是，根据热力学第二定律，宇宙会耗散，世界死寂之后是什么？机器说我还不知道答案。但是人类把机器放在异次元空间，并保证它还有能量，机器突然说我知道答案了：要有光。

许知远：回到了神学。

王小川：智能到最后，我们只能畅想这个事情。

---

1 艾萨克·阿西莫夫，美国科幻小说黄金时代的代表人物之一。

许知远：你从不担心他们所想象的那个可怕的世界，最终机器战胜人？

王小川：差太远了，我是有足够高的科学素养的，我知道今天的科学还足够愚蠢。有本书叫《科学革命的结构》[1]，讲的就是我们总是先发现一个科学的范式，然后解释这个世界，过一段时间后发现不灵了，就先打补丁，实在打不了时再发现新范式去解决问题。这个东西是无止境的，我觉得我们根本没有机会把宇宙的东西搞明白，这是一个逐步逼近的事情。

许知远：我们过分的谈论，完全是个虚火上升的东西。

王小川：我觉得是既过度自信，又过度自卑。过度自信是想造出这么一个机器来，过度自卑是太低估人本身的能力。

许知远：听到AlphaGo战胜李世石的时候，你是什么心情？

王小川：我胜了赌局，赚了好多钱。大概在2014年的时候，我看到CNN（美国有线电视新闻网）上讲到卷积神经网络[2]的发明，当时就意识到可以用来下围棋，但是很可惜，我煽动性不够，没有人听我的东西。所以到2016年，AlphaGo突然宣布说跟李世石比赛，我读了论文之后觉得这个东西真的能赢人，然后写了篇一两千字的文章，阐述为什么它能赢。看完的人有部分就不信，所以我们就打赌，我心想这叫收智商税，有二十多个人跟我打赌，结果我赢了。

---

1 《科学革命的结构》是美国科学哲学家托马斯·塞缪尔·库恩创作的科学哲学著作，本书的出版是历史、哲学和科学知识社会学的一个里程碑事件。
2 卷积神经网络是一种前馈神经网络，已成为计算机视觉领域中最具影响力的革新部分，可应用于自动标注算法、图片搜索和商品推荐等多个领域。

我当时在新浪直播跟俞斌[1]总教练一块儿做直播,他代表人,我代表机器,最后他崩溃了,离开的时候已经不知道怎么打车了。当时有分析说AlphaGo是到后面下着下着更好的,我想不是这样的,AlphaGo一直就下得比你好,只是你看不懂才觉得它下得烂。所以我对这件事情有足够多的理解,我自身是机器和人工智能的带路党,有人抵触它们,但我跟它们是一伙的。

许知远:怎么用语言比较清晰地解释AlphaGo所代表的这种智能?

王小川:分两个东西,一个是AlphaGo,一个叫AlphaGo Zero[2]。AlphaGo代表了人工智能有能力把我们人类的经验做出足够高的总结,自己学会总结经验。比如我们做个医疗的AI,程序员是要懂医疗的,把医疗知识表达给机器,AlphaGo不需要了,只要给它医疗数据库,它自己就能学会。

许知远:所以人类只要寻找到新的范式,它就立刻完蛋了。

王小川:对,它没见过的就不会,就是这样。到AlphaGo Zero之后又进一步,连历史数据都不要了,可以自己去重演人类两千年的进化。AlphaGo是把两千年进化的结果塞进去,AlphaGo Zero是重演进化。这两个技术会给大家的心态带来重大的变化,我觉得我们的时代来了。

AlphaGo赢了之后,一个工程师发短信给我,他觉得做一个程序员更能找到自己生命的意义了。三月八号第一次赢的时候,我们就把这个日子定为搜狗的一个假,叫"狗胜日",正好AlphaGo(阿

---

1 俞斌,中国棋院围棋九段,现任中国围棋队总教练。
2 AlphaGo Zero 是 AlphaGo 的最新版,比之前的版本都要强大。

尔法狗）名字里有一个"狗"字，狗的胜利，也是程序狗的胜利。

许知远：汪仔[1]发展到什么水平了？

王小川：汪仔在今天其实是我们问答技术的一个载体，去年我们参加了《一站到底》那样的节目，跟人一块儿接受主持人的拷问。一开始比人差很多，但是到后来这个技术已经开始超过人了，几个优秀的选手组合一个组才行，单独的人已经PK不过它了。这样的能力在答题比赛里面已经充分展示了，往下我希望在特定的领域，在医疗领域、法律领域里面，帮你做辅助诊断，做辅助法律建议。

许知远：作为这样一家公司的管理者，你已经经历过好几波浪潮，你觉得中国互联网商业世界的下一个变化会是什么？

王小川：我自己不是互联网原住民，原住民是出生第一天就在互联网里面长大的。

许知远：咱们都是移民。

王小川：移民有天生的缺陷，比如说今天没饭吃了，原住民的第一想法是点外卖，我可能还琢磨下楼买一个。一个原住民整个泡在虚拟世界里面，生活无处不是网络。我认为再往下，互联网带来的是周边所有东西的数字化，这是第一步，已经快完成了。下一步就是所有周边服务都智能，你大脑中一些记忆的部分，一些简单逻辑推理的部分，也都外延了，逼迫你去做一些更有创造性的事情。所以在整个社会结构里面，每个人会拥有更大的自由，变得更有创造性。

---

1 搜狗汪仔机器人，耗巨资打造而成的智能答题机器人。

许知远：会不会同样产生更多懒惰的人？

王小川：会。但是那个不叫懒惰，是寻找在虚拟世界中的存在感。第二个变化我认为是创造性地更加民主化，是每个人更有意义。我记得你当时跟马东对话，他提出一个概念，在历史上百分之九十五的人都没有参与到历史里面去，只有百分之五的少数精英留下了历史痕迹，但在今天可能会变，更多的人都参与到历史创造里去。

许知远：这对一个清华的高材生来说，是一个非常意外的结果吧？

王小川：《大话西游》里讲，"我不入地狱谁入地狱"，做好少数派就行了。

1980 年　出生于四川成都
2002 年　在美国获得 MBA 学位后归国
2013 年　任新希望六和股份有限公司董事长
2016 年　获得 2016 十大经济年度人物提名奖
2017 年　登上福布斯 2017 中国最杰出商界女性排行榜
2020 年　刘畅夫妇名列《2020 新财富 500 富人榜》第 34 位

扫码观看视频

刘畅

不介意别人说我是富二代，
但"有钱"这个概念太单一了

Chapter 08

在春熙路上，刘畅分外放松。此刻，掌管千亿市值的年轻 CEO 形象隐身了，一个天真又淘气的成都姑娘跃然眼前。她曾在此开设小饰品店、酒吧，作为四川首富之女，这些举动皆令人不解——她是个不合常规的姑娘。

在刘永好的光环下，刘畅的一切过于顺利，也充满了挣扎。这小店主的生活，也是对家族财富的逃避，适度的金钱带来自由，巨大的金钱则伴生压力。

在此刻的中国，刘畅极富标志意义。他的父亲是改革开放中的杰出代表，从一名不文到百亿家产。她象征着这突然积累的财富以如何的方式传承，并被更富创新性地发挥。

从望京 SOHO 的办公室，到成都路边小吃店，刘畅坦率、欢快，她强调自己的独立，也坦承自己仍处于某种显著的保护之中。

我骨子里还是想做一个漂亮老板娘，拿把刀

许知远：你每天几点来公司，做什么样的安排？

刘畅：我现在九点钟到，没原来那么早了，因为早上要陪小孩待一个小时。到这儿来就一整天，有时候到晚上七八点，早的话尽可能赶五点半那一趟，晚上还可以回去跟他们待一个半小时。

许知远：你当妈妈当得好吗？

刘畅：这得问我老公跟我公公婆婆吧，我自己觉得还可以。因为我调整时间的自由度空间要大一点，比如说连着出差四五天，回来以后就拿一个半天好好地跟他们待一下，所以我可以陪他们做一些持续性的事，比如说游泳。

许知远：小孩子对你的改变有多大呢？

刘畅：我觉得完全是重生了。小孩子魔力太大了，什么都那么美好。我再忙再累，只要回去以后，所有东西都化解了，这种天然的调剂能力可能是上帝对女人比较优厚的一点。

商业上，我以前是一个急性子，有孩子以后最大的改变是多了点耐心，然后就是没有那么追求完美了。有了小孩以后，你会发现很多事情是无能为力的。比如前阵子我女儿特别外向，出门就跟人打招呼，这一阵子她变得很怕生，出门看见谁都哭，没办法。后来我慢慢练得比较能够 hold 得住自己。

公司是个团队，事实上最后你要的是一个集体效率，不是个人效率。一开始我老是挑剔，最后我明白过来，我需要把大家都激发起来，自动自愿地为了共同的目的去工作而产生集体的效率。这是

一个很大的转换，我觉得孩子和家庭帮助我不少。

许知远：你父亲的生意在九十年代就已经开始很成功了，你会在报纸上看到或者听别人谈起，意识到他是四川或者中国最富有的人之一，这对你有影响吗？

刘畅：我出国就是因为他名气比较大了，家里不想让我生活在关注之下。事实上我一直都是被藏起来的。而且我读初中那会儿，民营企业好像并不被那么重视跟认可。我们学校是特别重点的好学校，很多同学家长都是当干部的，人家也都挺低调的。

许知远：你那时知道父母要把你送去美国的决定，是什么感觉？

刘畅：小学的时候，我第一次去纽约，我记得美国可好了，因为那个时候成都也就只有一个百货商场，一个百货商场里也就一两条好看的裙子，美国商场里的东西太多了，我一下就被资本主义给镇住了。我当时是没有任何分辨力的，就觉得美国太好了，冰激凌太好吃了，特别想去。所以我知道能去的时候，自己还蛮开心的。

那是一个暑假，我十四五岁，初三结束。我们从成都飞到广州，然后从广州到香港，从香港到夏威夷，从夏威夷再到洛杉矶，最后从洛杉矶到纽约。在九十年代初期，一个地方有一个地方的差异。我在广州的时候买了一双球鞋，到了香港开始穿，走了好长时间，鞋底一直是干净的。一回到广州，鞋底就黑了，就是那种记忆。

许知远：学校是怎么选的呢？

刘畅：学校是爸妈帮我选的，非常好的学校，可能也就是因为太好了，所以差异是巨大的。而且又是住校，中国来的就我一个，那种孤独感特别强烈，过了三个月我就很后悔，想回来了。

我记得当时居然还有人问我，你们是不是吃粗盐，我都不知道该怎么回答这种问题,不知道该生气还是该嘲笑他们。因为我自己本来感觉就很弱势,英文又不太好,也不会像美国女孩那么会社交,还被问这种问题,那种感觉特难受。还有一次考得不好,给家里打电话,一边打电话一边拿笔把那个地毯画脏了,第二天就被责怪道德有问题,觉得天都要塌下来了。我觉得那个环境对我来说,不能说是好还是坏,就是一个特定的经历。

许知远:对性格的影响大吗?

刘畅:还不至于。小的时候你是主角,在那个时候就变成一个小配角,学会用另外一个角度来生存,会去有同理心地看一些不是那么受欢迎的角色,可能对同理心的发展有一定的好处。

许知远:这个状态维持了多久?

刘畅:三年。后面的时候更绝,上了西雅图一个天主教的女子学校,那个小镇很美,但是太安静了。早上八点钟,有个老太太会拎着花壶出来,九点钟这个快递会到哪儿,十点钟狗会出来,每天都是一模一样的画面。我就是不喜欢,我真的是喜欢热闹。你现在再让我去美国生活,我觉得我待不了一周。

许知远:所以当时就想不会留在美国读大学。

刘畅:对,我不要。所以家里比较不开心,他们是绝对不想我回来的,我就是自己要回来,觉得没有必要牺牲那么大的幸福感去追求学业。这可能是我骨子里面的价值观。我出国早,受西方价值观影响深,但我是个综合体。相夫教子,跟爸妈住在一个大屋子,一家人其乐融融,我觉得故事书里写的贤妻良母不就是我吗?

许知远:1997 年回到中国后,有什么打算?

刘畅：我就想回成都玩呀，待了有一个月，后来我爸跟我说待在成都我就毁了，我只能在北京、上海选一个地方读大学。我就选了北京，因为我觉得北京可能比较陌生一点吧。

许知远：在北京那几年的经验，对你来说是什么样的？

刘畅：一开始不太好，觉得他们的说话方式很凶。我一下飞机自己打车到学校，我觉得那个司机一路都在骂我，下车的时候我抽了一百块钱扔给他，我说师傅你可以不喜欢我，但你没有必要骂我，不用找了。我很生气，要哭的样子，那个师傅都愣了，说"你怎么哭了"。所以我其实挺不适应北方人说话的方式。

但后来我就跟自己说，"你都已经失败地从美国撤回来了，如果北京这一站再撤的话，你就完了"，所以我一定要在北京扎扎实实地交几个朋友。后来交了很多朋友，从他们的角度去看北京，我就比较直接地进入了这些北京人自信背后的心理，不是因为外在的东西，真的就是骨子里面的，我就开始很喜欢这个地方了。

许知远：你是2000年回成都的？为什么决定还是回成都？

刘畅：2001年，成都北京两边跑。我喜欢成都，成都又好吃又好玩，而且那个时候北京那些特别时尚的东西，比成都还要慢一步。酒吧的音乐，好吃的东西，穿衣打扮什么的，我回去成都就是搞这些东西。

许知远：你那时候具体做什么呢？

刘畅：开过首饰店、餐厅、酒吧。都是营业型的，人来人往。我骨子里面还是想做一个漂亮的老板娘，拿把刀。

许知远：三年后为什么结束呢？

刘畅：我觉得我爸设计了很多坑，等着我来跳。因为他一直希望能够让我回去，做一些他认为更重要、更有意义的事。我觉得他非常为自己的事业和成就而骄傲，所以很希望让我也体会这种荣誉感。以前我还想去唱歌，我爸打击我说，"在唱歌里面你不算长得漂亮的，在长得漂亮的里面你不算会唱歌的，你唯一成功的可能性就是你有一个我这样的爸爸"。我说"那你不能资助我吗"，他说"对不起，我不能资助你"。我三天没理他。后来我认识了一些非常会唱歌的人，觉得他说得很在理。

许知远：你爸设计了什么坑？

刘畅：比如说办一个活动、拍一个纪录片之类，他知道我比较喜欢张罗这些事。他会找一些特别适合我的事，让我从不同的维度接触公司，知道公司在发生什么，所以其实我一直都没有丢掉公司的发展状况。

那个时候正好集团在组建团委，团委完全是一个青年人的平台。以前我不知道怎么跟比我有经历的人沟通，但是我跟年轻人沟通是没有问题的，我觉得团委这个事好玩。另外，大公司的层面毕竟不一样，跟我爸出来吃顿饭，大家聊的都是这个国家正在发生什么，我自己干一个小摊，天天打交道的是地痞流氓。我读最好的学校，见各个层面最优秀的人，最后用在这上面，心里总是有一点不甘的。因此有这样一个平台，自己内心也拧过来了，家里也没有逼我，就是水到渠成。

许知远：那三年瞎玩的时候，你心中对父亲是什么样的印象？

刘畅：怕。其实我内心有点想逃避自己家那么大的一个担子。一方面想证明我也会赚钱，也会养自己。另外一方面也怕跟他做深度的交流，在躲他的眼神。我会觉得自己没有承担更重要的、更有责任的事情，心里其实都明白。

许知远：知道在逃避的时候，那种欢乐会更欢乐。

刘畅：对，有那么一点，报复性的快乐。

许知远：现在回忆起来，那三年自己开小店，对你的影响是什么呢？

刘畅：我觉得我没有那么自我了，这个确实有帮助。我开了个小店，一开始卖的都是我喜欢的东西，但我发现我喜欢的都卖不出去，第一个贵，第二个太奇怪了，不好搭配衣服，你不能太自我地去对待商业，一定要从消费端来。这一点对我的改变挺大的。

还有就是成本意识。那会儿有几个朋友带我去进货，我们都住那种两百块钱一张床、两个人一间屋的宾馆。我跟一帮做小百货的朋友在一起，他们真的算得很精，每个端到端的环节都算得很精，这其实就是供应链管理。

我们总是提前半步，
踩住了每一个历史给的转折点

许知远：2003年进公司的时候，你对新希望是什么概念？

刘畅：首先，那个时候我对公司好多具体的业务摸得不是那么细。第二个，我更多是从爸爸带给我的那个视角去看公司，缺乏自己的独立判断。第三个，我还不太找得着北，不知道自己具体要做什么，也没有发现自己有哪些优势能够用得上。那个时候我更多的是一个学徒角色。当时陈春花[1]老师在,她在公司里面会很自然地以老师的姿态出现,教给我一些方法,她本身就是学习组织战略的,能够从宏观角度把握战略走向。更重要的是,我是跟原有的团队里的人学,什么都要学,学专业知识,学组织架构,学人力资源。

　　许知远:过了多久才慢慢找到节奏?

　　刘畅:好像是我们2012年做三十年大庆的时候,因为联络了集团内非常多的年轻人一起来操持,从一开始的制定、预算,到最后全部都是我自己来的,所以跟大家打交道特别深入,找到一些共同奋斗的感觉,不是一个旁观者了,责任心被彻底激发出来了,觉得自己有了别人代替不了的角色,我是唯一一个有独特视角的人。

　　别人看我们公司,会觉得这是一个家族的辉煌史,但在我看来,它是多种元素综合在一起的结果。当我去梳理过去三十年的时候,会发现其实我们把握住了每一个历史给的转折点,并且提前了半步踩到这个点,这是很不容易的。

　　你想八十年代初做民营企业,还有人不认可。这帮人一直坚持,没有退缩过,一定是非常相信外部的环境不会变,相信这个国家的未来。当公司有上市机会的时候,很多民营企业对资本市场根本不了解,担心一旦被资本化以后,会不会被没收,但他们还是迎着机会上。所以我觉得他们的根子里是非常正向的,这些机会反过来也在反哺他们的这种正向。还有,他们特别勤奋,外面的人会把它神化,但事实上我看到的都是最朴实、最简单、最内里的东西。

　　许知远:当你爸爸决定让你来做联席CEO的时候,你是什么样的感觉?

---

[1] 陈春花,集教授、企业家、作家于一身的传奇女性。当时任新希望六合CEO。

刘畅：有点憷，但我心里是很想的。已经这些年了，我想做事的心已经完全被挑起来了，特别想有个位置踏踏实实地干。然后心态也调整得比较好，已经不再急于证明自己，反而是想从容地证明自己。

刚当 CEO 那段时间，每天都如履薄冰，早上四点钟，自己脑子想事就想醒了，以前从来没有这样过，我这人心挺大的。我很焦急，跟我老公说，我会不会得抑郁症？我老公说不可能，谁得抑郁症你也得不了。我跟我爸说我每天早上四点就醒了，太折磨了。我爸听完以后特高兴，转身就走了。我就是在这样一个很悲催的环境下做起来的，没有人同情我。那个过程完全是出于责任心。我是家庭的一分子，有天然的归属心，完全没有功利心。

许知远：从 2013 年到现在的四年时间里，你遇到的最大危机是什么？

刘畅：我觉得这几年来，我们一直在变，这个行业的危机其实特别多。第一个是外部环境，国家对养殖环境的要求，散户退出、规模化进入带来的竞争环境的改变。第二个，民营企业过去的销售都是委托经销商的模式，现在更多的是直供，从组织、人力格局、思维方式上都要彻底改变，要重新打造一堆未来的核心人员。第三个就是终端，过去都是来料加工，现在消费升级，需要的是更多更健康的、更符合终端人群消费多样化的东西，这对我们自己的研发也是很大的一个挑战。

许知远：对你个人来说最难的部分呢？你要做很多决定，直接面对很多问题，有没有哪些决定是你觉得非常错误的？

刘畅：非常错误还谈不上，因为我做决定之前会听很多人的意见，但是确实有一些事让我觉得后悔。最难的是这么大一个组织，如何保证五年、十年、十五年以后的梯队都在健康成长。我现在给自己定的是,每个月我要见不同梯队的人,见一个遍,我就很踏实了。

许知远:现在回忆起来,经过手忙脚乱的一年,现在又过了两三年,这四年你作为 CEO 给这个组织带来了什么变化?

刘畅:我不知道我带来的变化现在有没有那么明显。

第一个是给互联网化做好基础。前几年我真的很彷徨,觉得这些互联网公司什么都干,我们会不会两下就被颠覆了,现在好一点了。我们生在互联网化的一代,上上下下都在信息化,我们这代人都逃不过,它是很大的危机,同时也是机会。经历了前面那些很忐忑的时光,我现在就是保持一个开放的心态,对于我们来说,坚定地去改,这是最重要的。每年要花很多钱在这上面,还不光是花钱的问题,所有人的工作流程都要改变,我们七万个人在做这样的事情,实际上是很痛苦的,但这个事逃不过。

第二个是专业化。过去三十年,民营企业普遍都在经历一个跑马圈地、快速增长的过程。我们的规模也不小了,第一个阶段的任务到这儿就可以了。但是在这样一个过程中,一定有些东西是缺失的。我们三十年里积累了一些组织、体系和规则,但毕竟我们才三十年,要做一个百年老店,想基业常青的话,这里面的东西一定要特别能够经得起考验。我觉得我这一代要做的,就是把靠一个人来决定成败,变成一个组织、一个体系,打造专业化。这些体系并不见得很繁复,但可以被一直优化。我们从九十年代就走出去,现在在很多国家都有分公司,但不能说是一个国际化的公司,因为国际化的公司一定是有体系的,是本地员工的比例达到一定数量的,我觉得还没有达到。

许知远:在实现这种体系化的过程中,现在最大的一个难度是什么呢?

刘畅：习惯，思维上的习惯。其实以我这个身份推动这样的一些变革，比别人还要容易一点，因为我没有那么多功利心。对我来说，这些是我逃不过的责任。很多人理解我，也认可我的方向，只是一旦放到实际的事件当中，大家就又回去了。我变得很苦口婆心，但我觉得苦口婆心有用，有的时候用这种最笨最笨的方法坚持一段时间，形成这股势。

许知远：形成制度化的过程，不同的文化环境会产生不同的制度，美国人有美国人的方式，法国人有法国人的方式，你觉得中国是什么样？

刘畅：我觉得我们中国的方式说不定还会更有效一点。我们过去这三十年的发展速度真的比国外的快很多，这一代高素质的职业经理人已经出现了，英文很好，有国际视野，吸收的观念都是全世界通用的，这个时间点真的是把中国跟西方最好的东西融会贯通的时候。

我们这次去美国看他们的食品，他们因为有很好的物流和信息化的先天设施条件，一下子就能把规模做到非常大。我们中国是倒过来的，大家都认为美食已经非常便利了，而事实上，上游的供应链参差不齐。

许知远：你们现在最成功的海外市场是哪里？

刘畅：东南亚，那里的生活、工作的习俗跟中国比较像，饮食习惯也比较像。而且中国在东南亚是老大哥，我们的模式相对来说还挺领先的，当地的原料，当地加工，当地出售。

许知远：一直不太成功的是哪里？

刘畅：欧洲。在欧洲的法律环境下，要成立一个公司，时间花费很久，还有就是它的产业链形态，给你留的空间很少，它的环保要求又特别高。有的地方会比较适合我们，有的地方不适合我们，现在我觉得看清楚自己有什么不能做，可能会更轻松一点。

许知远：跟上一代相比，对你这一代企业家来说，全球化是你们最重要的使命吗？

刘畅：我觉得一定是，全球化不仅仅是在国外开工厂，更多的还有资源整合。我们这一代可能会自然很多，因为毕竟我们从小已经习惯了听同样的音乐，理解西方人的价值观，尊重别人的宗教信仰，吃不同国家的食物，比起上一代，有天然的包容性，有天然的优势。

许知远：你十四岁出国读书的时候，别人问你中国的小朋友是不是还吃粗盐，不到二十年时间，你们去开厂了，这对你来说是什么感觉？

刘畅：这个真的要说一下，我在美国的时候真挺苦的，但是很快就回来了。所以我好羡慕现在在国外留学的小孩，他们有姚明，那个时候要有一个像姚明这样的人，我感觉我留在美国的几率都要大百分之五十。现在又不一样了，每次出国，全是中国人在购买，海关都说中文，菜单都有中文了，美国人眼里出现了那种羡慕嫉妒恨的眼神。

所以其实我是非常感恩这个时代的，我英文说得半好不好的，居然还经常跟国际友人谈判，我觉得感觉可好了，一扫当年上课回答不出问题的怨气。

许知远：你跟很多西方商人打过交道，包括比尔·盖茨，他们处于一个更成熟的社会环境与商业环境,而中国这批企业家更像他们十九世纪镀金时代的那种感觉。这些人身上有没有让你特别敬佩的东西?

刘畅:有。我记得比尔·盖茨卸任那一年,他邀请了很多人到他家里去,中国也邀请了两个人,我爸爸就在邀请行列当中。我记得他老婆出来说,因为今天这个活动,所以穿戴得可能比较复杂一点。我觉得好有分寸感,分寸感是一件很美的事情。另外,我觉得他们夫妇俩非常有社会责任感,他们对于社会的那种真实的关心、热爱,超乎了我现在能够接触到的所有人。还有就是他们比较愿意跟自己对话,什么能做,什么不能做,很清楚。我们中国人谈生意更多是抛出一些可能性,他们马上就会告诉你他不要做什么,还蛮不一样。

许知远:食品行业在中国其实是丑闻最多的一个行业,土地、水源,充满不安全因素。对一个企业来说,你怎么面对这么一个环境呢?

刘畅:很多人对工业化的东西有误解,觉得工业化就是没有品味或者存在猫腻。其实我觉得可能需要提几个概念。第一个,企业越大做假的成本越高,所以大企业越不会为了蝇头小利去贩假。第二个,越是工业化的东西,越是可以标准化、严格化,比如说在我们的中央厨房,每一个环节都是工业化的,机器设定的温度、水分、压切的力度和大小,没有环节可以走漏。这个流程生产出来的口味可能没有那么多样化,但它真的是安全标准的。

许知远:中国食品行业的这种混乱,国外过去也有,美国在一个世纪之前也是乱七八糟的,后来他们慢慢发生改进,你会有特别强烈地要使整个食品行业改观的使命意识吗?

刘畅：我也不好把自己讲得跟天使一样，有了小孩以后，我对这个事情的认知更走心。因为我现在到处找婴儿食品，却找不到很适合零到三岁小孩吃的食品，我觉得这是不对的，所以我现在做食品，给自己的要求是有些食品可以让我宝宝吃。我觉得没有必要去做推荐，这不是我们这代人的价值观，要去做一些真正好的产品，这个时代给了我们这个机会。

巨大的金钱不是我的后盾，而是我的社会责任

许知远：金钱对你意味着什么呢？

刘畅：金钱还是很重要吧，金钱让你有条件在一定程度里任性一点。

许知远：在你二十多岁的时候，账面资产有二十五亿，这是什么感觉？

刘畅：一点感觉都没有，因为我不知道那意味着什么，我到现在也没感觉，也不知道这意味着什么。因为用多少钱，跟能够支配多少钱是两回事。我一年的花费，除了买包以外，都是给娃娃、老公买。私人的钱，我会合理支配，公共的财富永远不可能用的，一直在企业里面转，我更多是对它的支配权，是一种概念。

许知远：你会觉得钱有它很危险的一面吗？比如说你爸爸在你小时候就很有意识地把你跟这个隔绝开，他意识到了钱可能对人的

影响。

刘畅：我可能还好，我觉得我没有太大的赌性。第二个，我确实没觉得有那么大的区别。说句老实话，有人以前说，有个两千万资产的人是最幸福的，太多了这真的就是社会责任，是社会的公共财富。上帝给你这个角色，你相应地得到一些红利，但真的是两回事。

许知远：这个责任意识是什么时候变得特别强的？

刘畅：这不是责任意识，这是价值观、世界观。只有用这个价值观，我觉得自己才会端正，做这个角色的成本才最低。我一直都有危机感，一直觉得这些东西其实不是真正属于我的，真正属于我的是自己赚回来的工资，我在这部分里面是最自由的。而那个部分更多的是属于另外一个角色的，所以我一直没觉得那一部分是我的后盾，直到今天我都会觉得我一天不工作，这个后盾就动摇了。我每个月都会跟老公商量一下以后怎么办，我说你光靠干电影行不行啊，是不是能够更现实一点。

许知远：他怎么回答你呢？

刘畅：他说媳妇你放心吧，现在电影市场好着呢。

许知远：如果他需要你来支持他拍的电影，你会支持吗？

刘畅：他不要，他现在这个年龄可能自己还挺想证明自己的，所以他还挺介意这些的。

许知远：你觉得你的家庭给他带来压力了吗？

刘畅：当然了。但我觉得他真的很不错，他很自在，他是比较没有目的性的一个人。包括现在我们宝宝的学习也是这样的，游泳老师就说我们两口子挺好的，从来不跟宝宝急，表现不好就不游了，走了。我觉得这点还是我老公带给我的,你干吗什么都有目的性呢。

许知远:他最初吸引你的是不是这些东西?

刘畅:还不是,当初真的是因为对电影感兴趣。我完全是文艺女青年,我老公也挺帅,还有一点就是他脾气挺好的,不跟人争。照理说,我认为很多很有才华的人心气都很高,一般来说不会放过跟人争论、一较高低的机会,但他会在争论当中先收嘴,我觉得这个蛮美的。另外我们俩也聊得来,他毕竟学这个专业的,经常跟我讲得头头是道的,搞得我现在讲得也头头是道的。

许知远:你目前是不是很想拍电影?

刘畅:我觉得拍电影是件很好玩的事情,在短期内攒出一个组,做出一个作品,这个作品可以流传那么长时间,这件事诱惑太大了。天天做企业,天天想着基业长青,寄托于一个又一个产品,一代又一代人。人家一个产品就长青了。

许知远:你会介意别人说你是富二代吗?

刘畅:十几岁的时候比较介意,二十几岁就淡一点了,现在就不怎么有了。因为本质上,这还是一个好事,对吧。

许知远:那你们彼此间会有亲近感吗?

刘畅:大家一定程度上会被结合在一起,但我个人认为,这种结合是不完全合理的。它有一定的合理性,这些人确实有他们的特殊性,有共同的利益、共同的弱点,甚至在社会当中的角色也有一定相同的性质。但我觉得不合理的地方就是,一样米养百样人,哪怕是一个家里的几兄弟,都还迥异呢,"有钱"这个概念太单一了,传承的核心是精神,而不是金钱,金钱是说聚就聚,说散就散的。

许知远：在很多健康社会里面，金钱都会发生转化，比如说第一代有钱，他们接下来会去办教育、做美术馆、做图书馆，把金钱变成一个让社会进步、文化繁荣的力量。对你来说这种东西的诱惑大不大？

刘畅：不是诱惑，我觉得这在未来可能是个必然。我们现在就能看到，这些企业家越来越有社会责任感，有世界人的概念。我跟我周围的朋友，包括我的爸爸妈妈、我的弟弟也在做，每个人都有属于自己的慈善事业。我们的整个社会、政府、媒体、企业，还有普通老百姓，互相之间再理解一点，再配合得融洽一点，互相给予一点空间，它是一个多维度的事情。

许知远：在这方面你自己最想实现什么呢？

刘畅：过去的话我们去做志愿者，捐钱，去贫困山区帮大家做白内障手术，连续去了好几年。这其实是很社会性的东西，不仅仅是去体会底层生活，感受一下社会疾苦，我觉得不那么单纯，它绝对是多维度的，绝对是你平时遇不到的一些抉择，我觉得很有意义。

真正能够去改变现实问题的人，一定是了解社会、了解人民的，先要了解我们这个国家是怎么构成的，然后再循序渐进、有策略地去做，一定是有社会经验、管理经验、生活经历的人去做更好。

比如说最近我跟几个朋友在研究咱们国内零到三岁的农村小孩的教育问题和营养问题。他们很多都是父母进城务工了，由奶奶、姥姥来抚养，奶奶、姥姥的知识层面跟不上，没有营养意识，其实对孩子来说可能一片维生素、一粒打虫药就够了。怎么样来改变呢？我们去建一些幼儿站，放一些图书，放一些玩具，定时发配药品，很简单的事情。但通过谁来做呢？如果纯民间去做的话，其实很费事，持续性很难保证，最好就是通过我们原有的政府体系。后来我们就想到，原有的计生体系蛮好的，这个体系如果能够转过来干这件事就很好。其实就是一些政府事务的 NGO 化，跟民间组织的善意结合起来。

真正懂爱的人有多少，每个人都是孤独的

许知远：维持一个非常大的公司，日常很多事情，你会担心自己的生活失去跟现实的联系吗？

刘畅：还行，我觉得我的家庭给了我挺多力量，回去以后两个文艺青年聊聊电影，是种滋养。

许知远：谁是你的偶像？

刘畅：有个连续剧叫《傲骨贤妻》，在很多讲独立女性的电视剧里，这是一个代表作。这个女主人公有点影射希拉里，她老公是一个政客，出轨了，她就出来重新工作。更重要的是她会把自己弄得很美，而这种美是综合的，她会打扮，有分寸，勇于争夺自己的事业，懂得主动表达自己的感情。现代女性有很多种美，是把男性和女性特质结合在一起的，不是特别传统、贤妻良母那种单一的形态。

许知远：有没有真人呢？

刘畅：比如 Facebook 的 COO 雪莉·桑德伯格[1]，我还蛮喜欢那个摩洛哥王妃格蕾丝·凯利[2]。

许知远：你喜欢丰富多彩的人。

刘畅：当然了。

许知远：你在生活里最担心、最恐惧的是什么呢？

刘畅：在生活里面，我有时候会怀疑是不是已经进入了婚姻的倦怠期，还有比如说我觉得我的小孩比较亲阿姨，然后是爸爸，最后才是我。类似于这种琐事，但是非常非常真实。还有每天跟我的同事们打交道，我经常会反省自己，是不是太直接了，是不是伤害到别人的积极性了。我觉得我没有什么太多的管理技巧，不像原来爸爸他们那样比较 hold 住，比较有威严，可能我就得做一个服务型的领导，一种沟通型的人。世事很难完美。

许知远：兴奋感最强烈、多巴胺分泌最强烈的时候是什么样子的？

刘畅：我们去年的业绩还挺好的，会觉得兴奋。但是我觉得那跟幸福感还不一样，幸福感真的不一定是个数字，幸福感是你一直一直耕耘的一件事情，得到了大家的认可，并且见到了成效，这就是有甜头。平时是很有危机感的，正是因为有了危机感，才会去提前做布局、做变革，一直在变，但内心里面是踏实的，因为我在变，我就比别人更有机会。

---

1 雪莉·卡拉·桑德伯格，美国电脑领域精英企业家，现任 Facebook 首席运营官和第一位女性董事会成员。
2 格蕾丝·凯利，摩纳哥王妃，美国电影女演员、奥斯卡影后。

许知远：这种危机感始终很强吗？

刘畅：始终很强，否则怎么可能早上四点就醒了。

许知远：现在好些了吗？

刘畅：没好些。我从小就有这种被打压出来的危机感。从小就不给我睡懒觉，到现在也不给。那天早上，我好像不舒服，八点钟，我爸敲门说安吉拉呢，我老公说安吉拉在睡觉。我就听见我爸说，安吉拉不可能睡懒觉的，她从不睡懒觉。我噌地就起来了，我说爸，我不舒服，确实在睡。就那种，从来就不让我太舒服。

许知远：你爸爸也是挺厉害的，一个父亲对女儿这样是很难的。对你来说，把公司带到一个什么样的位置，你就可以更放松地去做自己想做的事情了？

刘畅：我以前老觉得这是个 Yes or No 的问题，现在我觉得其实是个角色转变的问题。在整个职业生涯当中，我会把职业跟兴趣爱好做一个区分，但是不会完全离开主线的事业，真的跑去干电影或什么的。我需要有两个自我来平衡，这边的我欣赏那边的我，那边的我欣赏这边的我。

我相信，现代的职业女性应该很多都有跟我同样的心理。一方面对孩子有点内疚感，工作占了你很多时间，没有像全职妈妈那样陪着孩子。另一方面，又觉得工作当中的获得感特别重要，所以两边的自我是互相欣赏、互相需要的。

许知远：你会对同龄人的困境感同身受吗？比如他们在公司里面奋斗，可能奋斗好多年都买不起一套房子，这是一个很现实的问题。

刘畅：好问题。我以前不会有那么大的敏感，毕竟我的人生路径跟别人特别不一样。到领导岗位上之后，我心虚的就是这点。比如年底要分钱了，谁多一点，谁少一点，他们的需求究竟是什么样的，我就觉得踩不到点，不知道这个阶段、这个年龄的人最需要什么。有些人要走了，都不知道该怎么挽留。这是我的短处，但是我通过沟通可以去达到。

许知远：你对你这代人是什么感觉？你觉得你们的特点是什么？

刘畅：我们八零后真挺好的，老有人非要把七零、八零、九零后做个区分，但我觉得差不多吧，只不过外部环境不一样，接收的信息不一样。只要我们都跟自己的群体对话，那就没有什么不一样，同样在担当，同样在面临社会的变化，同样在孝敬父母，同样要尽自己的责任。

其实我觉得八零后真的成长起来了，我还认识一些很优秀的九零后，但我确实认为很多年轻人比较缺乏职业性的培养，普遍有知识没有常识的感觉，这是一个问题，公司需要来承担这一部分专业的、职业化的教育。

许知远：你希望继续这种家族的传宗吗？组织上的，财富上的，等等。你爸爸非常有意识，做各种准备。

刘畅：这个问题其实我想得比较多，要看宝宝以后的环境，看他自己喜欢，但坑还是照样有，不跳没办法，跳了也是自我选择。我爸爸确实从来没有逼迫或者故意施压，这一点他做得特别好。

现在我管理这个公司，也更理解他了，以前纯粹就是爱，现在多了一种战友般的理解，他其实非常辛苦，并且孤独。以前我在家里更多是帮着妈妈说话，现在有的时候会帮助我爸跟我妈去解释，懂得两边。我觉得管理公司太不容易了,一天要操的心太多了。很多时候回家就是瘫在床上,有时候喝一口酒好像才缓过来一会儿。原来我爸很多时候就是这样,回来根本不想说话,人家还能保持一个微笑,我认为已经是很大的善意了。但我觉得做创业家的妻子也绝对是个超级难的事情,不是一般人能干的。

许知远:他现在会跟你讲他当时的孤独吗?
刘畅:他当然不会,从不讲。

许知远:你会跟你爸爸讲吗?
刘畅:我跟他不会,跟我妈妈会。

许知远:你爸爸创业的时候,中国社会里人与人的生活状况差别不大,到你这代人就区别很大了,对你来说,这种差距是什么感觉呢?
刘畅:我妈曾经跟我说过一段话,她说"妈妈做得不够好,老是不太理解你",她说回过头来想,他们那个年代虽然穷,但大家都穷,再辛苦都是高高兴兴的辛苦,因为没有差距。她说"你看你们这代人,你们的竞争多厉害呀,你们的内心是多痛苦啊"。
我们早年出国的人,内心的痛苦真的是没有人可以聊。我以前一直特别内疚,觉得自己放弃了家里创造的这么好的机会回来了,今天我一个人的时候,想起这件事可能还会有点难受,但是我内心的那种苦,是没有办法跟任何人说的。任何人都觉得我是娇生惯养过来的,事实上我是跟着我们家这个企业一块儿过来的,小时候帮他们打过杂,可能比普通的小朋友过得还不容易,所以没有人可以理解我。
我妈妈说出那番话,我特别感动,我知道做一个妈妈,她没有停顿过一分钟,而总是在尽可能地接近我的内心,去理解我,给我爱,让我觉得温暖。像我妈她们那个年龄的人,没有太多人提爱不爱的问题,更多人提理想什么的,反而我们这代人提很多爱。真正懂爱的人有多少?这个爱是什么?我觉得是付出,是基于付出的得到。所以从这点上讲的话,你说得很对,差异很大,每个人都是孤独的。

1985 年　生于安徽庐江
2016 年　成为淘宝直播的主播，四个月后引导成交额达到一个亿
2018 年　淘宝"双十一"中个人直播间销售金额超过三亿元
2019 年　获得"助农公益大使""淘宝十大扶贫淘宝主播"称号
2020 年　参加央视网络春晚互动环节

扫码观看视频

薇娅

我不觉得自己是传奇，
我是时代的造物

Chapter 09

进入直播间,我感到一丝恍惚,像是身处一个迷你剧场。主角却并非主播,而是物。它们从你眼前滑过,它们构成一张世界网络。

我亦想起罗兰·巴特的《神话学》。一支口红广告、一张赫本的照片,它们不仅是一件物,还是一个超越日常生活的神话,它安抚人心,激发新的欲望,提供生活的意义。

薇娅的直播间却是一种反神话,人们不需要物之意义,没有耐心倾听她的个人表达,紧盯价格。物不需要神话,只需要实用。薇娅,不是明星,而是日常生活的代言人。

昔日,倘若你要买一颗钻石,需要"钻石恒久远,一颗永流传"这样的词语,它赋予某种价值,尽管它是可疑的。但此刻,人们要听的是"全网最低价"。人们变得同时敏感与迟钝,速度极快,语言与感受的丰富性迅速退化。

悖论也在此。人们都只希望薇娅谈论物。但事实上,他们需要她的陪伴,她在直播间创造的家庭式的温暖、闲言碎语、精神陪伴,当然,这一切都在借助物,他们购买它们,与其说是真的需要,不如说是他们想借此参与连接。借助这种力量,薇娅创造了这个时代的新神话。

我喜欢她身上的亲近,在夜间高速路的车内,我们一起饮酒、唱歌,她的黄梅戏,令我难忘。

我越来越清楚"我们到底是谁"

许知远：今天是怎么安排的？

薇娅：今天还好，就晚上准备直播，先要把流程过一遍。今天没有额外的活动。

许知远：今天心情好吗？

薇娅：每天都还行，我是急性子的人，容易急、也容易好的那种人。工作中哪里不对的话，我可能当时就急了，等找到错了，那待一会儿就好了。你有看过我直播吗？

许知远：我待会儿准备好好看看，我之前看过片段。

薇娅：大部分还是女性看得多。男性的话，可能是女性的男朋友、老公、家里人。

许知远：比例有多少？

薇娅：没有算过，大概是百分之七十的女性，百分之三十的男性。据我了解，她们的老公和男朋友偏多，另外一部分是想了解电商的，然后年龄跨度也很大。我从来不看这种数据分析，但我在直播里会跟他们聊天，小孩会和妈妈一起看，临时起意看一看，觉得好玩。也有五六十岁的阿姨，我认识的一个阿姨，她的子女在国外留学，她一个人觉得比较无聊，就看直播，买东西。

许知远：你从小说话就很快？

薇娅：以前没有这么快，就是这几年下来，我的语速变得很快，因为直播里的节奏很快。其实我们跟其他直播间的区别是我们是卖东西的,这也是我很惆怅的一个地方,有时候我可能想开开玩笑,我们的粉丝会说"你别开玩笑了,赶紧上链接",导致我的节奏也得很快。他们希望节奏快一点,赶紧看下一个产品,有什么东西他们要买的,这是很奇怪的一个点。

许知远:那想打破它吗?

薇娅:有尝试,但是我发现他们好像也没有特意想我打破。本身电商直播的话,它就是个购物平台。可以娱乐,但是没必要把它完全娱乐化,因为粉丝需求不一样。

这个职业也很特殊。很多人会来问我,"你们到底是网红还是什么",其实我觉得我不算网红明星,就是个主播。电商主播跟其他主播还不一样,其他主播的话,最开始大家可能都是泛娱乐性质的,唱歌、跳舞、打游戏,但是我们电商直播就是推荐产品,这是新时代延伸出来的一个职业。

许知远:你什么时候清晰地意识到这个职业跟别人不一样,它是独特的?

薇娅:真正让我意识到,应该是 2019 年。我从内心深刻地知道这个转变是怎么发生的。因为以前我们都悄悄的,就一心把产品做好,外界没有人知道这个行业。2016 年开始,我们很艰难,外界对直播都不看好,说"直播是一时兴起,肯定起得快,落得也快"。那时候很难,没有商家愿意来直播,因为觉得直播很低端。那时候直播平台包括淘宝直播也不是那么规范。当时,直播封面往往是一个很漂亮的女生,结果点进去,可能会吓一跳,差距特别大。

其实平台也一直处于调整过程中,包括最开始我们的产品只有衣服,到后来零食,再到生活用品,每一个转变都很艰难。我最开始是卖衣服的,为什么会突然卖零食,是有一天在直播里和大家聊天，我在吃一个面包，就有人说"面包看着好好吃，是哪个牌子的"。再然后他说，"你能和商家讲一下吗？我要团购，如果便宜点别人都会买的"。后来我想试一下，就去找了商家。其实到现在我都挺感谢那个商家的，他当时给了我很大信心。我当时跟他谈，是真的自己去谈的，那时候我们团队就几个人，我问商家能不能把这个面包给我们便宜一点点，就比平时的最低价再便宜五块钱。那个老板问能卖多少份。其实我那时候粉丝可能才十几万，我就说一千份。他问一千份能卖掉吗，我说尝试一下。后来直播，七秒钟就卖光了。之后，那个老板就觉得这是一个新的行业，他觉得很有信心，这要比他报名参加一些活动卖得快。之后就开始有一些零食类的商家愿意来尝试了，这是一个转机。

后来我们的团队从最开始的几个人发展成一个比较专业的团队。在淘宝直播做第一场零食节的时候，有个很有趣的事情就是我们一直在跟商家砍价，但其实自己是懵的，并不懂产品，而是把这个东西当作和平时去菜场买菜、买衣服一样看待了。"这衣服多少钱？一百五卖吗？这蛋糕多少钱，二十可以吗？"这样真的会被骂，有的商家说我们太不专业了，砍价砍那么低。后来我就觉得砍价需要专业的人，我自己不行，我就开始找一些在食品行业待了很多年的负责人，搭建了食品类的一个团队，这个团队专门看工厂、看成分、看产品的价格。这都是一个过程。

许知远：你最爱吃哪种零食？

薇娅：我爱吃辣的，重口味系列的。然后零食之后再到生活用品，这个是最艰难的一种品类。有一天我说想卖大米，这对我来说也是个挑战，因为我本来觉得在直播里我要好好化妆，我就卖衣服，搭配一下。那时候为什么会卖大米，是淘宝直播有一个尝试，是北大荒集团，他们是做大米油盐酱醋茶的，他们说"看你直播的人数那么多,你现在零食也卖起来了,干吗不尝试一下卖些生活用品"。我当时觉得会有人来买大米,然后就直播卖大米。但其实那场直播很沮丧,被骂得很惨。

许知远:卖了多少?

薇娅:卖得倒还行,就是被骂得很惨,骂的内容是"卖衣服就好了,卖零食就好了,现在还要卖大米,是不是想赚钱想疯了"。但那场直播我一分钱都没拿,完全就是想做拓展。当时我在心情非常沮丧中完成了直播,那次卖了大米、卖了酱油。结束之后,我下来就和团队说,以后再不卖大米了,这画风不对,人家看直播的一进来就看我端碗饭在卖大米,别的直播间主播都在教化妆。

过了一礼拜以后,我的直播间画风变了,评论里很多人打字反馈,"薇娅,那个米特别好,你再上一次吧"。那时候,我才觉得原来品质那么重要,消费者慢慢会接受,他会有其他需求。后来我们就逐渐地去尝试生活品类,从小品类慢慢做起。

许知远:得到了别人的认可后,最大的变化是什么?

薇娅:关于直播一直有各种不同的声音,有人说直播很低端,有人说直播就是电视购物,有人说直播就是骗子,坑蒙拐骗。今年我觉得这个职业最大的变化是,越来越多的人知道直播了,以前那些不了解直播的人,带着质疑的人,带着轻蔑口吻的人,他们看了直播,会了解直播。

我越来越清楚"我们到底是谁",如果说是明星,那是不可能的。我在这个行业待了三年,我觉得只有产品才能留住人。信任非常难建立,你坚持维系三年的粉丝,可能因为一个产品就毁掉了,这是我的感受,因为我也遇到过这样的坑。之前卖水果,给我的水果又大又甜又好,结果后来粉丝收到的就完全不一样。但也不是商家坑蒙拐骗,是因为物流,水果摔来摔去的,然后还有天气原因。

有的人在我这边买东西,他会觉得很失望,"我买了你推荐的东西,品质差,客服又不理人"。其实也不是客服不理人,是订单量大之后,客服就没办法一个个去回复,对待起来可能就潦草了。所以今年我也在反思这个问题,我觉得我就是一个主播,我要做的工作就是当商家和粉丝之间的桥梁。其实"网红"这个词,目前很多人觉得是贬义词,但"网络红人"也可以这么理解,就是从网上让别人知道东西的人。我的定位很简单,我希望我是大家身边的朋友,大家需要什么,我以我们现有的这个能力,去团购,去帮大家把关,这是一种"我帮你试、帮你选"的过程。

除了买卖以外,也有陪伴,真的有很多"宝妈"是我们的粉丝。前几天我遇到一个评论,让我哭笑不得。一个男的给我留言,在我的直播间里面,他的第一句话就是"你今天不直播吗,你赶紧来直播间",第二句话是"因为你不直播,我和老婆又吵架了。你直播我才能打游戏,她看直播我俩就很和谐,你今天不直播我打游戏都不能打"。我看了这个评论,当时就觉得心情有那么一点复杂,有一点感触,这就是生活中的一个细节。

许知远:被越来越多的人接受,是不是很有满足感?

薇娅:比如你来采访我的时候,我是很开心的,但又是害怕的。其实我想让更多人了解这个行业,又怕当很多人都知道了这个行业,但没有认真去关注的时候,可能会带来更多质疑。很复杂的一个心理。这是现在兴起的一个东西,它有很多让我们自豪的点,当然也有很多让大家觉得不规范的点。

许知远:最让你不舒服的质疑是什么呢?

薇娅:公益。我今年公益很多,也有新闻报道,其实我是从

2016年开始做公益的,那时候我们完全没有人知道。第一次做公益也是官方组织的,我觉得很多人都想做公益,有那个心,但不知道怎么做,也知道自己没有那么高大上,能去带动谁一起做。那时候我还是个小主播,比我厉害的主播有很多。那一次官方活动,是和浙江台一起的。我印象很深刻,那一年水灾,就是有个地方的杨梅全部都烂地上了,也没人买,大量杨梅滞销了。当天下雨,天气很冷,我穿了雨衣,踩着泥巴地,到了那儿,就给大家现场直播。我当时讲"这个地方今年很惨淡",结果底下全是骂声,让我有点接受不了。平时我们的直播间都很和谐,怎么突然会有那么多负能量的东西,骂我作秀,说"这个地方真的穷吗,还没有我们老家那儿穷"。还有人说"你做公益,你自己捐钱,干吗要让我们去买,你道德绑架"……那次直播,我当时差点没绷住。

我一直觉得我是个心理素质比较好的人,能想得通问题的人,但那次有点没绷住,是因为整场直播,大家都在怀疑我的人品,就这点我接受不了。我当时想这本来是一个好的事情,卖完杨梅以后,这些钱能给到农民,为什么大家不能接受?后来我们就复盘,想出两点问题:第一点,这是一个新的方式,不该在直播间讲;第二点,产品的价格确实贵,因为当时他们定的价格比一般市场上的都要贵,我们不好意思跟他们砍价,只能硬着头皮上,觉得杨梅品质好就去卖。后来明白要做电商直播,还是要从产品下手,不用管扶贫还是不扶贫。不能说因为扶贫,就让消费者去买,买完之后,产品不行,消费者内心受伤,又把自己的品牌给弄砸了。

对于粉丝收到东西的反馈,我心里还是比较在意的,而对外界的一些言论,其实我不是那么在意,因为我觉得有争议都是正常的。有时候换位思考,比如有人说"网红带货,都是骗子,我从来不买"。我那天在直播时想,如果我不理解这行业,我也会那么想。

许知远：你觉得这几年来这些粉丝在行为方式或消费方式上，他们的心态发生什么变化了吗？

薇娅：我和粉丝还挺经常对话的，他们现在对我的依赖性已经越来越重了，这让我的压力也越来越大，我觉得是又开心，又紧张。我公众号里面的评论，各种奇怪的言论都有，最近有让我找一个游戏机来卖的，"我都说三天了，你怎么还不去联系一下"——因为有的品牌还没有官方旗舰店，我们也不敢随便找家店来上货。今年，我们还尝试了那种线上线下的联动，包括肯德基、麦当劳都是我们反向去找的。很多人不知道，以为商家给我钱我就做，其实我们很多产品都是反向的，因为反向找了一个以后，相关的另外一个品牌可能也会来。还有一些国际品牌，思维比较固执，去配合我做一些东西，这个过程很难。但是我们慢慢很多都实现了。

许知远：什么时候感觉到你的说服力明显增强？

薇娅：2018年的"双十一"，我印象特别深。因为2017年那时候，招商特别难，也有品牌要给我钱让我来直播，但那个产品我也不敢接。产品是主播的一个生命力，我不能瞎播，但又希望直播间的品类能扩展得快点。那时我们有个团队，专门是拓展、联系各个品牌的。2017年我们找的一些品牌，求他们上直播卖一下，比如联合利华、欧莱雅啊，但没有一个愿意来。到2018年，我发现那些品牌全来了。包括一些媒体的报道，类似"主播一晚带货多少"之类的，就那种新闻出来，大家可能愿意去尝试了。

我其实是个很无趣的人，
我的娱乐方式也是直播

许知远：什么时候突然发现，直播一场的销售让你震惊无比？

薇娅：其实在外界看来，很多人觉得这是突然的现象，但在我看来就很平淡。像现在有人说薇娅有一千万粉丝，我是从零到一千、两千、五千这样一点点累积起来的。到今天，已经没有感觉说突然间哪天能卖很多，对数字没有那么大的一个概念，反而我现在很怕卖多。我很不想看到那个数字，因为数字越大，压力越大。这种矛盾心理，没有人能理解。

许知远：你这种很难被理解的感觉，会跟谁倾诉吗？

薇娅：我跟谁倾诉，谁都不理解，我团队里面的人或多或少能理解，但是讲不出口。

许知远：那你怎么消化这些情绪？

薇娅：我觉得我要去适应这件事情。

许知远：就是你的一部分。

薇娅：对，因为社会发展太快了，这个时代发展太快了。我以前一直做线下的零售，那时我做电商的契机是因为有一个女孩到我店里买衣服，她没有买很多，然后还当着我的面在网上搜同款。就那个冲动打动了我，但我当时没有那么大的野心，说我要做成什么样。因为我是处女座的人，我停不下来，我只知道我要去做。等我好不容易把电商这条路摸透了以后，我又做了主播，一路来都有各种压力，也有各种想了解的东西，我都要去适应，包括那么多理解，那么多不理解,我都要去。

许知远:你怎么解压呢?

薇娅:其实我没有什么压力。平时,我很喜欢看语言类、喜剧类的节目,脱口秀之类的。我觉得这是我最放松的一种方式。我没有时间去学习,我觉得听到这些谈话,心里会很踏实,有个人在旁边简单地说话。而且我看节目喜欢看弹幕,这是我的职业病。那些录播的,我就不是很喜欢。我很怕给一个脚本,到哪里要说什么话,要听主持人的安排,那种我会很难受。

许知远:为什么你这么讨厌这种被加工过的东西,这么喜欢直接的东西,你觉得这是怎么造成的?

薇娅:我和别人相处的时候,很怕看到那种故意安排的一面,但凡有一点安排,我都觉得有点刻意。所以我不太喜欢很浪漫的东西,如果有个朋友很浪漫地给我刻意安排了什么,我会很不自在。

许知远:那除了看访谈节目,还有什么其他的娱乐方式吗?

薇娅:没有其他娱乐方式了,我觉得我的娱乐方式就是直播,我的工作内容也是直播。有的人说我是不是因为赚太多钱了,每天直播这么辛苦,是不是想赚更多的钱,我经常给他们回答,"我即使赚了钱,也没时间去花"。我觉得一个人能到这种状态,一定是投入到工作里了。我遇到的一些编辑、导演,他们有的录节目,真的没日没夜,一个礼拜不睡觉,饭都不吃。这说明什么,他对这个工作的态度,他很在意他做出的东西,他喜欢这件事情,他才能这样,这是我的理解。所以我的工作也是这样子的,因为我热爱这份工作,对我来讲,我见证了电商主播从最开始一直到现在的过程,我乐在其中。

许知远：你要觉得枯燥怎么办？

薇娅：不觉得枯燥，这就是我的生活。其实我是个很无趣的人，我团队给我的评价是，薇娅是一个非常无趣的人。他们觉得我非常没意思，整天就工作，除了工作还是工作，要不就看看综艺节目。

许知远：你会一直持续下去吗？你可以想象十年或二十年之后还做这件事情吗？

薇娅：经过这几年，我的感觉就是做好当下，拥抱变化，因为很有可能明年直播就不那么火了，也有可能 5G 的到来会让直播越来越好，也有可能出现 AR 直播。有时候我们私底下开玩笑，说会不会有天直播间里面，出现机器人主播。5G 的技术，会给直播带来什么样的变化？比如那种 3D 的，主播在那里站着，粉丝拿手机一滑，就能看到主播四周的情况，衣服的三百六十度。这不好说，我不是预言家，我只能是做好当下，拥抱未来。

许知远：你最随性的时候是什么时候？

薇娅：我平时在直播里就很随性，我私下里和在直播其实没有什么区别。以前"双十一"会有好多记者来，但今年我就很奇怪，怎么昨天来了那么多记者。

许知远：因为你变成了一个传奇。

薇娅：一开始摄像头、相机老对着我，我会没有安全感，但等到我上直播了，我就会把这些全都忘了。有一次一个记者想拍我直播下来后的状态，但他发现我和直播的时候一模一样。后来他写我是活在第一现场的人，我一直在那里绷着。我能理解他，他肯定觉得我是在掩饰，不相信我直播了六七小时，下来后话还是那么多。

每天都是重复的工作，不直播了还能和打了鸡血一样的。他还说我对不起记者，说他跟了我这么一段时间他想要的内容什么都没有。

许知远：他觉得你应该有 B 面，但你只有 A 面，是吧？

薇娅：我其实真的就是这样，我没办法，要去演一个样子我会很累。像我们公司给我备过氧气罐，我只用过一次还是两次。是因为"双十一"的时候我连着做了三场直播，我实在受不了了，就吸了一下。但是如果记者来了，我要演给他看我在吸氧，那就会很奇怪，而且我不想让别人看到我那个样子。

许知远：从来没有一刻觉得厌倦到不想做了？

薇娅：厌倦没有，就是会有一些彷徨期，在我女儿给我发信息的时候。她有一次责怪我，说"别的妈妈都来送上学，你从来不送上学"。我女儿是个很独立的小孩，她和我小时候特别像。她以前每次回家都会安慰我说"妈妈，没事"，也会每天和我聊天，但从来不会以打字的形式跟我聊。就今年突然给我打字聊了这个问题。就那一刹那，心里有点愧疚，觉得在外界看来，我是一个不称职的妈妈，没有陪伴孩子。

但我现在真觉得这个职业像座桥梁，这也是我们团队一直在聊的点：我今天完全可以不直播，但如果不直播，那我之前所有的规划就断了。我的商家、我的粉丝，就像是每天都在桥上走的人，桥是他们每天必经的一条道。如果今天断掉了，就我目前的心理建设来说，我不知道该怎么办，我会觉得对不起很多人。

许知远："我是这座桥梁"，这种感觉是什么时候开始变得强烈起来的？其实这话说得挺像观音的，"我帮他们渡过去"。

薇娅：刚开始当主播的时候，我没想过我会每天都播，我也没想过我能每天坚持,因为我见了太多的主播踏入这个行业,也见了很多明星艺人来直播,但都坚持不下来。我自己也没想到我能坚持下来,因为每天这样,成了生活习惯,没办法停下来。我不知道该怎么表达,每天就是直播。

许知远:感觉那些粉丝也停不下来。

薇娅:团队也是一样的,每天打了鸡血,工作就是选品。我只要休息一天,第二天的工作量就会变得巨大,每天我们选品是有一个循环的,如果休一天两天,前面那些所有的排序,以及后面的一些工作内容,包括一些备货全部就会乱掉。有时候会觉得这是不是责任太大了,所以我现在很害怕卖得太多。

许知远:感觉像一台巨大的机器在运转,你是中间一个重要的齿轮,但你无法让它停下来。

薇娅:嗯嗯,可以这么讲,就像搭建好的这个团队。现在对电商主播来说,最大的问题其实不是直播,最大的问题是背后要有个团队帮他做这些事情,这个非常重要。

许知远:会不会觉得这样有点对不起自己?

薇娅:我觉得对我女儿有点愧疚!

许知远:嗯,对她。

薇娅:这是我最愧疚的,而且我没办法平衡,我真的平衡不了。

许知远:你怎么安慰她呢?

薇娅:我没有刻意去安慰她。比如她哪天说"妈妈今天我不想上学",我就告诉她"妈妈有时候也不想陪你,有时候也不想工作,但这是我们人生中必须经历的过程,我们都要去面对。就像你现在不想上学,但你还是要去,因为你有很多知识要学"。我在讲的时候我感觉她能听懂,本来我以为孩子应该听不懂,我觉得她很懂事。

永远活在一个紧迫的当下,我得站起来跑

许知远:那有时候你会疑惑吗?比如这些粉丝也好,购买者也好,他们真的需要这么多物品吗?

薇娅:这一点我也想讲一件事。最开始的时候,我的直播间节奏是很慢的。后来我就收到一堆人的评论,说"最近怎么就这么点东西,你上得太慢了"。主要是粉丝的体量太大了,一千万的粉丝,可能这个人今天来买,第二天没有买,但是有另外一拨人买。所以我的这些东西还是要推荐给有需要的人,包括今年"双十一"我自己也买了很多。

我是一个很容易被别人"种草"的人,也是个很容易给别人"种草"的人。如果今天许老师你跟我说"有家饭店好吃",我就很想去,而且会产生那种"一定要吃到"的感觉。"双十一"我自己在我的直播间买了两百多个快递,当时我又在外面出差,后来我回到家那一刻,我都惊呆了。我妈问我"你是要干吗?买这么多",那里面有我给我妈买的、给家里人买的、给自己买的。我一边拆,一边要他们理性购物。有的东西是真的很需要,有的是自己都买重了。后来我在直播间也说大家要理性购买啊。我直播间的老粉丝,他们能适应这样的一个过程,也有人说他买东西就是为了解压。可能每

个人的生活方式都不一样，有的喜欢囤货，有的不喜欢囤货。像我的话，一支眉笔可能要囤个十支，就是没有安全感，怕今天这支眉笔用完了之后就没有了。

许知远：有没有什么货物是你特别想卖还没有卖过的？

薇娅：只要没卖过的都想卖。真的，这间房子里面的，我都卖过，茶几、沙发、地毯、灯，除了油漆还没卖过以外。包括今年还卖了电影票，还有一部电视剧的宣发，都是新拓展的业务。只要是对大家有利的，能提供便捷的，我都想去尝试一下。

许知远：有时候你一个人的努力可以超过整个机构，当然你后面有团队，但还是以你为代表。你们超过了过去传统意义上的百货公司，你会觉得很神奇吗？

薇娅：其实我觉得这不是我的功劳，是这个时代造就的。现在的人都有很懒的毛病，如果习惯了别人帮他去选去挑，他就不想去操心了。我从来没觉得自己有多神奇。

许知远：你其实是个传奇，你不觉得吗？

薇娅：我没觉得，我身上有很多不足。一场活动下来之后，我老公经常说"你有一点特别不好，你在团队面前老是制造压力"。我也在反思，我永远活在一个很紧迫的环境下，很怕自己做得不对，很怕自己做得不足。

许知远：为什么会这样？

薇娅：从小就是这样子，觉得自己做得不好，哪里都不好，所以一场活动下来，可能这个营业额也很好，粉丝满意度也很好，但我就总觉得好像哪里都没做好，会有些遗憾。

许知远：处在一种永恒的焦虑里面，有时候感觉闲暇是一种罪恶，是吗？

薇娅：就不能闲下来，需要时间过得很快。这也是个过程，我记得在我二十来岁的时候，那时候比现在要好一点。二十来岁，我想干事情，当时也有紧迫感，但不像我现在这样。那会儿还会想我可以去玩一玩，想去哪里走一走。但到现在这个年纪的时候，处在创业期，我必须拼，我要站起来跑，就那种感觉。

许知远：但也没有一个终点，一直在跑。

薇娅：我觉得要对得起自己，不想让自己留下遗憾，怪自己当时没有努力。

许知远：那你的命运是不是就是一直跑跑跑，最后突然在途中结束了这一切？

薇娅：有可能老了以后，或者等孩子长大以后，那时候心态就会变了，但目前我的心态没有变化。有时候我也知道这样是不对的，应该让自己闲下来，我也自己劝自己说"我要闲下来"，但我做不到。我很希望有这么一个人，是真的站在我的角度、真的替我着想，他来和我说一说。因为我走每一步，身边有很多朋友给过我建议，有的朋友建议让我做自己，不要参加一些活动；有的人就觉得我要多参加这种活动。面对不同的声音，有时候我自己也是疑惑的。

但是我有一点，我绝对不疑惑，那就是"我是主播"。我的职业，我从来不会疑惑，我的工作就是帮大家做选品。所以我刚刚提到为什么没有人理解我，其中有一个原因就是，我努力，就有人说我过于努力，不是好事情；要是我闲下来也不行，有人说我不负责任。我相信其他主播可能也会遇到和我一样的问题。

许知远：如果他们站在你的角度，你希望他们和你说什么呢？

薇娅：我很希望有个人来告诉我，我到底要不要放弃，要不要停下来，要怎样去平衡这一切。对我来说，我现在真的完全平衡不了，我控制不了我自己。外人觉得我是个很冷静的人，我的团队都觉得我很冷静，我心态很好，我处理粉丝的一些事情，能力很强，但有时候我总活在一种对自己质疑的态度里。

许知远：用很冷静的方式，生活在一种疯狂里面。我也挺好奇的，如果万一你停下来，会是什么样的？

薇娅：如果停下来，我肯定会很着急的。因为我属于那种没有人干事情或者他干得不对，我自己就要冲上前去做的人。

许知远：怎么判定一个主播有没有潜质？

薇娅：做主播主要看个人努力。这个行业是一个什么样的行业呢？它允许每个人有一种特质，有不同的风格，但它没有办法去给主播创造"人设"。想创造"人设"也有办法，有的公司可能会这样做，但时间长了，别人能看出来，因为天天直播，是没有脚本的。所以一般选主播的话，主要是这人要真诚，真心，价值观是正的。不管粉丝有多少，起码他的粉丝是喜欢他的。

许知远：你觉得直播能培训出来吗？

薇娅：我觉得完全培训不了。我们公司有很多主播，也有人说，"薇娅你去给主播做培训"。完全培训不了，就是这个人造就了他的直播间是什么样。

许知远：他的性格决定的？

薇娅：你什么性格的，吸引的就是和你差不多的人。我的粉丝很冷静，和我很像。

许知远：冷静而疯狂。

薇娅：有一次我在逛一间家具店，有粉丝看到我说"你今天来逛街啊？你要买什么，要不我给你讲讲"，就是很简单的一句话，很平淡。那时的她，很像我生活中一个很长时间不见的闺蜜，她不会因为别人骂我，就跟着在网上吵架。我也不希望她们是这样的。我们的相处方式就很奇特，很微妙。所以我不太愿意把她们叫作粉丝，她们现在有个名字叫"薇娅的女人"。

许知远：你小时候最想做什么？

薇娅：想做的事情特别多，最早的时候想当老师。

许知远：什么样的老师呢？

薇娅：什么样的老师都行，我就想当老师。

许知远：那你现在就是老师，你教人买东西。

1989 年　出生于内蒙古锡林郭勒
2012 年　毕业于华南农业大学社会学系
2013 年　担任《今晚 80 后脱口秀》策划及常驻嘉宾
2014 年　创办上海笑果文化传媒有限公司
2017 年　担任脱口秀节目《吐槽大会》策划、编剧及常驻嘉宾
2018 年　担任第五季《奇葩说》明星导师

扫码观看视频

李诞

我想活在浅薄里，
随时准备好烟消云散

Chapter 10

我突然感到厌倦。

在书店二楼的小会议室中，我与李诞第二次见面，继续昨日的谈话。我们在咖啡中加了伏特加。"美酒加咖啡"，李诞评论说。

在见面之前，我对这个年轻人充满好感。我看了第一季《吐槽大会》，经常被逗得哈哈大笑。我正对互联网孕育出的新话语形式感兴趣，这些戏谑、自嘲，是自由还是禁锢，是创造力，还是只是一种脆弱的游戏，有自足的逻辑，还是仅仅是依附性的？

如今，我意识到，自己带着某种成见面对他，或是太希望他按照我的逻辑作出回应，当他躲闪、回避时，我感到一种厌倦，甚至有点愤慨。他则突然敞开心扉，流露出一个宿命者的无奈。

在日后的偶尔交往中，李诞一如既往地聪明，也温暖真诚，我猜，他也必定常挣扎于某种宿命式的虚无。我期待与他再度"美酒加咖啡"。

我本来想读哲学，
但我也想好好活着

许知远：你是内蒙哪个旗的？出生在哪个地方？

李诞：锡林郭勒盟锡林浩特市。我出生的地方更偏僻，锡林浩特在中部，离它特别近，三百公里，算是比较大的城镇。那个地方原来没有的，后来他们在草原上勘探，发现了烧碱，就是蒸馒头用的烧碱，就凭空建造了这地儿，我爸妈算是去支援建设的。

许知远：他们从哪儿去的？

李诞：从锡林浩特，但不是从锡林浩特城，他们不是城里人，是锡林浩特旁边的平岭山牧区的人。两个人的第一份职业都是老师，我爸教语文，我妈教英语。我爸后来当过警察，当过这个矿场的办公室主任，最后就是在这个矿场里当一个中层领导。我在这个矿场长大，所以我的童年就是上学在矿场，暑假在草原，念完小学。念初中的时候就搬到了锡林浩特。

许知远：现在回忆起来，你对那个矿是什么印象？
李诞：萧条。

许知远：有多少人？
李诞：很小，一开始有几千人吧。

许知远：像一个独立的小王国。
李诞：我经历过矿场最繁荣的时代，鼎盛时期它是一个大国企。九十年代，我们在内蒙古的草原深处，是可以吃到新鲜海鲜的，不知道哪里来的。但是矿场开采特别快,很快就萧条了。我爸大起大落的人生经历,导致他现在经常郁郁寡欢。他虽然是个内蒙古人,但是他的经历有点像东北人,经历过所谓的"下岗潮"。名义上是"被兼收",我们是被东胜那边的一个很大的上市公司给兼并了,很多厂矿本来的员工都被开除了,渐渐轮到我爸他们那一批管理层。我在小说里写过,一开始是什么都有,最后就变成狗比人多。

我们小时候是集体生活,爸爸妈妈要上班,我从小在托儿所长大的。地方小,既像农村,又都是厂矿的人,还有建设兵团的。我们楼上住的好像是一个上海人,天南海北挺有意思。

许知远:初中时期,你再回到锡林浩特有什么感觉?

李诞:没什么感觉。我常去锡林浩特市,虽然我爷爷在牧区,但我姥姥姥爷家是城里人,我寒暑假有时候也在城里过。第一次去考我们当地最好的初中,对方没要我。那个时候我幼小的心灵受到了创伤,后来我就去上了一个没那么好的中学,每次都考年级第一。考了几年就失去兴趣了,因为太容易了,就又开始玩。到了高中开始完全自我放养,觉得该争的气也给父母争了,玩,叛逆,装文艺青年,青春期的时候觉得自己跟同学格格不入,天天捧本书听摇滚。

许知远:你说的摇滚指的是谁?

李诞:还是国内魔岩三杰那些人。

许知远:他们什么地方打动你了?

李诞:歌词吧,那个时候魔岩三杰里面我最喜欢的是张楚。其实在内蒙古长大,空间上的这种偏远会造成时间上的落后。我发现我从小看的东西,都比我岁数大一点的城里人看的东西滞后,书、音乐都有点滞后，不太新潮和有时效感。

许知远：你什么时候意识到这种滞后感的？去了广州以后吗？

李诞：对，来到大城市，发现自己跟广州文化不互通，人家都不听摇滚乐了，觉得我品味奇怪，你这听的什么啊。

许知远：以前有过做音乐的经历吗？

李诞：高中有一帮孩子是玩摇滚的，我跟着他们混，他们老有演出，唱"We Will Rock You"，《孤独的人是可耻的》，也有一些他们自己的原创。其实中国早就有嘻哈了，蒙语嘻哈很厉害，因为人家民族的天性就是能玩。内蒙古的音乐只有民族唱法，但外蒙古的音乐真的是唱起来特别好听，我们那会儿都听外蒙古的歌。

许知远：那时候你读什么书，怎么证明自己是文艺青年，跟别人不一样？

李诞：现在回忆起来还挺好笑的。那时候国内最风靡的就是王朔、阿城等，国外的名作家有弗洛伊德、昆德拉。你说一个孩子能看懂弗洛伊德，那不是瞎扯吗？是喜欢那种自我陶醉的感觉。

许知远：每代人都经历过这个状态。后来高考为什么考到广州去？

李诞：就想离家远点。

许知远：广州哪个学校？

李诞：华南农业大学。我高中不是嘚瑟吗，大学就没考上。我那会儿特别丧，不爱上学，觉得无所谓。复读一年考上华南农业大学，正好过一本线。

许知远：为什么选社会学系？

李诞：因为文科能读的专业很少。工商管理，听到管理我就不想去。我其实想读哲学，但是我也想活着、好好挣钱，对吧？关于文学，我那会儿很自傲，觉得文学这东西不是能学的。历史，我觉得历史看书不就得了吗？然后就看到了社会学，我觉得这还挺别致的，又能满足我离家远一点的愿望。

许知远：你刚去学校的时候突出吗？

李诞：突出啊，我在大学的外号就是蒙古，大家对我的印象很深，我那个时候也开朗了很多。

许知远：他们对你现在做这个事情意外吗？

李诞：还好。我在大学的时候就写东西了，比如《笑场》的前半部分，《扯经》里的一部分文稿。其实我最后能变成脱口秀演员，也是拜广州所赐，因为我在广州时觉得粤语很好听，就想学粤语，我宿舍的同学说，那你听一下黄子华[1]吧。我看了很兴奋，就把他所有的节目都看了。他算是我的启蒙老师。

许知远：开始写《扯经》这些东西的时候，脑子里对选题有没有非常本能的反应？

李诞：《扯经》是本能的反应。在微博之前有一个产品叫饭否，我大一的时候就在玩饭否，后来饭否倒了，之后出现过一个叫网易

---

[1] 黄子华，香港著名男演员及栋笃笑（即 Stand-up comedy）演员，也是香港栋笃笑始祖。

微博的东西，再后来也没有了。《扯经》最早是在网易微博里写的，就是当段子，慢慢地就这么写完了。

　　许知远：写诗是什么时候开始的？
　　李诞：其实最早写的都删掉了，删得干干净净，太尴尬了。我现在特别好奇，就是有年轻人居然是不写诗的，这不是很正常的本能反应吗？不管写得好写得坏，年轻的时候不想写两笔吗？

　　许知远：对，二十五岁之前都应该是个诗人。社会学里学到什么东西啊？
　　李诞：学术这件事让我有了一个思维——只能解释，一直在解释，你什么都做不了。

　　许知远：但对你来说，重要的是改变世界吗？
　　李诞：我从来没想过改变世界。我其实挺喜欢学术的，动过念头，但是当时不快乐，而且穷。

　　许知远：对穷会介意吗？
　　李诞：不会，我一直觉得穷特别好。我小时候是文艺青年，特别瞧不起钱，最早有微博营销找我发广告，我就没发。我觉得自己没想开，傻。

　　许知远：什么时候想开的？
　　李诞：前两年吧，开始做脱口秀就想开了，你端着那个范儿有啥用啊。后来体会出钱的好还是谈恋爱谈的，你是不喜欢，觉得没啥，但人家不是啊，人家想吃点好的对不对。

许知远：没毕业之前去《南方周末》实习的？

李诞：在广州，大三就去了。我发现媒体我干不了。

许知远：为什么？

李诞：我也有过心高气傲的时候，也想改变世界，工作了一段时间之后我发现媒体人并不好，慢慢我也特别瞧不起知识分子。有一件事是转折点。我在电梯里听到同事在那儿聊天，我当时没钱，坐火车回内蒙古，排大队抢票，听到俩人说："马上过年了，回家买票了吗？没事，我们跑春运口的有票，给你留两张。"就那么一个瞬间，我一下就觉得这个行业没意思了。

许知远：《南方周末》给自己的道德表率太强了。

李诞：我很快就离开了，还不如好好挣钱呢，我也不想再做知识分子了。

许知远：所有行业都有这样的人，这么容易被打击是不是说明另一个问题啊？

李诞：对，因为我以前可能有道德洁癖。现在回想起来很正常，人家没做什么错事，但正是这种正常打击了我。我当时也能想明白，我如果在那儿我会不要吗，我不可能不要。这个世界的运行就是这样，没有我想的那种道德结晶。那我就运行起来呗，加入大家一起运行。

我现在追求的人生境界，
就是你一看我你就笑

许知远：毕业之后去了奥美是吗？突然从媒体业跳到了公关业，这变化蛮大的，那里的规则是更赤裸、更直接的。

李诞：太赤裸了，但是人家在明面上。

许知远：没有任何道德伪饰，你觉得真小人比伪君子要好。

李诞：当时是那种感觉。留在广州也是因为当时的女朋友想留在广州，后来我一个姐姐给我打电话，把我一顿臭骂，说："你怎么不来北京呢？还想不想好？"我还是那种状态，我不要好，不想去拼命，一个月薪四五千的工作在广州也一样活呗。姐给我一顿骂，我最后吭哧吭哧就来了，进了奥美实习，给东方卫视写段子。我很被动，是那种不踹不走的人。

许知远：我看你的一些东西，觉得你的分寸感特别好，很难得，我很喜欢你。

李诞：那是练的。你现在还相信知识分子的责任感或者改变世界这些事情吗？

许知远：我还是相信吧，我当然不是浪漫抒情式的，我觉得我们可能被很多伪知识分子给害了。不同的行业都有很多问题，但是我们好像对知识分子尤其苛刻，给了它太多的道德期待。这种苛刻背后其实是一种很强的权力关系，因为只有这个行业最自省，当你批评他们的时候他们是接受的，你批评其他人是没用的。回到你，你说奥美对你的影响蛮大的，因为当时带你的人是吧？

李诞：对，桂枝姐[1]。

许知远：你现在联系她，她怎么看你现在的发展？

李诞：她挺替我高兴的，觉得我找到了自己的活法。桂枝是很难得的，她是纯文艺青年，最难的是她到今天都是，真的就能文艺下去，而且是正常人，但我做不到。

许知远：你觉得你为什么做不到？

李诞：我不知道，我说服不了自己，关于真诚的、单纯的这些东西。桂枝姐很单纯，我特别喜欢她身上的那种气质。

许知远：你身上不单纯的是什么东西？

李诞：懦弱吧。我不会怪社会压力，应该是我自己的问题。我会受到诱惑，我有价格，她没有价格，这个价格可以变化成很多东西，权力、压力都是。

许知远：但你始终受价值的影响、吸引，真让你做一个纯金钱的事你好像又不愿意。

李诞：我只能说我有一点点坚持，但是没有那么强，所以我不会去叫板。我觉得你算是那种叫板的人。桂枝不是那种对抗性的人，她是自洽的人，人能活到自洽是很难的，我切身体会到太难了。我觉得大部分人选择的是我这种道理，想活得自洽，给自己解释。

许知远：她如果跟我是同龄人的话，我们那时候有很多文艺青年，她没去写文章或写书而是写文案了，这也是一种妥协嘛。对你

---

1 林桂枝，北京奥美前首席文案总监，被无数文案、广告人奉为偶像。

来说，包括你周围的人，这种对更严肃、更有秩序的东西的渴望，同这种自我妥协之间的冲突大吗？

　　李诞：我有过，我觉得大多数都有，但我觉得不应该有。

　　许知远：对桂枝来说应该是有的。她是个文艺青年的话，在广告公司工作对她来说不是一件多舒服的事情。

　　李诞：可能吧，但她享受专业带给她的快乐，她是中国最好的文案，我也是尽量享受专业带给我的快乐，体会工作的成就感。

　　许知远：我对不同代文艺青年的变化蛮好奇的，我比你大十几岁，我九十年代中期上大学，我们那时候如果是文艺青年，都是很享受苦涩的，你也是吧？

　　李诞：是。

　　许知远：你巨大的希望，跟你实际的能力或者说现实之间的差距，会带来很大的苦涩吗？对你来说是不是有过一段这样的过程，觉得苦涩是你人生中很重要的一部分？

　　李诞：有过，在大学里我也是那样，但我现在真的觉得不应该，我喜欢现在的小孩。

　　许知远：现在的小孩到底什么样？

　　李诞：比如说池子吧，我的好朋友，1995年的，他没包袱，我也觉得真的没必要有包袱。

　　许知远：没包袱一定是好的吗？

　　李诞：但是它不一定是不好。这种苦涩，这种挣扎，这种矛盾，对你的创作、产出，对你的全部，可能是没有价值的。

许知远：你觉得没价值？

李诞：因为池子他也一样可以创作，一样讲段子，讲完就玩去了。他心中也有愤怒、不满、挣扎，但是我觉得他没把这些事情看得很重，他不是那种享受忧伤的人。

许知远：什么东西让他痛苦呢？

李诞：很多，他其实比我叛逆多了，他还年轻呢。很多广告他都不愿意拍，我就把钱给他看，我说这么多钱拍不拍。我们俩总结过一次，对他来说，我就是他的社会现实。

许知远：他对你来说是什么呢？

李诞：我最喜欢他的活力。我告诉他这就是社会，"你觉得我享受这些吗，我小时候比你叛逆多了，干过许多让自己陷入困境的事情，但我现在回忆起来就觉得那是蠢"。虽然每个老年人这样说话都很傻，但是我总觉得我还是得跟你说一说。

许知远：其实你还挺爱操心的是吗？

李诞：我不爱操心，但没办法。我以前有点完美主义，现在节目做多了，快要把完美主义这个病治好了。比如我强迫自己出版第一本书，因为以我的审美标准我不配出书，但是我就想我什么时候才能写到自己满意，不可能，我就出了。封面很难看，很多地方被删改。以我以前的性格，我是不会接受这样的事情的，但我强迫自己弄，弄完了挺开心的。有很多读者喜欢，比如说康永哥，我把那个书送他，他看了，还专门发微信给我说，"你写得挺好"。这是我现在的世界观，你光想永远也想不明白，就得做。这好像是Facebook公司门口画的，完成比完美更重要。我现在好像把自己理得挺顺的感觉，但是经常会觉得自己活得累，有一些时刻会觉得自己活得不正义。

许知远：什么时候你会觉得不正义？

李诞：看到有人还在坚持之类的。当然很快就过去，因为我知道我做不了这样的人，我也不应该去做这样的人。

许知远：是一种自我放弃吗？

李诞：可能是，我受佛学影响很大，我不知道我理解的佛学对不对，因为我没拜过老师，我自己看。我其实想过自己可能会出家，因为我很长一段时间都觉得人应该只有精神生活，人不应该生活，生活很累，什么生活能让你开心幸福呢？理想状态下，出家是只过精神生活的，但我了解了一下，也不是，我这样的人到了庙里，估计过不了几年就会被委以重任，可能做一个外联部的头头什么的，到处给这个庙拉赞助，到处宣传推广。

许知远：到了《今晚八零后脱口秀》，那段经历对你来说有什么影响？

李诞：社会化，人的社会化。"八零后"让我成熟，找到自我的边界，找到世界的边界。我现在找得也不是特别准，我希望能把自我的边界再扩大一些，或者缩小到没有，两个其实是一回事。

许知远：你怕不怕语言系统欺骗了自己？

李诞：这没办法，语言学不就这样吗，你是被自己的话构成的。

许知远：但是在自己的这套系统里活得太舒服，这是不是有问题的？

李诞：我为什么要活得不舒服呢？你也有自己的语言体系，这个问题对你来说应该更重大，因为你使用的语言体系很不口语，和大众割裂得很严重，受很多批评，如果不是自我欺骗，用语言说服、鼓励自己，你是怎么坚持下来的。总要自己给自己找到一套东西，你那个绝对比我的这个受质疑。

许知远：但是受大众质疑不是应该的吗？

李诞：我现在不想这样，想散播欢乐散播爱，自己跟自己较劲没意思，跟世界较劲更没劲。说得难听一点，可能很多人就是在消费我们的叛逆。

许知远：资本主义这个系统就是这么运转的。你觉得他们为什么会这么喜欢这些东西呢？

李诞：因为好笑嘛。我说的东西，有的人会觉得还挺有观点的，但绝大多数人不会，我也不希望他们会，我现在追求的人生境界就是你一看我你就笑，我就成功了。不要理解，不要分析，不要深刻，就是要笑。

许知远：你为什么觉得我适合去《吐槽大会》呢？

李诞：你怎么对自我的认识这么不清晰啊，你觉得你在社会上风评都特别好是吗？

许知远：也没有，我不在乎这个东西。

李诞：对，就是这样，你就是不在乎这个东西。

许知远：我没有表演欲。

李诞：为什么？同样是写文章，你为什么不能用娱乐化的东西装个壳,让更多人看到这个想法呢。

许知远:可能我对更多人没什么兴趣吧。
李诞:我相信你的真诚。说实话,我不是那么虚伪的人,你写的东西,很多我都不同意,我读过你的文章,真有点看不懂,我不知道这个话对你是不是冒犯,我觉得你在自我里陷得太深,或者说纠缠得太深,对读者极其不友好。

许知远:对我来说,任何好的创作者都是陷在自我里极深的。如果一个创作者不是在表达自我,他在表达什么呢?
李诞:但是我觉得你还不错的就是真诚,真觉得自己是对的,这挺难得的。我看那个马东的访谈,我就特别地喜欢你。马东的老练和你的真诚,这是很打动人的,真的很了不起,就这么播出来。

许知远:我提醒马东了,这个所谓的老练,我是非常怀疑的。
李诞:你觉得他心里还有别的东西?

许知远:做艺人时间长了当然知道了,艺人慢慢形成自我说服的心态,告诉自己是为大家活的。
李诞:我相信科学,我最近一年学习科学的成果是,发现人类就是为别人活的,这是人之所以为人的原因。这个其实是市场经济的观点。

我是真的享受这个时代，
我不想去浪潮中做水花

许知远：可能每代人的价值观不同吧，比如对我们七十年代生的人来讲。但这个东西好像突然到这一代就消失了，而且非常快。我很好奇这个变化是怎么发生的。社会为什么这么容易俘获你们呢？

李诞：我觉得我在让社会变好，我在用建设的方式对社会作出反应。我以前说服不了自己。让我接受的契机就是最近，我微博的私信和评论，几乎每天都能收到类似这样的话，说李诞，我得了抑郁症，我刚失恋，我很想死，但最后我看了你的脱口秀，看了你的书，我觉得很开心，谢谢你给了我能量。这些回馈说服我了，这是我亲眼所见，而且不是一个两个。我就说服自己了。这是我仅有的正义感的来源。

许知远：挺美好的，那你就不用折磨自己了。有没有某种你想接近的标准存在？

李诞：标准是有的。人是活出来的，不是想出来的，你照着标准去想没用，只能活。

许知远：在活的过程中，想是一刻不停地发生的，它们是并存的。

李诞：纠偏，纠正，把自己当成一个人工智能活，拿自己在世界上跑程序，跑出 bug 就修一修。我想说的就是，不要享受忧伤。

许知远：忧伤当然是很享受的，这些观众他们人生中最享受的时刻,绝对是忧伤的时刻。因为忧伤是沉浸式的,欢乐是非沉浸式的,人只有在沉浸时是真正忘我的。这个时代看起来那么欢乐,如果还有沉浸式的忧伤,这个时代就不那么躁了。

李诞:你本质上还是希望大家忧郁一些?

许知远:我也不是想让大家忧伤。

李诞:你这个定位很明白。知识分子在对抗也好,或者在反叛的过程中享受忧伤,享受自己的被打压,享受自己的失败,这都很正常,但我想说的是,我见了一些国外的艺术家和知识分子,挣扎、纠结、反抗,他们都有,但是他们不苦涩,包袱没那么重,该做的事没少,反抗的成果一样有。

我印象最深的一个就是库斯图里卡[1]。他的状态我太喜欢了,他来自南斯拉夫,那个国家几经战乱,他是知识分子,也是一个创作者、电影导演,他同时还做一件事,他有个乐队。他前段时间来上海演出,我去现场看了,后来又看他的访谈,他太有知识了,还在法国弄那种乌托邦社区,聊天和演出的状态都是轻松的。他是真的经历过战乱、动荡的人,我觉得他是最有资格苦大仇深的艺术家和知识分子,但是人家的演出就像是马戏团,还把大家叫到台上来,跟你聊欧洲的变化,左翼啊,保守抬头啊,他都能聊得来。他知道问题所在,知道世界有的地方在变坏,但他依然轻松。这是我喜欢的,如果我是个艺术家,我想做这样的艺术家。各人有各命,我觉得他是才华到了,怎么都行,才华是没办法的。

---

[1] 埃米尔·库斯图里卡,著名电影导演,出生于萨拉热窝。曾两度夺得戛纳金棕榈奖,并获得法国艺术及文学勋章。

许知远：我觉得艺术家可能是有很多不同的类型，他是类型之一吧。

李诞：你最近做什么工作？

许知远：写晚清的梁启超。

李诞：为什么写他呢？

许知远：我想理解近代中国形成的过程，而且他精彩啊，很年轻就卷入到很大的历史浪潮里面，他怎么去面对这些东西，流亡日本后，怎么去理解那个变化的日本。他如果在这个时代可能也讲脱口秀、拍视频，他是一个对新的语言很敏感的人，我觉得现在中国的很多东西都跟他有关系。我一点不反对现代语言系统，只是它应该是更多的语言系统中的一部分，这样也会更健康地成长。

李诞：我明白，我的感触还好，因为我确实能接触到不同的语言体系、不同的思维方式，参差多态。世界上的所有历史时代里，你最喜欢哪个？

许知远：我当然喜欢六十年代的美国了。

李诞：你这不是挺喜欢快乐的吗？

许知远：我是一个生活很开心的人。我也喜欢十九世纪末的维也纳，我喜欢的可能真的是变革。

李诞：我特别能理解，旅游的话，我的第一志愿是去六十年代的美国玩一圈，但我不想在那种浪潮里生活。我喜欢稳定的大都市，喜欢打开手机叫外卖，享受这种现代化，享受安全。如果明天你告诉我外卖都不能叫了，我就受不了了，所以我说我懦弱嘛，我连这点牺牲都不愿意做。我是真的享受这个时代，然后在这里面给自己找点事做，我不想去浪潮中做水花。

许知远：不向往那个时代？
李诞：可以去旅游。

许知远：我觉得这还是有区别的。我到现在也很渴望另一个时代，很渴望我认为更伟大的事物，我希望能接近它们，比如说我见到白先勇先生，内心充满了很多东西。
李诞：在我有限的见识里，我的观点是所有的时代都是一个德行。

许知远：这个让我很意外，我觉得有挺明显的区别，有些时代就是更好。
李诞：你要说更好，我真的觉得现在最好，此时此刻是最好的。

许知远：如果过了一年，大众欣赏的方向突然发生很大的变化，觉得你一点都不好笑了，然后你被他们忘记了，你怎么办？
李诞：无所谓。我的脑子里从来没有过在这个时代留下痕迹的想法。我发现这是我跟很多人不同的地方。我第一次意识到这个是因为冯唐，他说他给自己起笔名叫冯唐，就是因为要用文字打败时间，他想在历史上留下自己的东西。为什么要让别人知道？我完全没有这个想法，我就想每一天都开心。

许知远：什么事让你不开心呢？
李诞：挺多的。开心和不开心，其实同时在我的体内。很多人问我，你是一个丧的人，还是一个开心的人？我说我真的是同时的。我开心就是我起来了，跟我很喜欢的康永哥录个节目，晚上喝酒接受许知远老师的采访，同时又有不开心，因为下午对我来说是工作，我不喜欢工作，所以开心和不开心是同在的。

许知远：你觉得康永哪一点厉害？

李诞：我特别喜欢他，他世家出身，拥有那种生长环境、知识储备和成功的事业，是非常有资格有优越感，完全有资格在气势上压你，但是他没有，他就是让你舒服，谁跟他聊天都能聊进去。他就像一个沙发，而且我也看不出他在压抑自己的痕迹，他是真的活得这么舒服。我很喜欢，很佩服。

许知远：你想成为一个沙发吗？

李诞：我做不到，也不渴望，我是必须有刺的人，只不过刺比较软。

许知远：那马东呢？

李诞：马东就是聪明人，你看《奇葩说》挺有意思，蔡康永、马东、高晓松，他们三个人在我眼里是能量块的感觉。

许知远：顺序是什么？

李诞：蔡康永、马东、高晓松，能量块蹭蹭上去的。高晓松其实跟蔡康永很像，但他们的人格完全相反，他们的活法、对人的态度、对世界的态度完全不同。

许知远：但是对你来说，能量块最高的是高晓松。

李诞：他能量高，频率高，我并不喜欢能量太高的人，累。我觉得你这个能量就挺舒服的。

许知远：碰到高频的人时，你是什么样的？沉默？

李诞：就是累。我不会康永哥那种与人相处的方式，我是属于你让我不舒服，我一定要把你弄下去才得劲，但是过后想想特别傻，何必呢。

我是靠别人喜欢赏饭吃的，任何评价我都能接受

许知远：大家为什么会对吐槽那么感兴趣？跟普遍的无力感有关系吗？

李诞：为什么我说所有时代都是一个德行，因为你不用把它放在时代的框架里看。为什么现在的人喜欢《吐槽大会》，我觉得如果你做得够好笑、够优秀，所有人都会喜欢的。我回唐朝做一个逗笑演员，把李白按那儿一顿吐槽，说你怎么那么爱当官呢，我觉得大家也能笑，其实《世说新语》里好多这种东西。

许知远：你认为现在的笑点跟什么有关系呢？

李诞：为了研究幽默、笑，我也读了一些书，笑是有生理上的解释的，一个现在公认的解释叫恐惧解除，你发现恐惧没有了，就哈哈笑了。吐槽也一样，我说许知远是伪知识分子但长得确实帅，前半句是很吓人的，你怎么当人面这么说话呢，后面半句绕回来了。除此还有好多别的解释，有一种认为笑与新知相关，是人对自己的一种奖励。在进化的过程中人类要生存，要掌握知识，一旦掌握了一个新知你就开心，表现为笑。笑话是一样的，笑话的原理就是在

有限的时间里给你一个新知,通过意外的手段也好,通过前后的铺陈和反转也好,深层的生物上的动因是因为你在这个笑话里获得了一个新知,是本能的对自己的奖励。

许知远:你既写诗又写笑话,对你来说这两者有关系吗?

李诞:有,关系就是需要才华,其次就是需要敏锐和敏感。成为好的喜剧工作者,同成为好的诗人一样,必须要敏感,对我来说这就是共性。说喜剧工作者都不开心,说喜剧的背后是悲剧,说做喜剧给你做忧伤了,这是很正常的,因为我是一个敏感的人。

许知远:你的名声起来得还是挺快的,随之而来的还有金钱。这种速度对你来说是什么感觉?或者说,你什么时候突然意识到自己火了?

李诞:我到现在都没有意识到这个事,我很享受这一切。但是也还好,因为我很早就体会过成名的感觉。以前我自己写段子,零零散散发,然后有好事者给整理成了一大篇,有一段时间网上所有人都在转,我甚至在一些不健康的网站上看到过,那种感觉是很冲击的,你突然看到自己写的东西,那就是成名的感觉,挺享受的,但也很苦恼,因为会吸引过来很多我不喜欢的人。我那个时候还矫情,还介意,不喜欢讨厌的人关注我、喜欢我,现在过去了。

许知远:对金钱的感觉呢?

李诞:也挺麻木的,我也没有那么有钱。我可能更有钱了能有更大的感受。我讲一个王思聪的事,这个事让我特别感慨。你听过一首歌叫《新鸳鸯蝴蝶梦》吗?里面有句歌词,"谁又能摆脱人世间的悲哀"。我在 KTV 听到王思聪唱这句词,我知道这是我给自己的象征感,他可能就是随便唱一下,但是那一幕对我来说是有冲击力的,我觉得他唱这句词太有说服力了,那确实没人能摆脱了,那就这样吧。

许知远:他是怎么样的一个人呢?
李诞:他挺好的,很真实,在他的位置做一个真实的人其实很难。大家觉得你纨绔子弟,天天口无遮拦,多少纨绔子弟都遮拦得好好的,我觉得他还愿意出来口无遮拦,这是很可贵的一件事。

许知远:你期待他做一个更高级的人吗?
李诞:我不期待,我不会绑架别人。

许知远:或者说,你认为金钱有责任吗?
李诞:说实话,我觉得没有。因为我是相信市场经济的,在健康的市场经济里,一个人如果赚到了金钱,就说明他已经为这个世界履行过责任了。大家不要那么苛刻,很多人说有钱就应该捐出来,有钱就应该有更强的责任感,我觉得乔布斯挣多少钱都不为过。

许知远:对你来说,什么评价是特别苛刻的?
李诞:我无所谓了,因为我是艺人我服气,我是艺人我得听。

许知远:艺人到底是什么?
李诞:现在我觉得靠别人喜欢赏饭吃的,那就是艺人。所以人家要是对我要求苛刻,那是他的权利,我能做的最多就是不理他,但我不能说你凭什么骂我,我没有这个资格和立场。成熟的、健康的观众也应该有素质,不喜欢就不看。

许知远:让你最不舒服的评价是什么呢?

李诞：现在陌生人的评价我都能接受。但是我敬佩的人，比如说我很看重、很喜欢的人说我的书写得不好，我肯定会难受，但是还没有经历过，因为成熟的人不喜欢你也不会这样告诉你的，他不看不就完了。

许知远：你想成为一个成熟的人吗？

李诞：我一直都追求成熟，我年轻的时候就不太喜欢年轻人。另外就是，像我这种性格的人，身边有很多很刻薄的朋友，他们对你是颇有微辞的，听说我居然能上《十三邀》，想让我帮他们问几个问题。作为一个愤怒的或者说关心这个时代的知识分子，你有没有想过批判的对象太过虚幻飘渺，变成自说自话？

许知远：如果你跟我交流了，我们坐这儿聊天了，就不会这么觉得了。

李诞：我觉得你说话很正常。你怎么看待你的模仿者？因为真的有人模仿你说话，这就不正常了。

许知远：也有很多人模仿你讲笑话。

李诞：所以这是不可控的。你是不是一个忧伤的中年人？

许知远：我觉得我欢乐的时间比忧伤的时间多得多。

李诞：如果不是的话，为什么你总要给人一种忧伤的错觉？

许知远：我害羞，不好意思我就会紧张，我不喜欢镜头，不喜欢在人群之中，我是独处的人，是在很小的朋友圈子中间的人，所以我会紧张后面的镜头，会不喜欢被别人看着，但我又想尝试理解你是怎么回事。

李诞：我以前特别讨厌镜头，连自拍都不发，用社交媒体好多年，从来不会把自己的照片发出去。我还讨厌的一个事就是染发，我觉得人染头发特别蠢。然后我就染了个发，拍了个自拍，发了个微博，我就挑战自己。

许知远：我那么讨厌镜头，那么不喜欢大众娱乐，但我还见了你和马东，不是挑战自我吗？

李诞：我后来适应了镜头，反而有一种感受，觉得我在镜头前和舞台上能说真话，说我在生活中说不了的东西。这是我的体会。在舞台上，我有时候说一些很黑色的东西，观众哈哈大笑，但我知道我其实是在说真的，这种感觉特别开心。

许知远：好像我基本是在表达自己的想法，这样也挺无聊的是不是？

李诞：我觉得可能是来源于对你的误解，你会不会殉道？

许知远：我不会，我是享乐主义者。其实我比你过得开心多了，某种意义上。

李诞：对，但该说的我也都说了。你反感或者对现代科技发展有些莫名其妙的忧虑吗？

许知远：当然有。

李诞：那么你又是如何坦然地生活在大城市，过着现代人的生活呢？

许知远：你是一个矛盾的人，你可以同时欢乐和悲伤，为什么不能同时忧虑和享受呢？

李诞：我太成功了，我把许知远老师绕进去了。

很多人都称呼它为沮丧，
对我们来说就是生活

许知远：你喜欢什么样的女人呢？

李诞：好看的。我再教你一个事，其实女人这个词有点油腻。

许知远：为什么？

李诞：我也不知道为什么，但是你相信我，我是做大众娱乐的，而且研究口语，女人这个词，男的使用起来就会油腻，尤其是像你这个年纪的人。虽然你是真诚、天真的一个人，但是隔了一个屏幕，观众一看就觉得你怎么那么恶心。这就是大众娱乐。

许知远：你担心过对这样的方式太熟练后，你会真的被完全规训，会丧失很多东西吗？

李诞：太难了，谁能把我规训了。你做自己可以，但是就赚不到钱，还得被人骂。你之前做过一期俞飞鸿，争议很大，很多人对你的评价就是猥琐，但我觉得其实是语言的问题。

许知远：我不知道，因为我没看俞飞鸿那期，赞美一个女人怎么了？我就觉得很奇怪。你肯定也经常被骂，被骂是什么感觉？

李诞：正常，吃这碗饭就是正常，都接受了。这一集播出我保证你不会被骂了。

许知远：为什么？

李诞：因为有我。我会反衬着你，我是一个讨人厌的角色，我现在以一种不是很礼貌的方式说一个比我年长、比我资历深的人，大众都觉得我这样不好，怎么能这样对许知远呢。

许知远：我也不是弱者群体，有什么关系呢？
李诞：你是自己的强者。

许知远：你真以为你是大众的强者？
李诞：还行吧。

许知远：我二十七八岁时可比你厉害多了。
李诞：没有人会在意实话的。像你这样很真诚地说，"我二十七八岁的时候比你牛多了"，这是很危险的。

许知远：我不在乎。我对我的生命力有信心，有一天这些东西都烟消云散了，我还在，我就是这样的。
李诞：我的自信可能就来自，随时做好准备烟消云散了。

许知远：那挺厉害的。
李诞：我从小就这么想。马东老师说他底色悲凉，我再强调一遍，不享受忧伤，我觉得忧伤不牛，悲凉也不牛，牛在于你真的做出东西来。如果说创作作品的话，牛在于你真让人喜欢，让人开心，我觉得这些是有价值的，享受忧伤、底色悲凉都是自我感动。

许知远：可能我对悲凉这种词存疑吧。
李诞：我能理解。我为什么强调说要活出来而不是想出来，我特别希望活得流于表面，不希望还有什么更深刻的东西。

许知远：对我影响最大的思想家之一是以赛亚·伯林，他有句名言说,"我为什么那么开心,因为我生活在浅薄里"。

李诞:那行,我借用一下,我就是想活在浅薄里,我随时准备好烟消云散。

许知远:我反而觉得我是真正活在浅薄里的。

李诞:你说一切都没有了,你还能留得下来,那是很深的东西了。

许知远:这是很浅的东西了,这是一个非常本能性的东西。你觉得美式脱口秀和你们的脱口秀之间的关系是什么?

李诞:我们是学人家。

许知远:你学人家的形式,要找到本土的点,这些点的区别在哪里?

李诞:我们做脱口秀,还是在摸索。美国有一个我很喜欢的人,叫宋飞[1],他的脱口秀干干净净,我的形式就是学他,当然我学不到那么厉害。我会加入一些自己的表演、自己的价值观、自己的风格,但他是榜样。以喜剧来说,我个人的创作标准是这样的,我对用黄色、敏感的话题逗笑人有点脱感,我还是喜欢实实在在的、创作出来的段子,这是我自己的喜剧追求。

许知远:你的笑跟德云社、赵本山的笑,跟其他的笑有不一样吗?

李诞:笑对我来说都一样,喜剧的内核就是好笑,你用你的方式逗大家笑,那是你找到了你的观感。

---

[1] 杰瑞·宋飞,美国著名单人脱口秀喜剧演员。

创作者分析的只有一件事，怎么让自己更好笑。对我来说，我从来不去分析观众觉得什么好笑，没有意义，说得大一点，我是艺术家，艺术行业都这样。

许知远：我的意思是你的自觉性会让你意识到你身上什么东西是特别的。

李诞：我能意识到，但说不出来，这就是创作的东西。我最后的追求就是我一说话你就笑，这是无法分析的，但是在这个过程中，我有很多技巧性的东西。现在的年轻观众觉得什么好笑，我也不可能去写出一个段子迎合这个，年轻人最讨厌的就是你迎合他。

许知远：你怎么看 Papi 酱呢？

李诞：我了解这个行业，我不喜欢那种喜剧节奏，但我能理解它为什么火了。其实用 Papi 酱那种节奏说话拍视频的人很多，在我的观感里，她还是赢在有文化上。她虽然用一种看起来很浮夸、很没文化的形式，但她的视频真的是有内容的，她说的东西是能引起共鸣的，是能抓住你的心理的。我只是不喜欢那个节奏，看着累，我喜欢慢一点的东西。

许知远：你觉得脱口秀这几年为什么突然变了呢？

李诞：时代发展，用他们投资圈的话来说就是消费升级。为什么我说这个时代真挺好的，我觉得我要是在晚清，早死了。

许知远：为什么？

李诞：因为我懦弱，我的脾气、我的性格、我对人的不合作……

许知远：我们北大人比较自恋，觉得自己肯定是塑造时代的人。

李诞：我有一个特别遗憾的事，就是我没读过名校。我觉得我智力没问题，就是太懒惰太叛逆，太反感学习了。很后悔，因为有一些眼界的问题，不是成年之后可以弥补的。

许知远：这个是不是困扰你的事情？
李诞：有点困扰。人的欲求是无尽的。

许知远：正是因为这个东西，生活才变得有意思起来。
李诞：咱俩不太一样，你是一个享乐派，喜欢生活，我很长一段时间觉得什么都没劲，后来逼迫自己，把自己扔出来，我要对别人负责任，这样就有人在屁股后面踹我，有人踹我，就可以奋进、前行，然后让自己想很多事情，比如说想喝酒，我就要喝贵的酒。

许知远：为什么要喝贵的酒？
李诞：就是逼迫自己。因为我喝三块钱一瓶的啤酒确实也很开心，但我觉得这样下去是不是就完了，我就回内蒙，自己找个屋，喝一辈子啤酒，喝到四十岁可能就死了，也行。最可怕的就是这个"也行"。在我心里，这种选择真的行，但理智上知道这不好，不快乐，对家人也不负责任，所以我一定要变成现在这样，才能健康地活着。

我有几个亲戚就是喝酒喝死了，很多内蒙人都这样。东北人也一样，很多人都称呼它为沮丧，对我们来说就是生活，我们不喝酒喝死，还能怎么死。

许知远："丧"为什么在这代人里就这么受欢迎呢？
李诞：听起来酷。我觉得是一种语言。如果有人说我丧，我都会刻意排斥这种事情。因为我真的觉得这不牛，能带给别人什么，这才牛。如果我丧的同时，能让别人笑了，我觉得这个是我值得拿出来说一说的事。有一句话是"生活在别处",我被这句话害惨了。

许知远:我到现在都是生活在别处的人,一直被害着。

李诞:生活就在这儿,他人是你的一切,这是我现在的理解。

许知远:你分析一下,为什么我一直是这样呢?

李诞:太顺利了。其实我也挺顺的,不过跟你没法比。你最红、最为人熟知的那些文章,是让人看不到幽默感的。偏见就是这么形成的。我认为你的生活在世俗意义上都是成功的。

许知远:我在世俗意义上一直很成功。

李诞:对我们的观感来说这个就是别扭。用我们大众娱乐的话说,你的人设崩了,因为你的人设是一个苦大仇深的反抗者形象,但其实你该享受的都享受了。如果对你了解深入了,这是自洽的。

许知远:我可能把这种人设和误解视为理解力的低下。

李诞:你不能这么说观众,因为人都是这样,就看两眼,贴几个标签。你以为我的读者或者观众理解我吗,不可能的。

许知远:你最讨厌的标签是什么?我先跟你说说我的,我最烦别人说我苦大仇深,我是一个享乐主义者。

李诞:我知道。我以前最反感的标签是段子手,我现在都能接受,把这些东西拿过来消解掉,包括正能量这个词。

许知远:有意思,我们的谈话也帮助我了解自我。

李诞:谈话就是这样,最好的谈话者就是像镜子一样。

许知远：有一个人能做你的镜子是很难的一件事。谁是你的镜子呢？池子？

李诞：池子不是，可能是王建国[1]吧，我俩总在一起喝酒。他巨丧，一点都不享乐，每天都极度痛苦，但是他坚持，他的妥协比我的要少很多。

我想活在我的写作里，幻觉就是我的逃生舱

许知远：为什么我这么一个享乐主义者，会给大家苦大仇深的印象呢？

李诞：因为你写的文章别人看不懂。

许知远：但是在我的系统里面，这样的表达是非常正常的。你的语言挺干净的。

李诞：我是个作家，我对语言的洁癖很严重。这几年好多了，以前是严格不使用网络用语，脏话很少，严格限制自己使用一些词汇。如果你问我生活在哪个时代，写作对我来说就是我的那个时代，我想生活在我的写作里。对我来说，不存在的幻觉是最好的，它是我的一个逃生舱。

许知远：但也不能全部是它，你也受不了。你知道我为什么做

---

[1] 王建国，脱口秀演员、编剧。因参加《吐槽大会》《脱口秀大会》一炮而红。

这个节目了吗?

李诞：我能理解，人还是得出来，人是社会动物，是为了别人活的，你充分自洽地活在自己的精神世界里，你就死了。

许知远：问题是我不相信充分的自洽，没有自洽这个东西存在，都是自我欺骗、自我麻醉了以后才相信自洽。

李诞：你这么理解也行，我麻醉得挺好，我觉得你麻醉得也挺好，你这自信，你这心态。

许知远：因为我没跟你表现累的心态。

李诞：你是害怕吗，还是介意，还是不熟？

许知远：可能我们之间仍然不是我最放松的状态吧。有些点让我特别欢愉，那一刻我就彻底地放松。崇高的、壮丽的、悲壮的，那些事物让我真正地陶醉。

李诞：你真是个年轻人。我还是少年的时候就很反感这种壮丽、崇高，我不喜欢站在高处的人，我一定要把他弄下来，我就是那个扔鸡蛋的人。

许知远：我对你挺好奇的，我反省自己，觉得我是僵化了。

李诞：这是很多人对你的批评。可能攻击是人的天性之一。

许知远：你会担心攻击到别人吗？

李诞：我担心，像刚刚跟你聊天，有一些话我是警惕的，我不是把你说难受了我就得劲的那种人，我要说我的所思所想，不说假话，不拍你马屁，还让你开心，我就要想方式、想分寸，想怎么用笑声包装它，我不是一个有恶意的人。

许知远：你什么时候会有恶意？

李诞：有人惹我，我就一定是充满恶意的，一定要报复才行。你没惹我我没有恶意，我有很多偏见、刻薄，但是恶意这个东西真挺少的。

许知远：为什么我一点刻薄都没有呢？如果我对你刻薄一点，我会很不舒服，所以即使别人怎么说，我也不好意思回驳他。

李诞：这是你的可贵之处，比如马东说你自恋，你当时没有回他一句，说"你穿得花里胡哨的谁自恋"，你没回这句。

许知远：我不好意思回他的，我说不出口。

李诞：这是可贵的地方。完全不用难过。你也值得为这件事自恋。

许知远：其实我本质上是一个挺不自恋的人。我是真诚地对他人感兴趣的人，不愿意谈论自己，今天是我谈自己谈得最多的一次了，可能因为我们是在聊天。

李诞：我能感受到。我没有榜样，人没有偶像是很可悲的一件事情，我度过了一个没有偶像的青春期。青春期的时候觉得很骄傲，但是现在想想很蠢。我特别羡慕那种激动的感觉，像你说你见到白先勇，我从来没有过。我见到佛祖可能有，但是也未必，可能也就是像咱俩坐这儿聊会儿天，说你怎么想的去树底下坐那么多天，他可能说一堆印度话我也听不懂。这可能就是结局。

许知远：对你来说，吴宗宪怎么样？

李诞：很喜欢。我小时候生活在厂矿还有牧区，这种偏僻地方的电视，可以用卫星接收各种信号。我们在自己的牧场架个锅收信号，可以看到吴宗宪、蔡康永他们的节目。我觉得太逗了，对我真的挺震撼的。现在作为从业者回忆起来，为什么我那么喜欢吴宗宪，其实是因为他带给了我那种嘻嘻哈哈说出真话的感觉，我现在学的其实也是这种。

许知远：如果不嘻嘻哈哈说真话又怎么样呢？

李诞：就是像你这样被人骂。你知道你怎么解救自己么，你和咱们全中国的人每人面谈一遍，大家都会喜欢你的，但是你做不到，没有这个机会。

许知远：挺妙的。

李诞：吴宗宪就是当面说一些不能说的话，然后用幽默的东西一笑过去。上节目的女明星他非礼人家，那种东西抛开镜头、抛开舞台都是性骚扰，但在镜头前就没事，我觉得太厉害了。我现在做的也是这样，镜头给我了自由，舞台给了我自由，因为大家都知道你是在虚拟情节。在古希腊，戏剧承载了这种功能，归根结底我刚刚说的这种感觉就是戏剧的一种功能。舞台归根结底就是幻觉，戏剧、镜头都是幻觉，我享受这个东西，我不用负责任。

许知远：但古希腊最被记住的是苏格拉底，是让他们不舒服的人。你不觉得最后真正获胜的人，是摩擦的，是粗粝的，是碰撞的吗？那种特别容易被包装、被当下接受的事物，结果就是被迅速遗忘了，一定是这样的。

李诞：你可以这么理解，每种思想、每种活法都要有人传承，他也动过这个念头吧，不然他较劲给谁看。但我在欢场里，我享受了，我得到了，我离开了，我想做这样的人。

许知远：为什么喜欢布考斯基[1]？除了他是酒鬼以外。

李诞：就是酒鬼。其实我最喜欢的还是布考斯基那种纯自我，瞎写。我最羡慕的状态是那样的。

许知远：但他非常努力。

李诞：他肯定努力，做了那么多那样的工作，但是他的写作感觉没有在精修或者追求结构这种东西。

许知远：因为在他之前的西方文学传统的结构太完整了，他要反抗这种结构。

李诞：我挺喜欢他的，但可能我最喜欢的小说家还是马尔克斯。

许知远：他完美，他像上帝一样在写。

李诞：马尔克斯就是让你看完就永远不想写东西的人，布考斯基就是看完你就想写东西。

许知远：这都是伟大的作家，是两种不同的类型。你想成为哪样的人？让别人看完之后也想做脱口秀，还是看完之后根本干不了这个事？

李诞：让你看完笑，我想的就是一件事。

许知远：那在写作方面呢？

李诞：写作上我放弃任何目标，我只要自己开心，就是给自己

---

1 查尔斯·布考斯基，德裔美国诗人、小说家。他书写底层，嗜酒如命，干过苦差，被誉为"贫民窟的桂冠诗人"。

留一块地,留一个想去的时代。完全不在意别人喜不喜欢,自己写爽了就好了。但脱口秀不能这样,脱口秀一定要让别人开心。你觉得我真的喜欢大众娱乐吗?

许知远:我知道你不喜欢。

李诞:我需要,我真的需要。不只是金钱上的需要,是我的人生需要。我很感恩喜欢我的观众,爱看我的人,他们让我活下去。可能在这个层面上我比你脆弱多了。

万峰

1946 年　生于北京，小学时随母亲到福建厦门定居
1968 年　北京林学院毕业，被派遣到青海唐古拉山的一个供销社当营业员
1978 年　考上内蒙古大学汉语言文学专业的研究生
1988 年　进入浙江人民广播电台工作
1996 年　开始担任性教育节目《伊甸园信箱》的主持人

胡晓梅

1971 年　生于江西丰城
1992 年至 2007 年　主持的电台节目《夜空不寂寞》在深圳保持了连续十五年的最高收听纪录，被誉为中国南方的广播奇迹

叶文

1977 年　生于黑龙江鹤岗
1999 年　毕业于黑龙江大学历史系，毕业后进入黑龙江人民广播电台工作
2005 年　担任《叶文有话要说》节目的制作人与主持人

扫码观看视频

深夜情感电台

做电台就好比戴着镣铐跳舞

Chapter 11

在哈尔滨叶文的直播间,听到蜂拥而入的热线电话,讲述着从老公外遇到婆媳不和的故事。那真是令我震惊的一刻,仿佛所有世间琐事,皆涌到这窄小的房间里,令人窒息。你感到生活单调且黏稠,你被困在其中,动弹不得。

在上海的图书城,万峰与我在书架中逡巡。他翻起一本诗词理论,说起曾与钱钟书、与叶嘉莹的通信。那是二十世纪八十年代初,他还在内蒙古大学就读。这也是温暖与惊奇的一刻,我从未意识到这位夜间情感热线的主持人与学术世界同样紧密相连。或许正是这种相连,令万峰与众不同,他有着自觉的启蒙意识,从年轻时代起,他就清楚地意识到,性从来不仅是性,它有关个人觉醒、对世界的认知。

在深圳一栋写字楼的露台上,胡晓梅回忆起每个夜晚接通热线的景象。那么多电话、麻袋装的信件,都纷纷向她诉说自己的幸福与不幸,渴望被倾听、理解。对此,这个江西来的姑娘既兴奋,又感到压力重重。

《叶文有话要说》、《伊甸园信箱》与《夜空不寂寞》,都曾是影响巨大的夜间电台节目。从东北到华东再到华南,它们曾抚慰了千万寂寞的、受困的灵魂。情感总要找到某种方式释放,获得宣泄与平衡。人们可能跟牧师忏悔,可以向心理医生倾诉,可以在推杯换盏中哭泣,释放自己。某种意义上,电台主播就是我们时代的牧师与心理医生,他们疏导、抚慰人心。

地域与时间,也造就了他们的独特风格。成长于互联网时代的叶文,直接、笃定,日常生活气息浓厚,确信自己的声音可以帮到需要她的人;万峰与思想解放的潮流相关,他对两性关系的答疑解惑影响了一代人对性与爱的看法;离开话筒很久的胡晓梅,曾是广东打工青年的最爱,她富有文学气质,时常感到自己的无力。

他们影响观众,也被观众所塑造。在节目创办一段时间后,他们都选择更直接鲜明的风格，不无粗暴与火药味。这种话语方式的转变出于何种原因？多年来在黑暗中倾听人们心底最隐秘的话语，这给他们的思维与情感带来怎样的影响？

  我对此充满好奇。

得时不时忘记麦克风，
不能被它束缚

万峰
著名情感电台主持人，"电波怒汉"

许知远： 青海那段经历对你的影响大吗？

万峰： 这辈子都忘不了。我是1968年12月到青海的，1978年10月份走的，差不多整整十年，其中三年半是在海拔四千七百米左右的唐古拉山。

我大学毕业的时候不是像后来按照专业分配工作，"文革"一来，我们专业都没学完，所以最后分配时没法按专业。不过本科我念了两年了，基本课都学完了。

许知远： 那时候想做什么呢？在二十多岁的时候，对未来有什么想象呢？

万峰： 因为我小时候身体不好，我妈妈就希望我当医生。我呢，还真不想学医，怕打针啊！可是被逼得没办法了，考大学的时候，我填志愿，第一个是中国医科大学北京医学院，第二个是上海医学院。可是上初中的时候呢，我迷上了画画，集美中学有很好的画室，我们几个小鬼整整画了三年素描，画石膏像。我想考美院，结果我妈妈恨死了，认为画画是不入流的，把我揍了一顿。

既然不让上美院，那我就想学一个跟画画沾边的专业吧！到了高三填志愿的时候，我瞒着我妈妈，把第八个志愿的北京林学院提到了第三个，我填的是当时全国唯一的园林系。园林系的园林专业，全国独一份，它要有绘画基础。可是没想到后来学校通知我因为成

绩很好，第一批录取了。我一看是北京林学院，不错嘛！可是不是园林系，到了学校一问，才知道给调到了水土保持专业。

后来 1977 年恢复高考，我考南京师院的研究生，没考上。第二年考内蒙古大学就考上了。

许知远：当时为什么选中文系呢？

万峰：因为我一直喜欢古典文学。上高中的时候，我买了《李白诗选》《杜甫诗选》《白居易诗选》《中国文学史》之类的，在唐古拉山不是没事干嘛，我没事就翻翻看看。当时我就算想回林学院回炉也不行了，专业忘光了，我又不感兴趣，想想还是学古典诗词吧！

许知远：那时候念研究生是三年吧？

万峰：研究生念了四年，还到南开听过课。那四年对我影响非常大，总算是比较系统地学习了。我自认为不是做学问的人，我的感性、形象思维可以，逻辑思维不行，所以就不爱做学问写文章。我感兴趣的是现实的、鲜活的东西，我喜欢听广播。我从小就听广播，那时候动不动就听中央人民广播电视台的节目，所以印象很深。

许知远：除了小时候听广播，在青海有广播听吗？能听到些什么？

万峰：有啊！我一天到晚听收音机。全球的电台基本都能收到，没有干扰。

许知远：那时候想过要做一个广播电台的主持人吗？

万峰：没想过，那时候就考虑生存。我那时巴不得跳出青海回到华东来，当个清洁工我都干。研究生毕业以后，我去了浙江省社会科学院，当学刊编辑。后来不想干了，我就要求调到浙江人民电视台，1988年正式入职的。我先是在总电视台里当编辑，后来当记者，主要是搞综艺。

许知远：你刚开始做电台节目的时候，听到自己的声音是什么感觉？

万峰：有时不愿意听自己的声音，不是很习惯。

许知远：你转行的时候，已经四十二岁了，等于是一个新的行业，你是发现自己有这个天赋吗？

万峰：没觉得有天赋，比方说那时候只想到电台工作，从来没想过要播音，为什么呢？我总觉得播音很神圣。

后来我跟领导要求去播音，他说你可以播吗？我说可以啊，你送我到广院培训半年。他说培什么训，干吗要学播音腔，你就这么说就好了嘛！我当时很不自信，我记得我第一次播音紧张得浑身出汗。

许知远：后来出现了《伊甸园信箱》那个节目，这个过程是怎么回事？

万峰：1992年以后，大概最早在上海、天津、广州开始开发午夜节目。既然是午夜播出，当然就首先考虑了两性关系，为什么呢？我们不是说中国的性教育一直很落后吗？那时候抓住了周恩来的一句话，他大概在六十年代初说过，中国要加强性教育。当然这一直实行不了。改革开放后，慢慢开始开放了，那么男女关系、两性关系、性知识也要开始传播。媒体胆子大了，就允许有所谓的性教育节目了，当然不敢公开说是性教育，我们是打着性教育的旗号，实际上都是谈情感，真正涉及男女两性关系还是少的。

许知远：你第一次在电台里面谈论男女知识是什么感觉？

万峰：那是不能乱聊的。一个是听众也不敢乱问，都是来问病，他不可能说"我跟我太太性生活怎么样"，现在有人问，以前不敢。就算有敢于谈两性的，也是一板一眼的，你听半天还不如看书去。我认为午夜节目首先要讲例子，要偏重于情感和关系，而不是讲医学上的知识。要了解深奥的医学知识，你找医生去。

再一个，午夜节目的节奏一定要快，你在那打太极，慢慢吞吞地侃大山，谁听啊。听众就希望听别的听众来问什么问题，看主持人怎么回答这个问题，短平快，这样人家才不睡觉。

许知远：这个风格你是什么时候意识到的？

万峰：我没有意识到，我就是很痛快，这是由我的性格决定的。我不爱跟你啰唆，我不乐意听别人这么慢慢吞吞的，我一定要活生生的例子。

许知远：所以你就希望快速地把表面撕掉，直接进入正题。

万峰：一针见血，别跟我拖。但是也要看你问的问题有没有水平，如果问题有水平，我们就是旗鼓相当地对话，那就好听了。所以导播接电话很重要，导播就是第一道编辑。刚开始的一个导播很好，他是初中学历的下岗工人，但他有生活经验，一听就知道这个人是不是来捣乱的。后来换了一个年轻女孩就不行了，接进来都是来捣乱的，那就不灵了。

许知远：那个时候进来的听众大部分是什么年纪？

万峰：当初还是年轻人和中年人多一点，老人不多。那时候我们的娱乐还是听广播为主，看电视还不是主要的，而且听广播最方便,所以我认为广播是消灭不了的,看电视怎么说你也得坐那吧!

许知远:那个时候你发现他们面临的问题普遍是什么呢?

万峰:普遍就是前列腺炎、不孕不育之类的,但是最多的还是情感问题,我爱他,他不爱我了,我追她半天怎么地了。

许知远:你觉得这二十年来,年轻人的情感问题变化大吗?

万峰:基本上还是那些问题。当然现在他不问病了,不会上来就说什么前列腺炎的。我们这个夜话,主要还是关于情感,当然也有工作上的问题。也有少数胆子大一点的,可能实在忍不住了,会有涉及性的问题,也有涉及同性恋的问题。

许知远:这是二十年前没有的问题。

万峰:以前不是没有,是不让说。以前认为这是变态、精神病、流氓,不让说。当然现在传统媒体也不让说的,但是网络可以,网络上我就跟你说这是正常的嘛!但是会说应该注意什么。

许知远:在《伊甸园信箱》的时期,就开始有媒体或听众形容你是"电波怒汉",最初你听到这种形容的时候是什么感觉?

万峰:我也没觉得我特别容易发怒,因为我认为做电台就好像戴着镣铐跳舞,你要戴着镣铐跳,还要跳得美,很不容易的。后来记者采访我,我就说我作为媒体人,对着麦克风的时候,不能胡说八道,但是我时不时地也要忘记麦克风,不要为它束缚。只要我不触碰底线,我就把你当兄弟、当同事、当朋友、当小辈、当长辈来跟你交心。

不过我也搞不清楚我的态度什么时候就凶起来了。我其实很自然的。每次一听急了,我就说你混蛋,你臭流氓,你小流氓,当然再脏的话就不能骂了。

许知远：你会觉得你是中国社会的一个异端吗？

万峰：我倒不是什么异端，我还没有李银河那么激进吧！

许知远：从做《伊甸园信箱》开始，这个节目对你的改变大吗？

万峰：这个节目让我了解了人世间的人事百态，我要不做这么多节目，我还真不知道人世间有这么多事。

许知远：如果在言论上更自由的社会，你觉得你的节目会很不一样吗？

万峰：在更自由的社会，那就跟自己的学识有关了。比如外国人的性问题也很多的，但是他们胆子很大，如果我在那儿的话，我就入乡随俗大胆地说了。当然还有一个问题，我自己的知识要提升，如果我还是以在中国学到的这些知识来谈，那不行的，你就相对保守了，对不对？我的有些言论是从李银河的书里读到的，可能有些人觉得我胡说八道了，他们不懂。

许知远：我觉得一个社会对性的态度的成熟，是这个社会真正成熟的标志。在这个意义上，我们仍然处于一个非常初级的阶段，是吗？

万峰：但是你说初级也不对啊！现在的小家伙走得很远的，早恋已经很常见。上个礼拜还有一个小伙子问我，他说他喜欢公司一个同事，是个黑人女孩，很好，很可爱，悄悄跟她好了几年了，但他爸妈坚决不同意。现在的人都很开放了。

许知远：你是不是特别支持这种变化？

万峰：也不是说我支持不支持，世界就是如此。现在很多孩子不结婚，比方说我周围这些电视台的很多主持人，三四十岁不结婚的有的是啊。他们过得也有滋有味的，有时候我心里也在想，现在你们都挺风光的，如果再不考虑个人问题咋办？不咋办，人家不怕。

许知远：他们会有新的方式啊！为什么一定要结婚？

万峰：对啊！为什么一定要结婚呢？那天我就看见一篇文章，说我们现在的婚姻制度已经暗中发生改变了。比方说北欧有很多国家已经有不结婚的，就是同居，而且只要你同居关系稳定，这种关系已经得到政府的认可。还有这两天，我看一篇文章非常好，我还下载下来了，说今后可以不婚的，为什么一定要结婚呢？为什么我非得结婚才能生孩子？我不结婚也可以生孩子。

潘绥铭就说过嘛！他就说结婚凭什么要政府发结婚证啊？这是我们俩的事情。但是没办法，在现有的社会制度下，结婚必须得到政府的同意，它会给予你一定的保护、福利。不过也有专家学者说，今后的婚姻，比方说一两百年以后，到底会变成什么样我们想象不了，男男女女还会吃醋吗？

许知远：但是人又永远无法驱除那种占有欲。

万峰：但是我相信人类是有办法可以调剂的，那就慢慢来嘛！嫉妒心太强的，那你就进入婚姻，嫉妒心不强的，那你就可以放开。

许知远：做节目的时候，让你最困扰的是什么？

万峰：这就涉及一个节目的宗旨问题了。你刚刚问的问题实际上就是说，你这个节目能解决问题吗？我不是万能的，说句老话，你就是叫资深的心理学家来，他也未必能解决所有的问题。我一再强调，做这个节目，不仅仅是为了解决问题，解决问题是一小部分，它主要的目的是作为一个榜样,让大家看前车之鉴,让听众吸取教训。

许知远:你心中有没有一个特别具有榜样性的播音员或者主持人?

万峰:不是我吹牛,没有。比如我对《锵锵三人行》这个节目就很不满意,我觉得窦文涛最大的一个毛病是他不了解老百姓想问什么,想知道什么。比如我在上海做医疗保健节目,我就比这些年轻的明星嘉宾有思路,我会提出其不意的问题,但是他们制片人不太懂,老是动不动请明星嘉宾。综艺你可以蹦蹦哒哒的,但知识性的节目,年轻人的知识和阅历还是不够,你说对不对?

许知远:对,尤其是生理保健知识,他们更不行了。

万峰:所以谈话节目必须对社会现象有所观察和剖析,光在那调侃没有用啊。或者肚子里有学问,但是倒不出来,上台之后不会说,也不行。再或者,他有学问但是不知道老百姓要听什么,那你有再大的学问也不合适。

许知远:你年轻的时候,因为各种原因接触这些东西都是很少的,到九十年代中后期的时候,其实已经开放很多了,但在节目的接触中你会觉得现在的年轻人怎么对情感、对性还这么的无知,这么的蒙昧吗?

万峰:当时包括到现在,很多人都自以为有性知识,但是他们有的是错误的性知识,而不是科学的性知识。性的问题是很复杂的,就情感问题和性的问题,我是越学越觉得深奥,越学越觉得复杂。

许知远:你希望晚生三四十年,活在一个更自由的年代吗?

万峰：从某种意义上说，现在是很好。我当初在唐古拉什么都没有，就听广播，八个样板戏。但是话说回来，人不可能挑选命运，我现在想如果我晚生五十年，也不过如此。现在年轻人有他们的困惑，他们的艰难，我们固然早生了，也有属于我们的幸与不幸，每个时代有每个时代不同的情况。但是你要问起，我也不说我后悔不后悔，我只有这么一个感慨：如果还有下辈子，我绝对不投胎做人了，我不想再来人间了，太累了。

我只是个听故事的人，不企图为时代做总结

胡晓梅
著名情感电台主持人，作家

许知远：你停止做《夜空不寂寞》那个节目有十年了吧？
胡晓梅：有十年了。都不太想起，过去了。

许知远：你原来是这么拥抱未来的人。但那段时间不也是自己的生活吗？
胡晓梅：看你指的是什么了。那些在青春里奋斗过、经历过的事，是历历在目的，但如果你说是否怀念这个节目带给你的某一些东西，就没有。只是在那个过程当中，感受会比较强烈，但那都是别人的命运。

许知远：什么时候开始觉得疲倦的？

胡晓梅：没有新东西了。2005年左右吧。

许知远：是不是书写过之后，你就觉得消化掉了，它就结束了？

胡晓梅：就是我自己觉得，我能够把过去的东西梳理出来，然后就完成了。写完了就放下了。

许知远：还记得吗？做主持人之后接到第一个电话的时候。

胡晓梅：不太记得了。我只记得有一个师长，当时他不认识我，听完节目以后，他来找我说，你会成为这个城市最受欢迎的主持人，我很惶恐。我想可能是因为我说话的方式吧。因为我没有身份感，我没有专业院校出来的优越感。

许知远：也没有播音腔。

胡晓梅：对，我跟所有听节目的人是一样的，我们都是来这个城市寻找梦想的年轻人，经历一样的烦恼、困惑，心里面怀着一些愿望。

许知远：1992、1993年的时候，大家最普遍的困惑是什么呢？

胡晓梅：刚开始的时候，都还是年轻人寻梦的阶段，听众们在工作里面遇到老板的一些不公平的对待，然后大家就会互相鼓励，到后来慢慢地就变成一个以情感为主题的节目。

许知远：大概什么时候慢慢感觉到发生这样的一个变化？

胡晓梅：等我恋爱了以后吧。但是那个时候的广播，会有一个悖论，就是广播到底是喉舌，还是个人生活展示平台？你怎么能把一个公共话语的空间变成一个私人话语的空间？这个可能是一个比

较大的争论。但是我觉得这个空间能用来做这个事情挺好的，这么多年轻人在这个城市，就有这么多的内心困扰，大家有一个公共空间可以互相交流，挺好的。我觉得这应该是这个平台最大的优势。

许知远：比如说一开始，他们问你关于寻梦的这些问题，包括职场遇到的问题，你也不太有经验，你怎么应对这些问题呢？

胡晓梅：其实很多时候别人给你打电话，只是为了倾诉。大家在一种共同的交流当中，会缓解这种焦虑，未必见得人家需要你什么建议。

许知远：到了 1995 年前后，你开始谈恋爱的时候，你的节目慢慢成了一个关于情感的节目，深圳成为世界工厂大概也是那个时候吧。当时的听众面临的最主要的问题是什么呢？

胡晓梅：最重要的一个就是到底是走还是留，还能在这个城市坚持下去吗？因为有很多的人，他们最终还是返回老家了。而正因为他们生活在对未来的不确定里，所以会恐慌。恐慌的时候，人会渴望抓住一些类似爱情的东西，这样可以寻找到一个依靠吧。所以有的时候他们和我都在心里问，这是真的爱吗？还是只是因为需要？

许知远：你对权力关系这么敏感，跟那时候的工作经历有直接关系吗？因为你的书里也写到，很多听众算是处在权力结构之中的弱势群体。

胡晓梅：对权力敏感是因为，每个人都以为自己是个体的，但他后面其实负载了权力的某种胁迫。很多听众都有这样的个人际遇。

许知远：所以你对这种权力的支配开始感到愤怒？

胡晓梅：可能不能说是愤怒，而是觉得遗憾吧。其实人还是被很多东西支配着的。

许知远：那个时候你感觉到你在被什么支配呢？

胡晓梅：二十年前的我，可能是被一个愿望支配着吧，就是你想知道在声音的世界里能走多远，它能去到哪里。年复一年，日复一日地在黑夜里，在声音里，在别人的生活经历和内心的冲突里一直走，想知道顺着这条路可以走到哪里去。

许知远：当时觉得有哪些特别大的障碍呢？你有没有一些时刻觉得自己对听众的理解太浅了？

胡晓梅：有的时候会有无力感。比如说那时有一个听众很喜欢文学，她的信件里充满了对写作的渴望，你会觉得很亲近，觉得可以和她成为生活里的朋友。有一天这女孩告诉你，她要去追随一个笔友，那个笔友在另外一个城市，对方希望和她在一起，我们就约着一起在东门街吃了一顿饭。我不知道该不该留她，她是去追随爱情的，一个和她一样喜欢文字的人。人是不是应该勇敢一点？你不知道，就是有时候你对未来是看不见的，你不知道你该跟她说去还是留。最终，有一天凌晨三四点钟，我的呼机不停地响，但是我不敢接，因为不知道大半夜有什么事，心里很恐慌。第二天天亮了，我才敢去面对这件事情，然后她的哥哥告诉我说，她自杀了。原来那个男孩还有很多这样的女笔友，以她的刚烈，她没有办法接受，她就用这种方式来报复。其实作为身处外围的人，你发现你可以做的很少，你也承受不起太多这样的东西。当她成为你的朋友，当她在你的生命里出现，然后又用一种彻底的方式消失，其实你是承受不起太多这样的东西的。

许知远：那应该是蛮重要的一个转折点。

胡晓梅：就是不能对自己有错觉，你能做的东西其实很少，所以要清楚自己的定位。我只是一个跟他们一样在这个城市里寻找梦想的人，也会经历烦恼、挣扎，也要坚强地走下去。在这个途中，我们以一种声音的形式相遇，相互分享、倾诉和鼓励，就是这样而已。

许知远：所以你突然意识到，之前那两年里可能拥有的是一种虚幻的力量。

胡晓梅：对。

许知远：所以你对知识分子的批判，源于对自我批判的渴望和需求？

胡晓梅：你如果在一个平台上，被假设性地赋予了一个所谓导师的地位，假如你不够自知的话，你会对自己有错觉，你会要求自己绝对正确，不可以犯错，因为别人还要咨询你呢。所以就会有一些夜间谈话主持人自杀这样的事件，因为他不能原谅自己，他也是血肉之躯，也是普通的人，也会遭遇挫败。所以你要知道自己绝不可能永远正确，不能对自己有幻觉，有错误的要求和期许。

许知远：做节目的时候，为了让别人适应你，接受你，愿意袒露自己的一切，你要在极短的时间里通过声音跟一个人建立亲密感，这要怎么建立呢？

胡晓梅：让他感受到你的善意，让他觉得你不会耻笑他的贫寒，耻笑他的出身、阶层、地位和无知。对谈的时候是不能有优越感的。

许知远：那应该怎样倾听声音呢？

胡晓梅：对别人真的感兴趣。

许知远：人性里面让你最受不了的是什么？
　　胡晓梅：对他人的掠夺和戕害而不自知，充满着各种自我辩护的理由。

　　许知远：为什么会对这个那么敏感呢？
　　胡晓梅：就是生活里面每个人都会有自己的欲望，假如你为了这个欲望去付出代价，那是你应该的。但如果你枉顾其他人在这个过程当中受到的伤害和磨难，就是冷血。我觉得我很难去接受。

　　许知远：你最喜欢的品质是什么呢？
　　胡晓梅：独立思考吧，能够穿透表象独立思考的能力。

　　许知远：如果你现在回去看那个时代的晓梅是什么感觉呢？
　　胡晓梅：我觉得她好勇敢。

　　许知远：你觉得你没有那时候勇敢了是吗？
　　胡晓梅：对，有可能，因为有了很多的牵挂。

　　许知远：你怀念那种勇敢吗？
　　胡晓梅：时光不会回流，你往前走，你身上一定会有更多的担当，然后你要给生活挖好护城河，你不会再像当年那样，带四百五十块钱来闯深圳，天不怕地不怕。现在你会想到先把生活防护好，再去尝试追你的梦想。

　　许知远：如果做新的节目，你会把这些东西告诉年轻人吗？提醒他们要有自己的护城河。我想在1992、1993年的时候，你应该是会鼓励他们的吧?

胡晓梅：假如他在面临一种选择的时候，可能需要一些提醒，他自己其实也是知道的，只是说我去放大那个声音，就看他们愿意不愿意听了。

许知远：做节目的时候，你最经常做的妥协是什么呢?
胡晓梅：我的专制。

许知远：你说过你曾经想帮助一个女孩但没帮助成，某种意义上，你意识到了自己的局限性。你觉得自己还有这种专制的倾向吗？后来你改掉它了吗？
胡晓梅：没有完全改掉。

许知远：什么时候明确感觉到这种专制的力量？
胡晓梅：进入婚姻后吧。婚姻是两个人的步调的调整，一定不能是由你一个人定方向，用你的人生模板去要求对方。

许知远：这个反思就直接带到节目中了？但你也说过你在结婚之后的节目中，更多去苛责听众，或者直截了当地批评他们，这两者矛盾吗？
胡晓梅：可能因为觉得自己是过来人，但实际上在婚姻里面，谈不上过来人，因为你的婚姻还在行进当中，你也不能预测未来会怎样，两个人能否永远步调一致。谁敢说这样的话呢？假如可以，那是非常幸运的事情。

许知远：在那个十五年之中，你接了那么多电话，跟那么多人聊天，遇到过最大的挫败感是什么时候？

胡晓梅：有一个女孩给我打电话，倾诉她内心很多的死结。我安抚她，劝慰她，结果她开始依赖这个电话，她会要求我的导播每周或者每半个月给她打一个电话，因为她这个时候需要交流。她还有自杀倾向，你会觉得你似乎是有这个义务的。对她来讲，每一次倾诉都是缓解，但那实际上应该是心理医生的工作，所以最终我们不再给她打电话。

有一天她拿了一瓶农药，就在我们电台门口的草地上喝了，我们只能紧急送她去医院洗胃。当她开始依赖这种倾诉的时候，会带来一个悖论：是这种依赖给她带来更深的痛苦，让她无法摆脱倾诉的欲望，还是她自身的痛苦使然？

许知远：你怎么去消解这些冲击呢？靠时间吗？

胡晓梅：其实很多心理专家自己也是需要寻找心理医生，相互倾诉的。同样是在接收很多负面的东西，他也会被带入其中，所以他需要另外一种帮助。

我跟我先生是2000年结的婚，我想，他在那个时候出现，对我是有拯救意味的。因为在此之前，我都生活在那个声音的世界里，是他把我带入现实生活中的。

许知远：那个声音的世界不管有多沉重、黑暗，或者残酷，它也构成一个很迷人的世界，有很奇怪的吸引力。你从中挣脱的过程应该经历了很多痛吧？

胡晓梅：对，实际上一个人是不能承受那么多的，你只是一个人而已。

许知远：2007年结束这个节目，跟不想继续承受这种重量是不是有很大关系？

胡晓梅：有，因为你十五年生活在黑暗当中，希望能有另外一种生活方式吧。

许知远：现在做新节目，困惑你的是什么呢？你会担心自己跟年轻一代处理情感的方式脱节吗？

胡晓梅：很好奇，所以想试试。

许知远：现在你的同事都是年轻孩子，二十出头的男孩女孩，他们会想跟你表达自己情感上的困惑吗？他们还有上一代人的那种倾诉的冲动吗？

胡晓梅：这么说吧，我感觉仿佛自己额头上就写着"接受倾诉"似的。前几天我陪一个朋友去证券公司，因为他以前用的是我的账户。他们就让我去房间里录一个视频，证明我知道规则诸如此类的。整个视频的时间是三分半钟，我在里面待了半个小时才出来，我朋友在外面已经等到疯掉了。他问我为什么那么久，我说在我们开始录之前，身边那个证券公司的女孩突然就哭了起来，跟我说我不干了，我不能再干了，我要辞职。然后我们就没办法录了，我跟她谈了二十几分钟以后，我们才开始录的。那是一个很年轻的孩子，大概二十三岁，大学刚毕业一年多。她不知道我是谁，可能我身上有一种说不清的东西，会勾人家说话吧。

许知远：很奇妙的一个东西。

胡晓梅：对，所以这种能力，或者这种能量，我觉得可以再去释放和尝试。

许知远：我其实对你说的那种黑暗力量挺着迷的，因为我没进去过，没理解过那种东西，对我来说很神秘。

胡晓梅：对，那里有很强大的力量，但我不能满足于此，或者说沉溺于此。

许知远：那时候会做噩梦吗？
胡晓梅：有的时候会。

许知远：比如现在十年没做这个节目，这些黑暗偶尔还会找你吗？会进入你的思绪里吗？
胡晓梅：翻检旧物的时候会。比如那个自杀的女孩，她临走前给我留了一个音乐盒，我就尽量不要翻出来。

许知远：我想你意识到黑暗的时候，你也在努力建一个防火墙，防止这个东西穿过来。在遇到你先生之前，这个东西怎么建立？
胡晓梅：那个时候我还年轻，很多话题也没有走到那么深，因为没有能力走过去，那个时候的节目会更抒情一些吧。

许知远：比如说，你在自己的书里也提到那些女孩子在公司里面陷入具有剥削性质的性关系中，这些东西本来都可以剪掉，不一定非要说的。人在一种非常孤立的情况下，其实性是最好的慰藉。我2008年去过一次东莞，我想那个城市，这么大量的流动人口，彼此间很陌生，然后又进入一个非常流水线的生产空间里面，那种人被异化的感觉是非常强烈的。但其实有时候性是缓解这种异化，或者忘记这种异化最便捷的方式，因为性是真实的，温暖的，交流的，润滑的。那时候你会怎么想这些问题？
胡晓梅：这些关系也许在最开始时会表现得像你说的这样，是为了慰藉，但在这之后，它会呈现出另外的一面。

许知远：一种侵占，一种不对等，你觉得是这些东西吗？

胡晓梅：包括羞辱。这些东西出现的时候，人会付出另外一种代价，然后重新去审视自己的选择吧。这些不是由道德来指引的。

许知远：打电话进来的很多是弱势者，那有没有那种属于大家普遍认为是权力者的，他们来倾诉自己内心的困惑？

胡晓梅：在困顿当中的人可能更愿意倾诉吧，强势的人相对少，他不太愿意流露内心的软弱，或者在他处在统治地位的时候，不会去轻易暴露自己的软肋。但是如果一个工人讲述他对留在村里的女友的思念，和一个开豪车的男人跟我说他被他太太背叛了，对我来说这两者之间是没有区别的。在人性的层面上是没有区别的。哪种痛苦会比另一种更高级呢？在这个层面是没有高下之分的。

许知远：那时候你肯定去过很多次东莞吧？你就没想过去看看这些听众到底是什么样子的吗？

胡晓梅：去过很多地方，不止东莞，还有惠州，珠海。

许知远：那为什么不想去见见他们呢？

胡晓梅：他们都是声音啊。

许知远：如果你看到他们生活的环境，那个城市的面貌，那些夜晚，是不是会更容易理解他们呢？或者说你听到他们的声音流露的一切，你想知道他们生活在什么样的一个地方，为什么不会有这种好奇心呢？

胡晓梅：因为我们只是各自来深圳、来广东打拼的年轻人，大家在一个公共平台上相遇了就相遇了，就像你现在在一个公众号上看了一篇文章，下面有一大堆留言，有新疆的，有北京的，有上海的,大家在这个平台上相互交流,这公众号的作者他不一定要去每个地方都探访一遍吧。

许知远:但至少会对其中几个人感兴趣吧,他为什么留了这样的言,即使我不去,我也会感兴趣。就是说出于个人的好奇心,你没有兴趣去探究他们吗?

胡晓梅:没有。我不是纪录片导演,我只是一个听故事的人,我不企图去为时代做注脚,做代言,做总结。

我是一个非常优秀的"护士",
我都是一针见血

叶文
著名情感电台主持人,节目制作人

许知远:你大学学的专业毕业后本来应该干什么呢?

叶文:可能是做一个文职秘书,或者做个老师。没当上老师,一直是我很遗憾的一件事,我特别想当老师。其实如果你不是专职老师,好为人师不是一件特别好的事情,但有时候真的是想分享。我觉得我现在做这个节目就是一种分享,我可以让很多孩子少走弯路。

许知远:为什么没去呢?

叶文:没有学校要我呀。我们那一年毕业的时候找工作哪有这么容易呀。1999年那时,是第一年毕业不包分配,我们就到处自己找工作,电台是我找的最后一家。

许知远:那时候没想过去北京、上海、广州之类的地方吗?那时候很多东北年轻人毕业以后跑到那些地方。

叶文:没想过。当时只要有单位要我,我就觉得已经很好了,我没有那么大的野心,我是一个对生活特别容易满足的人。

许知远:你现在回忆起来,那时候做一个主持人,你的感受是什么样的?

叶文:我那个时候就告诉自己,尽量忘掉你的声音,你要知道你讲的内容才是最重要的。因为在那个时候,我觉得大家还有一个共识,就是做电台广播,声音好非常重要,追求的是字正腔圆,追求的是错误率低,错字率低。女主播的声音要柔美、动听、圆润。我这声音听着跟狼外婆似的,那时候觉得这是天然的劣势。

许知远:你认为你的声音让你不舒服,不满意?

叶文:对呀,因为那个时候对主持人的要求是那样的,我就告诉自己说我可能不是声音最好的,但是我努力把节目做得有趣一点,也许就能弥补,所以就总在内容上下功夫。

许知远:做节目的时候,什么样的声音会特别触动你呢?

叶文:真诚的声音。不真诚我会听得出来,他撒谎了我也会听出来。

许知远:会有人撒谎吗?

叶文:有,很多。因为趋利避害是人的本能,比如有很多人在

描述两个人争吵的时候,他会刻意地把不利于自己的那部分给藏起来,但我会很快就听出来。我们都有这么一个特点,只能看到别人身上的毛病和缺点,看不到自己的,我们不站在别人的角度考虑问题,大家都很自私。

因为做节目,我也看过很多关闭的窗户里面最黑暗的角落,我会惊讶,居然会有这样的人性。但是我知道它不是生活的全部,只不过这些藏在角落里的污垢被我看到了而已,职业使然。

许知远:这些东西是你最初做节目的时候没有想到的吧?

叶文:没有,我其实是很简单的一个人。

许知远:第一次遇到这种冲击是什么感受?

叶文:下节目之后,因为情绪真的是很激动,觉得堵得慌,我也吃不下东西,就绕着大楼跑,得跑上两圈,才能觉得自己松出一口气来。我那时候真是觉得听完了之后就是无法放松,也无法接受。我更无法接受的是有的人觉得这样的生活正常,可以过,可以凑合。

许知远:这种特别黑暗的东西会让你退却吗?

叶文:你看我现在不挺好的吗?我从来没想过退却。既然我听到了,我知道了这种可怕的东西,我就一定要想办法。因为我们主持人是有话语权的,有这个话语权,你就有这个责任。《蜘蛛侠》当中不是有一句很有名的台词吗?"能力越大,责任越大。"我很幸运我坐在这个位置上,我有这个话筒,我就应该让更多的人知道这种事情不该发生,这种伤害不该发生,正确的处理方法是怎样的。

比如在婚姻当中,有很多女人对丈夫的冷落不满意,有的女人就出轨了,认为这样不仅可以让自己不会太失落,还可以有一种报复丈夫的快感。我要在节目里告诉大家,这是错的,你其实糟蹋的就是你自己，你糟蹋的是自己的人格和尊严，还有荣誉，除了证明你自己跟对方一样下作之外，什么也证明不了。那不是报复，那是自我放逐，是堕落。我跟听众说，你要用正确的方法来处理问题，比如你可以调整你们夫妻之间的关系，两个人可以谈，是不是？如果你谈了之后无效，那还可以分手，为什么要做外遇那种事情呢？你不解决问题，反而用这种破坏性的方式，就是你的人品问题。

许知远：为什么觉得外遇这么不可以原谅？

叶文：因为它会带来伤害。我总觉得每个人确实是自由的，但是你自由的前提是不要伤害别人，外遇伤害的东西太多了，首当其冲的就是孩子。父母有外遇，孩子受到的那种冲击、痛苦，对他人生的改变，是所有自私的父母体会不到的，但是我知道。

许知远：那是不是因为社会压力，或者社会的宽容度不够带来的呢？比如说你在一个北欧社会里，可能大家都不结婚，但是双方有小孩子，然后彼此相对是一个开放的关系，大家也并不觉得有什么不健康的。

叶文：我们不是那种文化。

许知远：对，所以是不是我们的习俗也在起作用？

叶文：有的人确实跟我说过这种话题，但是我想，在绝大部分文化当中，爱情都是有独占性和排他性的，无论你的观念进步到什么样的地步，这种独占性和排他性是不变的。所以你说文化不一样，我们的观念不够开放，可是爱情的本质是一样的，不是吗？

许知远：想占有对方是爱情的一个本质，但占有不到或者无法充分占有，也是爱情的一种本质。

叶文：这不是爱情的本质，这是人性，是不是？它是人性的一部分，人性有光辉的一面，也有暗淡、阴暗的一面，我们要接纳这个事实，并且让大家把更多光亮的一面展现出来。

许知远：你在做节目时是否感觉到，在中国社会，女性缺乏独立意识和自我意识，很大程度上是现在很多情感生活不幸的源泉？

叶文：这是很大的一个原因。有一次有个女孩问我，她说我怎么才能够避免像你节目当中那些不幸的女性身上发生的事情。我说你找对象之前，首先要认清自己是什么样的人，因为在心理学上"我"是一切的根源；然后你要知道对方是什么样的人。如果把这两样都搞清楚了，我觉得就不会出现什么问题。大部分人一开始就要提条件，但自己是什么样的人并不知道。所以就像我刚才说的那样，本质上我们问题的根源都是我们在情感当中太自私了。

许知远：对他人缺乏理解能力？

叶文：对，就是很难理解别人，界限感不是很清晰。

许知远：一开始碰到这种特别黑暗的东西，是靠跑圈释放，后来怎么办？

叶文：后来我就习惯了我听到的这些东西，我更多在想的是怎么去给别人一个好的建议，我始终坚信方法总比问题多，只要是去直面这个问题，想办法去解决，改变自己，肯定会有收效的。你没发现我们周围的人更多的不是改变不了，而是不想改变？有的小三就跟我说，姐，我知道我是错的，可我离不开他。我说少跟我来这套，你就是不想离开他。人的生活就是这样，改变自己很重要。我就是告诉大家，你可以拥有幸福，只要你愿意去改变；而且我也告诉大家，改变别人是极不容易的，没有人轻易地会被别人改变，生活习惯、意识、价值观，那就更是坚如磐石的东西，我们能改变的只有自己，通过改变我们自己，去影响他人。

许知远：从2005年开始，做了一两年之后，你会意识到这个节目是非常受欢迎的，这种意识对你来说是什么样的感受？

叶文：其实他们总说我是一个不自信的人，我确实是，我只管低头干活，没有在意它就是。

许知远：那你是什么时候知道，基本上全城的人都会听这个节目的？

叶文：我好像知道得挺晚的。我是真没想到有这么多人听，到现在为止，我也没觉得家喻户晓怎么样，这不是我关注的重点，我只关注我做节目的时候我和对方的感觉。有一段时间我会好好重新整理一下自己的思路，我的思路一定要主流，不能偏激，因此我就要求我的同事在我做节目的时候听一听，看看哪句话偏激了，不主流了。你不可能让所有人都满意，但是你的观点一定要主流。

许知远：为什么呢？怎么定义这个偏激和主流呢？

叶文：举个最简单的例子，我一直告诉女孩子们，不要因为钱而结婚，一定要因为爱而结婚，我觉得这应该是一种主流观念。我也在与时俱进，过去我一直不能接受婚前同居，因为我母亲是这样教育我的。

许知远：特别不能接受？

叶文：对，特别不能接受。我说女孩子不要这样，这是很伤害自己的一种方式。有时候在这个问题上我会跟听众过不去，但是后来我慢慢接受了，我觉得这是一种生活方式，你可以有自己的生活方式,你也可以有自己的自由,但我们知道哲学上向来强调自由是相对的,只要你的自由不伤害到他人就好。过去我告诉姑娘们一定不要婚前同居,但是现在我会跟她们讲可能的风险,那是你的自由,但是你也要为自己的未来考虑。我觉得我变得比过去宽容多了,豁达多了。年纪一点点大了之后,很多东西我觉得都可以理解,都可以接纳,不像过去,我会拍着桌子跟他讲,你就不应该这样。哪有什么应该不应该的,如果所有的人都知道自己应该怎样的话,这世界上会有《叶文有话要说》吗?

许知远:这也是你自己成熟的某种过程?

叶文:我没觉得自己成熟。

许知远:可能比十年前更愿意去接纳,没有那么强烈的对撞的冲动了?

叶文:对撞的冲动还是有,只不过对某些东西我接纳了。比如说过去我会不分青红皂白地觉得这个东西不可理解,你怎么就不这么做,现在我知道,是因为他年轻,他没有那么多的阅历,因为他的成长环境造就了今天的他,我们不能把责任全推到这个孩子自己身上。所有的人都有责任,包括他的父母,他成长的环境。

我经常在听众的反馈当中,看到这样的话:如果我早听到你的节目,我会早早回头;或者如果早点听到你的节目,我会知道我该对我妻子和孩子做什么,我不是个合格的丈夫和父亲,叶文我谢谢你;或者有听众说,我曾经做过小三,你还愿意跟我做朋友吗?我一定会给她回一句愿意。因为我觉得这样的人特别可贵,因为他们懂得改变自己。

许知远:现在年轻一代也开始成长起来了,你会发现情感方式在发生变化吗?

叶文：有不变的，也有变得太多的。比如现在离婚率比过去显著提高了，为什么会这样？我觉得有很大的一个原因是，现代人对婚姻的要求跟过去很不同，这也反映出妇女地位的提高和我们在观念上的进步。我比较赞成那句话，就是一个社会当中如果女性地位比较高的话，那这个社会的文明程度也比较高，因为它会更通达，更懂得去接纳和支持弱者。虽然我觉得我们现在还是一个男权社会，但是女性的地位在一点一点地提高，女性的自主意识和自强意识也越来越强，这是一个可喜的变化，我觉得我们的未来会越来越好。

我在节目当中也会发现这种细微的变化。比如说在离婚方面，现在的女性不再像我母亲和我的祖母那样，在婚姻当中无论受到什么不公平的待遇，都要忍，都要克制自己，都要认命。我们父母那一代觉得，离婚是一件好丢人、好羞耻的事情，意味着人生的大失败。如今更多人把自身的感受放在前面，个人的感受、经历、尊严更受重视。

许知远：那些最尖锐的批评会让你不舒服吗？

叶文：那些毫无道理的键盘侠式的人身攻击，看到的时候确实会感觉不舒服，所以我后来根本就不看，无所谓了，我只知道我帮到了别人。

许知远：那种直截了当的风格，你觉得是帮人最好的方法吧？能够刺破很多东西是吗？

叶文：对，我是一个非常优秀的"护士"，我都是一针见血的。我把最锐利的东西留在节目当中，因为节目需要这个。

许知远：你觉得你的节目跟东北的文化特性有直接的关系吗？

还是说你觉得跟地域关系不大?

叶文:我觉得跟地域有关系。东北这种寒冷的环境,可能对我性格的塑造有影响,就是它未必让我更深刻,但是它让我更直率、更坦诚。我在做节目的时候,可能缺了一种小女子的温婉。

许知远:那跟东北人的语言特性的关系呢?在过去十多二十年里,东北就是一个在语言艺术上比较能引起全国关注的地方,你觉得你属于他们的一部分吗?

叶文:我觉得不是,可能是我的节目内容和说话方式让大家能够更多地接受,但是我的普通话说得还是蛮好的。

许知远:你觉得这跟东北文化特性没太大关系?

叶文:没有,要不然我的节目走不出东三省。

许知远:在计划体制时代,东北曾经是一个这么繁荣、这么厉害的地方,但是在过去二三十年经历了巨大的下滑。你作为一个观察情感的人,会觉得东北普遍来讲有一种失落的情绪吗?是不是因为每个人心中有很多不舒服的情感,在现实生活中失去了很多东西,所以才会在语言上找到很多新的突破呢?

叶文:东北人的很多特性,可能跟气候有一定的关系,但是你说的那种失落,我觉得一点关系都没有。我始终觉得我的家乡是一个很好的地方,我的脚踩过了好几个国家的国土,我也走过了中国的很多城市,我还是觉得我最喜欢这里。我想不通你们怎么会觉得我们有失落感。

许知远:因为过去十多年,媒体总是对东北有这样的描述。它从最光荣的时期变成了一个相对好像停滞的或者被遗忘的地方,这是一个普遍的叙事。

叶文：我们的人口出生率很低，这倒是一个事实，但我并不觉得大家有失落感或者是丧失信心，而且我觉得会越来越好的。你知道我是一个积极的人。

许知远：我不是说你身上，就是你观察这城市里的人，有这种感觉吗？

叶文：我不觉得，我父母那代人可能是失落感最强的一代，但是他们的感受是现在的生活比过去要好太多了，而且他们也觉得未来会更好。

许知远：他们听你的节目是什么感觉？

叶文：我妈最开始每天必听，听完了就给我打电话，说你不应该这样，你不要那么说人家。我说妈，我做一天节目够累的了，你就安静地做个好听众不好，后来我妈就不说我了。

许知远：你是从鹤岗出来的，你回去他们会有什么特别的感觉吗？

叶文：我体会不到什么特别的感觉，因为也没什么人认识我，我是广播人。而且我可能不会刻意地留意这个东西，它跟我的生活幸福有什么关系？多几个人知道我不会给我增加更多的幸福感。

许知远：会帮助你这个节目持续下去好多年。

叶文：是。现在是一个快餐化时代，我觉得一个节目有生存市场、生存空间，就意味着它有存在的意义，就是有需求，而被需要的这种感觉是很开心的。我每天都觉得有收获感，因为我被需要。

ACGN 亚文化圈术语，是对动画、漫画、游戏、轻小说等作品中的虚构世界的一种称呼。

该词源自于日语的"二次元（にじげん）"，本义"二维"，引申义为"在纸面、屏幕等平面上展示的动画、游戏等作品中的角色"。

二十一世纪以来，中国动漫产业迅速发展，二次元一词从"画风"延伸至"世界观"的含义，并引申出了一些更广泛而模糊的新词义。

扫码观看视频

二次元

逃离现实以后，
这儿就是我的生活

Chapter 12

我对漫画的理解，停留于《圣斗士星矢》与《城市猎人》。那是 1992 年的北京海淀区北洼路的一家窄小书铺。我的一位同学是这些读物的疯狂追随者，甚至留了一个"孙悟空"式的爆炸发型。而我则对寒羽良身边的女性颇有印象，她们都样貌甜美，有一对结实的长腿。

但我从未真正进入这个世界，不仅是漫画，包括电子游戏，我从未沉浸其中。如果青春期有某种短暂上瘾的话，那该是金庸的小说。在一周的时间里，我几乎不休不眠地读完了《天龙八部》。

在与这群年轻人见面时——他们是漫画杂志的主编、cosplay 的爱好者、二次元歌手，还有成功的创业者——我感到进入了一个陌生的国度。这是奇妙又尴尬的体验。

我也逐渐感到自己的偏见被一点点打破。我以为他们是一群拒绝成长的孩子、社会逃避者，对于更高级的思想与情感缺乏热情。但他们努力说服我，这是一种新语言形式的形成，他们将在这些漫画、表演中，寻找到人类普遍的情感。或许，他们也将在这个世界中，创造出自己的海明威、金庸与王家卫。

我对他们的信心不置可否，也对自己的成见产生了怀疑。

重要的是这个爱好能让人年轻

未末
cosplay 资深玩家、游戏制作人

许知远：cos 对你的吸引力是什么？

未末：就是一种演绎。其实一开始进入这个圈子，可能就是被拉进去一块儿玩呗。当年说实话很简陋的，没有淘宝店或者专业裁缝，比如像这套衣服上面的印花现在可以找工厂，当时就只能自己做。

许知远：比如一朵花你们怎么做？

未末：手绘，衣服上有花的话我们就手绘。

许知远：做衣服、道具，个人投入很多吗？

未末：对，也有几十万了吧。服装道具，一套基本上就要上千了。我一年做的还比较多，而且会买一些正版的周边，花费的还算是少的。除了生活必要的开支，业余生活中贯穿的都是这些东西。

为什么后来资本很关注这行，因为它真的很吸金啊。而且不只是服装的开销，还有诸如场地费、去比赛的综合费用，等等。

许知远：父母很支持你做这些吗？

未末：我父母并不知道。

许知远：看了节目就知道了。然后打断你一条腿。

未末：整个人都会折的。（笑）

许知远：你怎么理解二次元？

未末：我觉得它只是一个名词。我们属于三次元的世界，而更多的动漫、游戏是平面的世界，所以说喜欢这些的人都比较偏二次元。重要的是这个爱好能让人年轻，永远觉得自己是个"小公举"。二次元现在就等于是我的生活了。

许知远：是因为社会太复杂、太沉重了吗？为什么这么怕沉重？

未末：现实生活中很多事情不是我们可以左右的，我们在自己可以掌控的东西里，单纯轻松一点会比较好。

许知远：现在主业是什么？

未末：做手游的宣发。

许知远：如果你在一家更纯粹的商业公司工作，会不会更痛苦？

未末：其实我真有过一段短暂的经历，在一家互联网金融企业待过，完全无感，里面的人比较复杂。二次元公司稍微好一点，彼此的信任值比较高，人比较单纯，做事有的时候就不会那么过分。二次元是一种爱好，但其实二次元给我的还挺多的。

许知远：你怎么理解"宅"这个概念？

未末：我觉得可能也是一种逃避。其实我不太接触宅男的，跟他们沟通我觉得可能会有点费劲。他们在他们的世界里沉浸得比较深，从外界看来是有点闭塞的。许先生，我之前了解你，知道你是做单向街书店的，一个学者的感觉，你为什么想了解二次元？

许知远：好奇，我觉得这是一个新的世界，我不了解的世界。

未末：你会觉得这个世界肤浅吗？

许知远：我觉得这个世界现在处在逐渐成熟的过程之中，这个文化形态刚孵化。好多更深入的内容还不能进入其中，需要更长时间来慢慢地进入。小说一开始也是很肤浅的，在十九世纪初的时候，慢慢才变得复杂起来。二次元我觉得也是这样的。

未末：二次元其实是很多彩的，但小说就感觉形态比较单一。

许知远：到了四十岁或五十岁，你觉得这个东西还会是你生活的一部分吗？

未末：假设有一天我结婚生小孩，我和我的小孩可能会去穿那种母女的洛丽塔装。

许知远：是不是很期待那一刻？

未末：对，很开心。大家一起穿亲子装，一对CP[1]，就像是一种文化的传承。

我们比父母那代人勇敢

杨雪、孔雯
跨次元科技偶像女团 SS IDOL 成员

许知远：我看到你们俩，会愣一下。你们也是成年姑娘了，但是好像更像十几岁的小孩，中学生的感觉。

---

1 网络流行词，本义是指有恋爱关系的同人配对，现泛指两人之间的亲密关系。

杨雪、孔雯：如果你不问我们的年龄，你就当我们十六岁，我们会很开心的。其实我内心一直觉得我们的风格可能在未来的好多年都不会改变。

许知远：四十岁还会穿萝莉装吗？

杨雪、孔雯：会的，到时候可能满大街都会是这样子的。

许知远：那我真是太落伍了。如果一直看动漫，穿成"卡哇伊"的样子，会不会使你们对生活的真实感减少？

杨雪、孔雯：不会。可能刚进入二次元的人会有一点分不清现实，那个时候就被称作"中二病"。"中二病"来源于日本，初中二年级的年龄，正是马上要去看世界，但又没有看太多世界的时候，可能会陷入这么一个误区，觉得所看的动漫就是整个世界，会自己代入到情节里面。但一旦长大一点，看得多了就好了。

许知远：你们看过琼瑶、三毛吗？

杨雪、孔雯：肯定看过。

许知远：看过啊？那是不是就是你们父母一代人的"中二病"，他们那时候看完就觉得自己是琼瑶剧里的人？

杨雪、孔雯：对，蛮像的。其实本质上是一模一样的，只是形式上不同。

许知远：不一样在哪里？

杨雪、孔雯：我觉得我比他们更勇敢，会有一种很敢去拼的样子。他们接触的，相对来说还是比较委婉的一种方式。

许知远：喜欢二次元这个世界，是因为现实世界太无聊了吗？

杨雪、孔雯：那倒没有这样的感觉，只不过一开始先入为主地接受了这么一个世界之后，就一直在这个喜好里面。现实生活还是照样在继续，照样有自己的事业，自己的其他爱好。

许知远：你们这代人普遍的弱点、缺陷是什么？

杨雪、孔雯：交流的能力。二次元这么疯狂流行的原因是互联网越来越发达了，大家嘴巴说话的能力会减弱。真的不知道怎么和别人解释，好像再多的解释都是掩饰。

许知远：那现在人生最大的困扰是什么呢？

杨雪、孔雯：自己脑子里的东西太少了，可能是因为自己被局限在过去看到的动画作品也好，小说也好，被禁锢在它们的世界里面了。对这个世界的看法还是比较少。

许知远：怎么克服它呢？

杨雪、孔雯：还是要去看一些当下这个时代比较有影响力的东西，会比较有用吧。

许知远：但读那些字，对这代人来说是不是会变得很困难了？

杨雪、孔雯：也不会，其实很喜欢那种氛围。过去的东西它一定有它那个时代的特点，现代有现代的时代特点，都要去了解。比如我要理解我爸，他是那个年代的人，那个年代是什么样的，他就是什么样的；爸爸要来理解我，我又是在一个新的时代里面。用我的眼光去审视他，怎么都不可能是一样的。

无法改变,不想接受,就选择吐槽

董志凌
原创动漫网站"有妖气"创办者
电影《十万个冷笑话》制片人

许知远:很多人对动漫是有偏见的,整个动漫产业似乎在变得低俗化,你怎么看这种评价?

董志凌:这种说法会出现在任何行业。出现在网络小说的时候,网络小说低俗化了;出现在网络电影的时候,网络电影低俗化了;出现在网络视频的时候,网络视频低俗化了。为什么会这样?我自己觉得,可能阳春白雪是属于少数人的。大部分人的审美也好,对内容的了解也好,相对来说没有那么高的层次。同时,在一个行业刚开始的时候是没有什么规矩的,在没有规矩的时候,很多人会做一些搏眼球的东西,或者一些投机取巧的事情。

许知远:如果别人说你们出品的作品比较低俗,会困扰你吗?

董志凌:我觉得第一,并不会困扰我;第二,这也算是对我们的一种督促。其实"有妖气"(董志凌的公司)很早之前就开始做一些很强烈的暗示和提示,我们会很明确地鼓励和支持一些不低俗的,或是有一定格调的、有一定内容的作品。但是我们也不会让全部作品都是这样,我们会留一小部分的作品。你可以说它有一点点低俗,你也可以说它不低俗,它在低俗作品中,是水平比较高的。举个很简单的例子,我们做《十万个冷笑话》的时候,一开始有人说这个作品有点三俗,我们当时也认可。但是你往后看,看着看着有一集你突然看哭了,因为它讲的是父子情的一些东西。我们的动画每一集也就三到五分钟,就在那么短的时长里你还跟别人讲道理,谁来看?

许知远:你看漫画是什么时候,看的什么?

董志凌:那个时候是《圣斗士星矢》《七龙珠》,特别痴迷。有一次去买漫画书的时候还被摩托车撞了,当时在想,我就这么死了吗?我最新一集还没看呢。然后一屁股摔在地上,好像还活着。

许知远:你小时候看《圣斗士星矢》,是英雄主义的,你们现在做的产品,比如《十万个冷笑话》,是嘲讽性的、反英雄的作品。这是一种怎样的变化?

董志凌:可能是因为这个时代,一代人接受的信息会不一样。我觉得它是一种有新鲜感的搞笑类漫画作品。可能我觉得,中国社会发生了巨大的变化,但是大家并没有看到这些变化的过程,只看到变化的结果。中间有一个鸿沟,当你无法理解的时候,你要么改变它,要么接受它。当你无法改变,又不想去接受的时候,或许就会选择吐槽的方式。这就相当于前两天北京下大雨,积水了,你不能去做一个什么工程人员,去改变地下排污排水系统,你也不能改变城市的建设,但是你又不喜欢这种状态,那你只能吐槽,通过一种幽默的方式来宣泄它。

许知远:这也是一种无力感。

董志凌:有时候是。

许知远:有时候我感觉这是一种挺胆怯的时代精神。给我的感觉是,一个本质上不勇敢的时代。

董志凌:这个问题对我来说还是有点难,可能在我这个年龄还

没有办法回答。但是市场是个很有意思的东西，会自然地筛选和评判。越来越受欢迎的作品上来了，不受欢迎的作品下去了。不管你认可它还是不认可它，它就是当下被人喜欢的东西。

许知远：沉浸在二次元文化的年轻人，他们的困境是什么呢？

董志凌：其实我并不觉得他们有什么问题或困境。

许知远：那你觉得这个行业现在最大的困境是什么？

董志凌：原来的困境是没有钱，没有人，没有机会，没有时间，没有项目，但是这两年突然就变成钱太多，人太浮，太市场化，太功利化，有点一百八十度大转弯的态势。相当于一个人饿着没饭吃和吃得太撑，两个状态都不好。

许知远：你怎么看你这代人？

董志凌：就像我爸想写小说，一辈子没写过小说，他会问一句："如果我写小说，那我的主业怎么办？"我和他说："不管你的小说有没有人看，你可以把它写出来放到网上，就完成了你一些未完成的心愿。"

所以他很羡慕我，说："你这个年代真好。在我那个年代，有些东西只能想，做不了；你这个年代可以想，也可以做。"所以有些时候，我还是觉得生活在这个年代，挺幸福的。

看漫画，也能够思考世界

驰骋
动漫杂志《新干线》创刊人、主编

许知远：文化是有等级的，这种偏见困扰你吗？

驰骋：那个时候是很困扰的，从我上学的时候，第一次上课看漫画被没收的时候。那时候高一了。然后被老师说，"都高一了，还看这种东西，这是给小朋友看的，你不觉得脸红吗"，听完我就不太高兴，我就写一篇东西，说是想写个检查，然后写了一篇几千字的抗辩书。老师看完之后说，"写得不错，行，叫你妈来吧"。

许知远：那你们为什么喜欢看漫画？

驰骋：怎么说呢，我们过去接触的东西相对比较少，比较单一，可能我们喜欢一个东西能够喜欢好几年。我们去感受它，它教给我们应该怎么去对待人生。我们可以花几年时间去思考。我们那代人接受度是很广的，这边放本《呼啸山庄》，这边放本《神雕侠侣》，中间放本漫画。

许知远：你办《新干线》是哪年？蓝图是什么呢？

驰骋：1999 年。我是想做漫画，让人在看漫画的时候，能够感受到文化的东西，而不是单纯一种娱乐，看完就完。它包含很多，像文学、历史。《铁臂阿童木》的故事一开始就告诉你阿西莫夫的"机器人三定律"，然后再从阿童木——一个机器人的视角去看人类，以及人和发展中的机器人之间的关系。看了挺引人深思，会去思考这个世界。我那时候很想把这些介绍给读者，让他们感受漫画里包含的文化。

许知远：你父母支持你做这些事吗？

驰骋：我母亲开始不太支持，到后来我拿回来第一笔稿费后就支持了。很大一笔我记得，两千七百块钱。她那时开始觉得，"这个确实不是小孩子的玩意儿，你努力吧"。

许知远：什么时候你意识到这杂志还蛮成功的，有很多读者？

驰骋：我这种人不太喜欢和人交往，生活上也低调，所以我都不太了解。一直到2004、2005年的时候才觉得，好像杂志那几年已经很厉害了，那会儿已经十五六万订阅量了吧。再一个来讲，就是出去参加一些活动的时候，原来会有那么多人找我签名。

许知远：你觉得你们这本杂志对中国的动漫一代提供了什么不一样的东西呢？

驰骋：也说不上多了不起。当时我们从做的时候就希望能够把整个年龄层次往上提一点点，不要让人觉得这个东西只是给小孩子看的，登不了大雅之堂。

许知远：你是什么时候知道二次元的呢？我们小时候没这概念。

驰骋：老实说我们那时也没有。

许知远：你在办《新干线》的时候也不太流行这种概念？

驰骋：刚刚开始有，但是所谓的二次元文化并没有完全形成。那时候只是看漫画、看动画片，没有那么多的东西。

许知远：什么时候开始发生变化的？

驰骋：差不多就是2008年之后。一个是群体的扩大，再一个是群体的变化。像我们那一代是喜欢自己一个人静静在家里，坐着看漫画和动画的。但是现在就不太一样了，他们更渴望跟人交流，关键可能在于有了网络。

许知远：出现了联系的可能性，不用当笔友了。

驰骋：对对对，相互间的联系更多了，很多人更愿意走出来。而我们那时候更喜欢在阳台上码张椅子，在太阳很好的时候，拿一本书或者拿一摞书看。

许知远：那你喜欢新一代的审美吗？

驰骋：从我或我们这一代的角度来讲，可能已经有点儿不太能跟上他们的思维节奏了。我会觉得，所谓cos肯定应该是你喜欢哪个人物然后才去cos，但现在是哪个人物能够红就cos他。现在越来越不纯粹了吧，商业的逻辑越来越多，有更多的人愿意给这些东西投钱。

许知远：我们都是读纸的一代人，网络兴起之后，你觉得动漫行业有什么变化？

驰骋：它对整个行业的颠覆是非常大的，我不是特别喜欢网络。一方面，它是成就了动漫，使动漫能够在更大范围内传播，说中国有一亿人看过动漫，我相信也是很轻松的。但这一亿人里面，很多人看的是条漫。

许知远：条漫是什么？

驰骋：就是适应手机屏幕的、长条型的漫画。用手机可以一个手指从下往上翻，就十几格。它承载的内容往往不是很多，真正的漫画感觉有点被逼进死胡同了。

许知远：那内容呢？

驰骋：好处我觉得是，比过去越来越自由了；不好的地方，说难听点，我觉得有点缺乏漫画家本身的操守，这就是为了迎合读者嘛。这种发展方式是比较急功近利的，前几年开始流行。就轻小说被改编成漫画来说，轻小说本身已经很快餐化了，再改成动漫，很难成为一个经典。

许知远：这也是思想的空白带来的。

驰骋：这是一个全世界的问题了，文学也是一样的。网络文学的好处就是门槛非常低，所有人都可以进来，没有编辑去替你审稿，没有一个门槛，漫画也是一样的。

许知远：漫画可能是最早的载体，然后可能变成动画、电影，可能变成游戏，可能变成现实中的 cos，它内部的逻辑是什么？

驰骋：漫画可能是一个成本最低的 IP，因为成本低，所以可以慢慢养，养到一定程度可以再把它做成动画。做成动画之后，可能原来只有一千万人看，现在就有一亿人来看了，因为动画的观看门槛比漫画又要低很多。等到养成动画这样一个大 IP 之后，它就把自己做成游戏，或者卖给游戏公司。

许知远：这个产业链在中国是什么时候迅速爆发的？

驰骋：三年前。最重要的就是资本进来了。

许知远：你喜欢这种变化吗？

驰骋：心情是比较复杂的，而且偏不喜欢一点点。在过去不可能想象，一个东西只隔了一年，它的读者、它的观众就多了一百倍、一千倍。而这些人没有经历过你过去喜欢这个东西的过程，他们是突然喜欢上的，甚至是因为这个东西流行所以才去喜欢的。这样来讲的话，他们对这个东西究竟有多少爱、有多少了解是很难说的。明年如果出来一个新的东西，他们就会把之前的放弃掉。我是很怕这样的，现在整个产业发展看着都很好，但是我很怕突然有一天它过气了，大家都把它抛弃了，就像嚼过的甘蔗一样被扔掉，非常可怜。我觉得动漫应该是多面的，并不应该仅仅被定义为属于年轻人的亚文化，它本身的包含面是广泛的，有很多作品是可以让你看一辈子的。甚至当你暮年的时候，你看这些作品，会发现年轻时无法感悟的东西。

许知远：你觉得中国什么时候会诞生这样的传统？

驰骋：其实我相信有很多漫画家在画这样的东西，但是可能并不会被各种平台普遍接受，没法变成大IP，所以我们看不到。

许知远：有一天可能会。

驰骋：只能说也许。说到这儿的话，不仅是漫画，我们现在整个文化可能膨胀得过于快速，特别有思想的作品也在退步。其实在八十年代出过一批好的东西，但后来就越来越差，这没有办法。

许知远：所以思想的阐述会影响到所有领域。大家普遍不太意识得到身处文化形态的困境，这种反思性不强跟二次元没关系，跟整个文化系统有关系。

驰骋：对。

许知远：那你怎么理解每代人之间的不同？

驰骋：我觉得更年轻的一代人可能不会试图了解我们。我这一代人跟再往后的零零后理解上是有障碍的，实际上零零后和九零后也已经很难相互理解了。

许知远：还是咱们老了？

驰骋：也不能那么说。我知道的东西，你都不知道，而且我知道的很多东西其实是好的，但是你也不想知道，那就只是你的浅薄而已。

许知远：是，这话说得很好。我觉得理解一定要相互。比如我们认为这些小朋友沉浸在二次元的世界，我们老觉得他们面对生活变得很无能了，这是不是我们的错觉？

驰骋：其实，某种程度上是自我意识更强了。我觉得这是好事。

许知远：在日本也是啊，比如看动漫的一群人，他们会被认为是比较内向，面对现实生活比较无能，宅男的形象。

驰骋：还真不能这么说。以现在的日本来讲，起码有一亿人是看过或者看漫画的，这是植入他们文化之中的东西。

许知远：对，我表达错了。中国这代人的成长正好和他们的宅文化是重合的。很多人可能有偏见，认为这跟日本的宅文化很像，你怎么看？

驰骋：其实我比较心痛的是，"宅"这个东西到现在，尤其到了中国之后，已经完全变质了。最初的时候，我们所知道的"宅"只是一种特性：喜欢在家里待着，不愿意出去，但是会做很多事情。所谓"宅"，也分很多种，比如像历史宅、手工宅之类的。我现在就能算个手工宅吧。就是某一方面的技能要非常非常强，然后才好意思称为"宅"：我之所以宅在家里，是因为我把全部精力都花在这个东西上面了。但现在的"宅"就变成了无能的标志，甚至成了啃老之类的代名词。

许知远：而且二次元也经常跟这个联系在一起。

驰骋：对，是这样的。在中国就变成和"屌丝"画等号的，没什么本事，又没有钱，也没见过女人，天天在家里待着，又不去跟人交流这样的一些人。

许知远：那中国的二次元，算是对日本宅文化的拙劣模仿吗？

驰骋：不能说是拙劣模仿，可能是诱发了很多人自己的本性吧。他个人是想那么生活的，但在国内接受的教育告诉他是不能那么生活的。尤其像我们这一代，我们从小被告知是属于社会的。而二次元就属于另一种思想——一切都是你自己的，你不用去顾虑这个社会，什么都不用去考虑，你可以躲在那个小空间里，假装外面都是不存在的。

"你怎么看这个时代的精神状况?"
"这就是一个跑反的时代,突然一个浪头过来谁也别管别人。
管自己,拯救自己,让自己变得更好。"

一页 folio

始于一页，抵达世界

Humanities · History · Literature · Arts

出品人　范新
出版统筹　恰恰
特约编辑　徐露苏骏
营销编辑　胡晓镜
版权总监　张延
印制总监　吴攀君
装帧设计　刘玲玲
内文制作　山川
　　　　　陆靓

Folio (Beijing) Culture & Media Co., Ltd.
Bldg. 16-B, Jingyuan Art Center,
Chaoyang, Beijing, China 100124

一页 folio
微信公众号

官方微博：@一页 folio ｜ 官方豆瓣：一页 ｜ 媒体联络：zy@foliobook.com.cn